一番わかりやすい

はじめての

四柱推命

愛新覚羅ゆうはん

日本文芸社

はじめに

人生とはなにか、運命とはなにか。

もし、生まれる前からある程度、人生の道を決められているとしたら、あなたはどう思うでしょうか？

「知らないよりかは知ったほうがいい」「知らないほうが楽しめる」「知ったところでどうにもならない」……さまざまな意見があると思います。

私たちが太陽系の地球にいる限り、人の力では及ばない宇宙の力の影響を受けながら生きています。全ては「宇宙の意志」であり、生かされていることを忘れてはいけません。つまり、あらがえない「天命」や生まれもった「宿命」があり、自分の選択によって変化する「運命」が重なった上で、人生の流れが作られるのです。

四柱推命は、古代より「占いの帝王」とよばれ、抜群の的中率を誇るといわれてきました。これを学べば、あなたの宿命や運命の設計図とでもいうべき命式《めいしき》を読み解くことができます。

生きていくなかで「やみくもに歩む」よりも、「ある程度の傾向を知って歩む」ほうが人生をより楽しむことができます。四柱推命はその手助けをしてくれる占いなのです。

自分という宿命を知り、受け入れ、もって生まれた長所や短所、才能を活かすことで、運が啓《ひら》かれ、より良い運命を築くことができます。

四柱推命は運命学の最高峰。理解を深め、難解な用語を覚えないといけないため、習得までに非常に長い時間がかかるともいわれています。しかし、誰でも「はじめて学ぶ」ものです。基礎をしっかりと身につけて実占《じっせん》を重ねていけば、決してマスターできない命術ではありません。

とはいえ、壮大な四柱推命の世界。長旅になることは避けられません。そのため、はじめての方でも途中で挫折したことのある方でも最後まで学べるように、本書は基礎にテーマを絞っています。本場の中国思想に基づいた四柱推命をベースにし、土台となる概念からしっかりと解説します。その上で、丁寧な書き込み式のＷＯＲＫページをたくさん設けましたので、つまずくことなく、ひとつひとつ順を追って歩みを進められるはずです。

自分の宿命・運命の設計図を知り、より良い選択と決断の後押しのために、活かしていきましょう。この本が、あなたの生き方の指針になることを願っています。

一番わかりやすい
はじめての四柱推命

もくじ

PART 1

四柱推命の魅力

PART 2

四柱推命のキホン

PART 3

命式から自分を占ってみよう

PART 4

通変星から自分を深く知る

PART 5

もっと知りたい補完星編

PART 6

実際の命式で複合的な読み方をマスター

COLUMN 私と四柱推命

PART 1

四柱推命の魅力

四柱推命とはどのような占い？
どのようなことがわかるの？
その歴史は？ 本章ではまず、
四柱推命の基礎的なことから
お伝えします。

四柱推命とはなにか？

自分の生年月日時で占う古代中国発祥の命術学

四柱推命は古代中国を発祥とする占いで、生まれた年月日、時間、場所といった、生まれた瞬間に決まる不変的な要素を使う命術です。古代中国の思想・哲学に基づいて読み解く、理論性の高さも特徴といえます。

四柱推命を学ぶことは、あなた自身の性格、恋愛やお金、健康、仕事の傾向、適職、才能はもちろん、過去から未来まで一生の運勢も手にとるようにわかります。といったら少し怖いでしょうか？

イメージしてみてください。一人一人の手のひらに、平等に、四柱推命が導く私たちのすべてを表した「運の玉（珠）」が乗っていると。この運の玉をただもっているだけでは、意味がありません。どんな運の玉なのかを知ることで、はじめて「自分を知る」ことになります。それは、運に命が宿ることを意味し、運命をつかむことにもつながります。

私たちはそれぞれ決められた生まれ（＝宿命）をもち、人生にはあらゆる波があります。数奇な巡り合わせや、あらがえない出来事も絡み合い、運命に翻弄されることもあるでしょう。そんなとき、四柱推命を学ぶことが人生を歩む指針となるのです。手のひらの運の玉には、人生の波を乗りこなすヒントがつまっています。

自分の宿命・運命を知り
人生を導くための占い

あなたの運の玉には「どんな人と巡り合うのか」「どんな仕事に就くのか」「どんな才能や個性をもっているのか」など、さまざまな可能性が宿っています。まさに宝物のようなもの。前もって傾向を知ると、それが人生の指針にもなります。良い宿命も悪い宿命も受け入れることで、あなたの運命は動き出すのです。

宿命を知り
運命を歩む

占いを活かすには
宿命を受け入れてから

四柱推命では、あなたの「宿命」と「運命」を読み解くことができます。宿命とは定められた命《めい》。例えば、誕生日や生まれた国、両親など、自分では変えられない、あなたの「生まれ」のことです。一方で運命は、宿命の上に成り立ち、生きる中で起こる変化やあなたの選択によって進むことができる、人生のことです。

私たちはこの２つの「命」をもっています（さらに次ページのように「天命」も作用します）。四柱推命を活かして運命をより良くデザインしていくためにも、まずは、変えられない宿命を受け入れることが大切です。しかし、実はこれが一番難しいテーマといえるかもしれません。

「なぜ、この親のもとに生まれたんだ」「なぜ、この町に生まれた」「なぜ、この見た目なんだ」。そんなふうに、受け入れがたい思いを抱えている方もいらっしゃるでしょう。四柱推命を用いて自分の生まれを読み取ることができても、受け入れられるかどうかは、また別の話。それでも生まれてきたからには、四柱推命で自分に起こる不条理・不公平を読み解きながら、ひとつひとつ受け入れる作業を行いましょう。

四柱推命の考える宿命と運命

宿命が理想的であっても、不運な巡り合わせにあったり、
誤った選択をしたり、ままならない運命になることもある。
もちろん、その逆の場合もある。

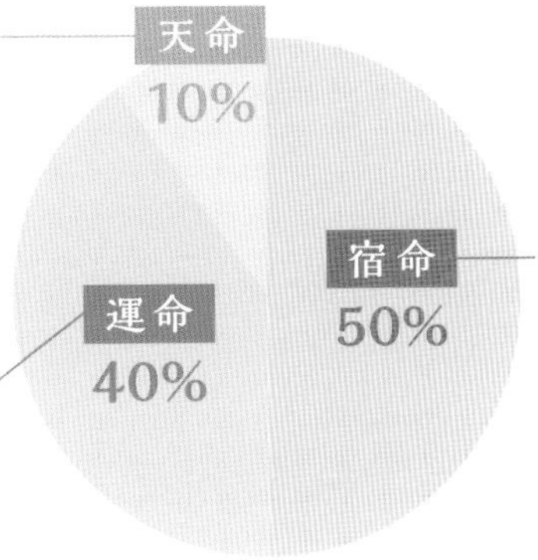

天命：地震や台風といった自然災害など、人の力ではどうにもならないこと。生まれたら死ぬという絶対的な肉体寿命も天命。

宿命：先祖・両親・前世から引き継いだもの、自分の力ではどうにもできない、避けること、変えることのできない定められた命のこと。

運命：命を運ぶとあるように、人生のさまざまなステージでの巡り合わせや、自分の選択によって変えられる命のこと。

ゆうはん'S ADVICE

◆◆◆

受け入れられない宿命をどう受け入れるか

占い結果の受け入れ方は、その人のキャパシティや性格によってさまざまです。すぐに受け入れられなくても、時間が解決に導いてくれることもあります。占いで宿命や運命を知らないほうが楽に生きられる、選択が容易にできる、という人もいるでしょう。だからこそ、「知る必要があるのか」「なぜ知りたいのか」という目的も大切だと感じます。占いとは、結果を知るだけではなく、それをうまく活かすことが最も重要なのです。

生まれにまつわる「四つの柱」が鍵

生まれの4項目が自分の柱となる

「四つの柱で宿命・運命を推し量る」と書くように、四柱推命は生まれた年、月、日、時を四つの柱に見立て、運命を占う（推し量る）ものです。四つの柱をそれぞれ年柱《ねんちゅう》、月柱《げっちゅう》、日柱《にっちゅう》、時《じ》柱《ちゅう》といいます。

日本では、出生時間がわからないという人も多いため、時柱を除外し、「三柱推命」で占う傾向が多く見られます。しかし、中国の四柱推命では、年、月、日、時の四柱すべてそろうことが必須とされています。四柱がそろわないと、全体を把握できず、的中率も変わってきます。

出生時間がどうしてもわからない場合は、おおよそのあたりをつけて占うことができます。P.44で詳しく紹介していますので参考にしてみてください。もしこの方法でも見当がつけられない場合は、三柱で見立てても大丈夫ですが、本来より精度の低い鑑定となります。

なお、本書は初心者向けの入門書であるため、生まれた日の「日柱」を主眼に読み解くように構成しています。出生時間がわからなくても、ある程度の性格、才能や適職、恋愛の傾向などがわかるようにしていますのでご安心ください。

年・月・日・時の四つの柱でみる占い

四柱は自分の土台のようなもの。土台を知った上で、人生を描くことができる。理想の家を建てるためには、まず土台が必要なことと同じ。

この四つの柱で宿命・運命を推し量るのが

四柱推命

根幹をなす
3つの思想

自分を読み解くために
覚えておきたい考え方

四柱推命は「陰陽《いんよう》思想」「五行《ごぎょう》思想」「十干十二支《じっかんじゅうにし》」という古代中国の３つの思想から成り立っています。

１つ目の陰陽思想は四柱推命をはじめ、易経や九星術、風水など、ほぼすべての東洋占術のベースとなっており、宇宙万物すべては「陰」と「陽」から成り立っているという考え方です。相反する２つのものがどちらかに偏ることなく、変動を繰り返しながら互いに中庸《ちゅうよう》（バランスの良い状態）を目指すことを最善と考えます。

陰陽思想のあとに五行思想が誕生し、結びついたものを「陰陽五行思想」といいます。これは、万物は「木火土金水《もっかどごんすい》」の５つの元素から成り立つとする自然哲学の思想です。

十干十二支（干支《かんし》ともいう）の「十干」は、10 種類の「干《かん》」、「十二支」は 12 種類の「支《し》」のことで、いずれも時間と空間を表す符号です。古代中国では十干を「天干《てんかん》」、十二支を「地支《ちし》」ともいい、この２つを組み合わせて暦や時刻を表してきました。四柱推命は生まれた年月日時を十干十二支を用いた干支表に置き換えて占う占術です。本書では、占う際の便宜上、それぞれ「天干」「地支」と表記します。

占いのベースにある3つの思想

1 陰陽思想

日と月、男と女、火と水、冷と熱、光と闇、白と黒などすべての存在は陰と陽に分かれ、表裏一体をなす。陽が極まれば陰に転じ、陰が極まれば陽に転ずる（逆もしかり）。大いなる矛盾が互いに共鳴しあって中庸を目指していくという思想。

陰陽を表す「太極図」

2 五行思想

この世のすべてを木・火・土・金・水の5つの元素で成り立っていると考える思想。この5つの元素は、互いに影響を与えあい、常に循環している。どれが欠けても成り立たず、どれかが過剰になるとバランスを崩すと考える。

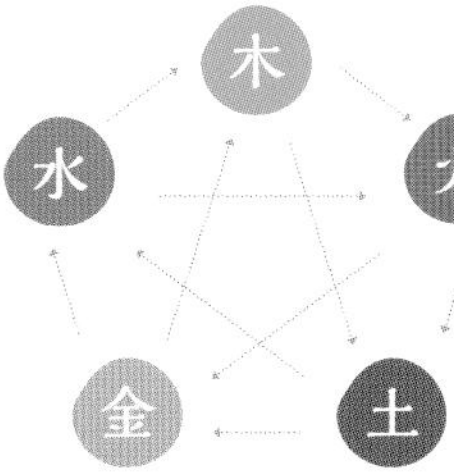

五行の関係性を表す図

3 十干十二支

十干(天干)…甲《きのえ》・乙《きのと》・丙《ひのえ》・丁《ひのと》・戊《つちのえ》・己《つちのと》・庚《かのえ》・辛《かのと》・壬《みずのえ》・癸《みずのと》
十二支(地支)…子《ね》、丑《うし》、寅《とら》、卯《う》、辰《たつ》、巳《み》、午《うま》、未《ひつじ》、申《さる》、酉《とり》、戌《いぬ》、亥《い》

上記の総称。干支ともいい、えと（干支）と混乱しがちなので、ご注意。

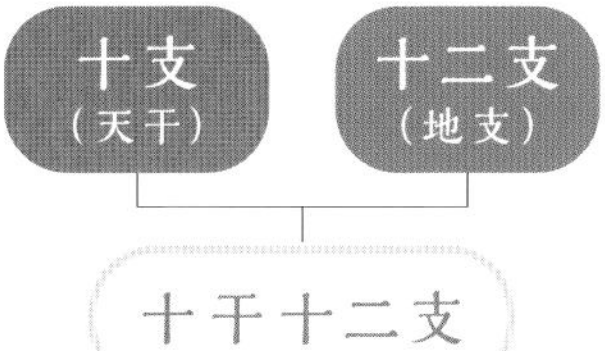

10の干と12の支の総称

生年月日時から導かれる命式

命式にあなたのすべてが示されている

生まれた年柱、月柱、日柱、時柱の四柱を、天干と地支の上下２段に分けて表したものを「命式」といいます。四柱に、P.16で紹介した十干（天干）と十二支（地支）の漢字をそれぞれ割り当て、「四つの柱×２つの漢字」の８つの字＝八字を組み合わせて作成します（右ページ参照）。命式の核となる部分が８つの文字で構成されることから、中国では、四柱推命のことを「八字《バーツー》」とも呼びます。

命式は、あなたの生まれた瞬間の天体の配置を天干地支で表したもので、西洋占星術でいうところのホロスコープにあたります。つまり、あなたに宿った宿命図、運命図のようなものといえるでしょう。

命式は学びを深めるためにも、自分で導き出すことをおすすめしますが、昨今は、生年月日時を入力するだけで作成できる無料のWebサイトがあります。命式を作ることが苦手な方は、それらを活用し、本書のWORKを進めるのもいいでしょう。しかし、命式の仕組みを理解していないと、読み解きの途中でつまずきます。また流派によって命式の形に違いがあり、混乱するかもしれません。先に、本書で基本を頭に入れてからWebサイトを利用するのがベストです。

命式「基本の八字」

四柱の天干と地支それぞれに漢字１文字が入る。
この八字をベースに自分の性格や運勢を読み解いていく。

例）1981年2月8日14時生まれの人の命式

	年柱	月柱	日柱	時柱
天干	辛	庚	丁	丁
地支	酉	寅	巳	未

命式はこの下にも続くが、基本はこの八字

八字の構成

	年柱	月柱	日柱	時柱
天干	（年干という）	（月干という）	（日干という）	（時干という）
地支	（年支という）	（月支という）	（日支という）	（時支という）

※中国では、右から年柱、月柱、日柱、時柱ですが、本書では読みやすいように左から年柱、月柱、日柱、時柱の順で記します。

天干の１字と地支の１字を並べて
２文字にしたものを「干支《かんし》」という。

四柱それぞれ、天干地支それぞれに象徴するものがあり、そこに入る八字の意味をかけ合わせて、自分の宿命・運命を読み解きます。基礎であり要《かなめ》である「八字」は８つの部屋ととらえてみましょう。西洋占星術の「12星座・10惑星・12ハウス」が、東洋占術の四柱推命では「10の星（天干）・12の星（地支）・８つの部屋」というイメージです。

四柱推命の成り立ち

歴史を知ることで解釈が深まる

四柱推命への理解をより深めやすくするために、ここでは成り立ちや歴史をご紹介します。重要な要素である天干地支は、殷《いん》の時代、占いに使われた獣骨《じゅうこつ》に、甲骨文《こうこつもん》として刻まれていたことがわかっています。この時代、卜《ぼく》（卜占術）が非常に盛んで、天干地支の起源とも考えられますが、四柱推命の原書といわれるものはまだ見つかっていません。

その一方で、四柱推命の起源は、古代の文献『河図洛書《かとらくしょ》』にあるともいわれています。この書物には太極、陰陽、四象、五行、八卦など、ほぼすべての東洋占術の思想のベースが書かれており、天干についても記されています。

現代の四柱推命の基を作ったのは、唐の時代（618～907年）の李虚中《りきょちゅう》と言われています。しかし、まだ三柱のみだったため、正確には四柱推命とはいえません。のちに、宋の時代（960～1279年）に、命術学の基礎を築き、占星術師でもあった徐子平《じょしへい》が四柱（八字）推命の形に整えました。四柱推命は、子平の名前と八字を組み合わせて「子平八字（推命）」や「八字占い（推命）」とも呼ばれます。そしてその後、今日の四柱推命の原典となる『淵海子平《えんかいしへい》』が作られました。

四柱推命のおもな歴史年表

王朝	時代	主な出来事
殷	前1600年頃～ 前1028年頃	四柱推命の原理である天干（十干）と地支(十二支)が発見される
唐	618～907年	李虚中が三柱推命を作る
宋	960～1279年	徐子平が四柱推命を作る
元・明・清	1271年～ 1912年まで	さらに発展し、現代に伝わる四柱推命の原典、『淵海子平』『三命通会』『滴天髄』の三書が作られる。

当時の占いの存在価値

古代中国では易経や風水と同じく、四柱推命もまた個人を占うのではなく、政治や国家を動かすために使われていたといわれる。さらに、当時の占い師は、現代のように名乗れば占い師になれるというわけではなく、才能や実力をもつ選ばれし人しか担うことができなかった。占いがどれほど重要視されていたかがわかる。

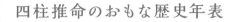

日本に伝来してからの四柱推命

江戸時代に伝わりいろいろな流派が誕生

四柱推命が日本に伝わったのは、18世紀頃の江戸時代。前述した『淵海子平』が伝わり、仙台藩の儒学者であった桜田《さくらだ》虎門《こもん》による訳本『推命書』が作られました。その後、明治から昭和期には、阿部《あべ》泰山《たいざん》先生や高木《たかぎ》乗《じょう》先生など多くの方が研究され、日本における四柱推命の基礎が築かれました。

徐子平が書に著す前までは特権階級の専門家だけが扱える秘伝であったため、中国から伝来してきたものがどこまで詳細に翻訳され、秘伝・口伝《くでん》の部分がどれだけ伝授されたかはわかりません。当然、日本風にアレンジされていき、さまざまな流派に分かれることで、独自の理念も混じり合い、変容していったことでしょう。

現在の日本において、四柱推命にはさまざまな流派があります。それだけ魅了される占術であるということには他なりませんが、本によって書かれていることが異なるということも事実です。もしかしたら、そのことが四柱推命を学びにくくしているのかもしれません。さまざまな書籍を参考にしてほしいと思いますが、いくつもの解釈が存在していることを念頭におきつつ学ぶようにしましょう。

中国式と日本式のおもな違い

中国式四柱推命の特徴	日本式四柱推命の特徴
さまざまな歴史背景のもと作られた命術学であることを念頭に置いている	歴史背景を知らなくても占いとして成立している
年月日時すべてそろって四柱推命とする	出生時間を重視しなくても、四柱推命とする
旧暦と新暦どちらも大切にする	旧暦でみることはない
天干地支の陰陽五行バランス、蔵干《ぞうかん》の陰陽五行のバランスを重視する	天干地支の陰陽五行バランスより、通変星を重視し判断する
日柱を重視しつつ、最終的には命式全体をみる	最終的に命式全体をみないことも多い
多角的な視点をもって俯瞰的に鑑定する	通変星や十二運星を優先的に判断するなど部分的に鑑定する
陰＝吉でもあり凶でもある、陽＝凶でもあり吉でもあると考える	陰＝凶、陽＝吉、とシンプルに考える
易経の思想が基軸になっているので、命式を吉凶だけで判断しない	吉凶でも凶にのみに着目して判断することが多い
通変星「比肩・劫財・食神・傷官・偏財・正財・偏官・正官・偏印・印綬」はそれぞれ吉な部分と凶な部分が混在すると考える	通変星「劫財・傷官・偏官・偏印」を凶星、「食神・正財・正官・印綬」を吉星と判断することが多い。十二運星も同様に吉凶で判断する
的中率をあげるために、親子３世代を鑑定することを重視する（先祖や両親を敬い、子どもに引き継ぐ思想の意味を重視する）	親子3世代を鑑定することをそれほど重視しない

本書で語る四柱推命とは

四柱推命の変遷や流派をふまえ、本書は原典である『淵海子平』や『滴天髄』を軸に、日本でも有名な泰山流も取り入れて解説する。最も重要視するのは、八字で表される天干地支の陰陽五行のバランスである。

四柱推命で どんなことがわかる？

さまざまなことが読み解けるが まずは自分を知ることから

四柱推命では、大きく２つのことを読み解くことができます。ひとつ目は命式から自分自身のこと、人生の傾向、つまり宿命と運命を読み解きます。もうひとつは運勢です。暦と命式を照らし合わせて人生の運気の流れを読み解きます。

本書では基礎として、八字から性格や才能・適職、恋愛・結婚、お金や仕事、心身の健康の傾向をみて、通変星や補完星までを読み解きます。その後、本書では取り扱いませんが、応用として流年や大運、空亡から過去・現在・未来の運勢を読み解いていくことをおすすめします（本書を学んだ後に、ぜひ勉強してみてください)。

未来がどうなるかと不安にかられて、先を急ぎ、未来を推し量りたくなりますが、初心者のうちは、自分を知るという基礎固めが大切。まず、宿命・運命の傾向を読めない（良いも悪いも認められない）と、次のステップとして、運勢を読むことは非常に困難になりますし、読み取ったものを人生に活かすことも難しくなります。

はじめは本書で、あなたの宿命・運命図をしっかりと読めるようにしましょう。基礎の理念を十分に学ぶことで、応用、発展へとつながります。

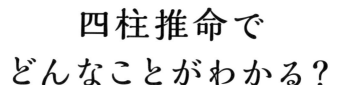

性格から未来までがわかる占術

＼本書はここを解説／

基礎編として 基本の性質を読み解く

八字から

- 基本の性格・性質
- 才能・適職の傾向
- 恋愛・結婚の傾向
- お金や仕事の傾向
- 心身の健康の傾向
- 幼年〜青年〜晩年期の傾向

↓

通変星と十二運星、身旺・身弱から、さらに深堀りする

- 潜在的なパワー・性質
- 生まれもったパワーの強弱
- 自我の強弱

応用編として 命式と暦を照らし合わせて運勢を読み解く

流運、大運、空亡から

- 人生のバイオリズム
- 毎年の運気
- 低迷しがちな時期

本書の学びの流れと占えること

STEP.1

占いのベースにある思想を学ぶ

四柱推命の本質である陰陽思想、五行思想を知り、天干地支（十干十二支）の成り立ちや意味を理解する。

- 万物を陰陽の二極とそのバランスで表す陰陽思想の基礎
- 万物を５つの要素とそのバランスで表す五行思想の基礎
- 天と地を表す天干地支思想の基礎
- 時柱＝出生時間の大切さ
- 的中率のあげ方

→ PART 2

STEP.2

命式から自分を知る

四柱推命の要である「八字」を理解する。命式を作り、自分自身の宿命・運命図を読み解き、自分を深く知る。

- 命式の作り方
- 基本の八字と60干支の意味、その読み解き方
- 陰陽と五行のバランスの読み解き方と、運気をあげる方法
- 蔵干と通変星から内に秘めた力を知り、読み解く方法

POINT

- 本書では、特有の用語にルビをふり、巻末に用語辞典もつけました。言葉をすべて暗記する必要はありません。焦らずにひとつひとつていねいに進めていきましょう。
- たとえ命式全体が整っていても、たったひとつの凶の部分にとらわれがちになってしまうもの。四柱推命は、命式全体の陰陽五行のバランスが重要です。全体を俯瞰してみることを常に意識しましょう。

占えること

1 自分の内面・外面

パーソナリティを表す「日柱の天干地支」を読み解く

2 仕事や恋愛の傾向

仕事や才能を示す「月支」、恋愛を示す「日支」を読み解く

3 潜在的な力

蔵干や通変星から潜在的な力を読み解く

4 吉凶や相性

天干、または地支同士の関係で命式の吉凶をみたり、日柱の干支で気になる人との相性を読み解く

→ PART 3・4

STEP.3

パワーの強弱を読み解く

生まれもったパワーの強弱を読み解く。

- 十二運星の導き出し方
- 身旺《みおう》・身弱《みじゃく》の導き出し方
- 総合的な鑑定の仕方

占えること

1 自分の生まれもったパワーの強弱

2 自我の強弱

→ PART 5・6

COLUMN 1

私と四柱推命 1

四柱推命の第一印象は…

私には幼いころから「人生は目にみえないものからの影響を強く受けている」という感覚がありました。幼少期に体験した不思議な出来事の数々や複雑な生い立ちが、そう感じさせたのです。自分の中の違和感や疑問を紐解きたく、神智学を学びはじめ、占いやスピリチュアルの世界にも自然と興味をもちました。

「人生は運の影響を受けている」と気づいたのは思春期を迎えたころでした。なぜ人生の行方が良い人、悪い人に分かれるのかが不思議でしょうがなかったのです。そこで、私は分析のために占いを本格的に学びはじめました。入り口は西洋占術でしたが、占いの起源が東洋占術と知り、自分のルーツも意識しながら、易経、風水、四柱推命と東洋占術への学びを深めていきました。

いくつもの占術を学んだ上で、私が四柱推命にもった第一印象は、そのずば抜けた的確さやリアリティ。過激ともいえるほどのインパクトを受けたことを覚えています。そして、四柱推命によって宿命を知り、受け入れることができたとき、ずっと生きやすくなったことに気づいたのです。

PART 2

四柱推命のキホン

四柱推命のベースには、
「陰陽思想」「五行思想」「十干十二支」
という３つの思想があります。
軸となる視点を得るためにも
大切なこれらの考え方を学びます。

四柱推命の基本思想1「陰陽」

万物を陰陽の二極とそのバランスで表す思想

万物には陰陽があります。陰陽は「太極《たいきょく》」から生まれ、また太極を目指して戻ります。この宇宙の理《ことわり》を表したのが太極図（陰陽図）です。太極図を基に東洋占術が誕生し、発展してきました。古代は暦を作り、国を発展させることが国力の誇示になったため、陰陽思想は現代の宇宙物理学や環境学、東洋医学にも影響を与えてきました。

太極図は陰陽のバランスが非常に重要であることを表しています。太陰の中には少陽の目があり、太陽の中にも少陰の目があります。これは「陰が存在しなければ陽も存在しない」、「良いことが悪いことに転じることがあれば、悪いことが良いことに転じることもある」ということを意味します。人生はずっと同じ状態が続くわけではありません。一見すると悪いことでも良い学びがありますし、良いことでも足をすくわれるようなことが潜んでいる場合もあります。

このように、陰と陽は互いに渦をまいて融合しながら、バランスを取ろうとしています。そのバランスが崩れると歪みや争いが生まれ、またそのバランスを取り戻すために切磋琢磨《せっさたくま》するのです。私たちはこの「大いなる矛盾」の交わりから人生の歩みと学びを得ていきます。

この宇宙の理を表す「太極」

古代中国思想において、宇宙万物の根元となるものを示すのが太極。
天地陰陽がまだ分かれる以前の混沌《こんとん》とした宇宙万物の本質を表している。
太極から陰陽の二元が生まれ、さらに易経の八卦が誕生した。
万物の生成論として根づいている。

太極図

太陽と月、男と女、天と地、火と水、昼と夜、外と内、白と黒など陰陽が相反するものたちが互いに融合しながら、私たちを生成していることを表している。陰陽図ともいう。

太極を詳しくみると……

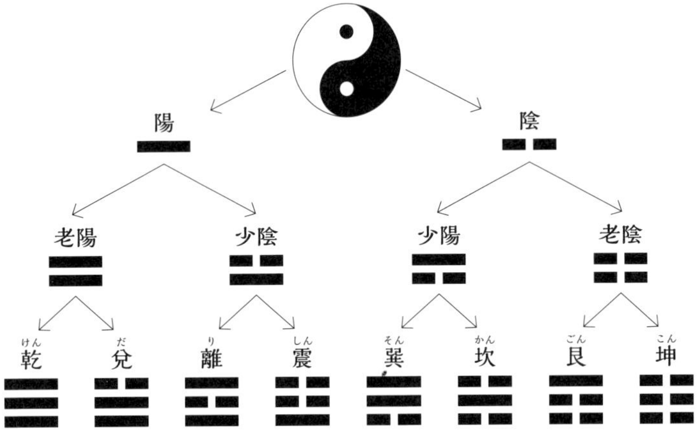

太極とは天地の区別がはっきりとしていない、混沌とした状態を示す。太極が陰陽に分かれて両儀を生む。両儀を陰陽で分けると四象を生み、さらに陰陽で分けると、八卦を生む。この八卦は、古代中国から伝わる易経における8つの基本図像である。

四柱推命の
基本思想２「五行」

この世のすべてを５つの
要素でとらえる思想

五行思想は、世の中の万物を５つの要素「木《もっ》火《か》土《ど》金《ごん》水《すい》」に分類し、それらは一定の法則で影響し合っているという考えです。自然物だけでなく、方位、形状、色、素材、動物、感情、性質、パワー、五感、人体など、目に見える・見えない、すべてのものがこの５つに分類されます。

そして、この五行（木火土金水）は互いに働き合います。それぞれ「相生《そうしょう》」「相剋《そうこく》」「相洩《そうえい》」といい、この３つの働きは気質でもあります。

「気」は目に見えない力・波長のようなもので、東洋思想では万物に宿っていると考えます。人間には、第六感と言われるような目に見えない気を感じる力が備わっていて、私たちは気に左右され、気の合う環境や人間関係を選ぶように動いているともいえます。自分にとって何が合うのか、また合わないかを見極めるためにも、五行思想は役立つはずです。

四柱推命は、陰陽思想、五行思想をもとに、生まれた年月日時を時間と空間を表す天干地支に置き換えて、宿命・運命を推し量るもの。つまり、四柱推命の神髄は天干地支に宿った陰陽五行のバランスをみることなのです。相性・相剋・相洩をしっかりと頭に入れて陰陽五行をイメージしていきましょう。

五行と3つの働きの関係図

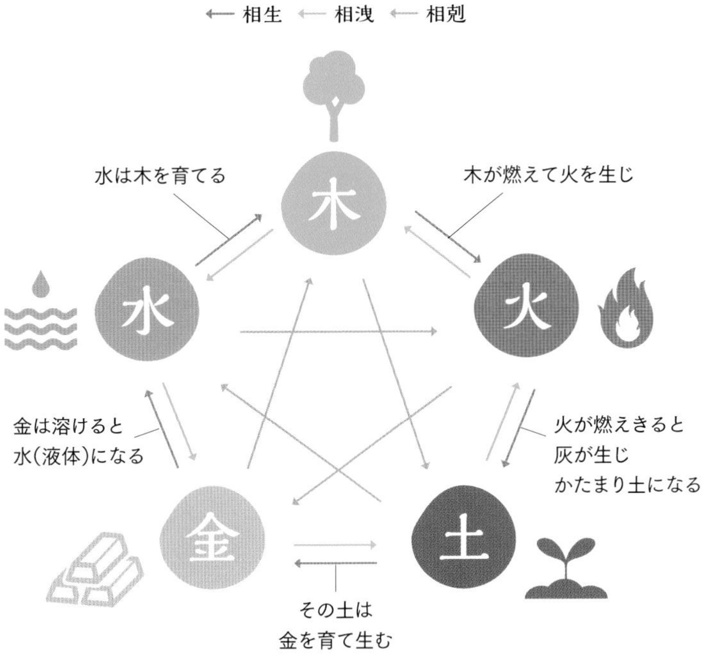
← 相生 ← 相洩 ← 相剋
木
火
土
金
水
水は木を育てる
木が燃えて火を生じ
火が燃えきると
灰が生じ
かたまり土になる
その土は
金を育て生む
金は溶けると
水(液体)になる

相生の関係	「木は火を生じ、火は土を生じ、土は金を生じ、金は水を生じ、水は木を生ず」という関係。時計回りに生じる、互いが助け合う関係のこと。
相剋の関係	「水は火を剋し、火は金を剋し、金は木を剋し、木は土を剋し、土は水を剋す」という関係。時計回りに1つ飛んで剋す。互いにやっつけ合う関係のこと。
相洩の関係	相生関係でも、過ぎると弱めることにつながることを相洩という。良いことも悪いことも過剰になるとバランスが崩れるという陰陽思想がここにも根づいている。

四柱推命の
基本思想3「天干地支①」

天干地支の天干は
「天の気」を表す

PART1 でもお伝えしたように、天干とは 10 個の干（十干）＝「甲・乙・丙・丁・戊・己・庚・辛・壬・癸」を指します。日を順に 10 日のまとまり（十進法）で数える古代中国暦法上の用語が由来とも言われていますが、私は「天にある 10 の太陽」を表しているという太陽説が有力ではないかと考えています。天干地支が考古学上発見された殷の時代においては、国家政治と国家祭祀は同意義であり、すべての政《まつりごと》は卜占《ぼくせん》術の結果に基づいて行われていたとされます。殷王家は自身を太陽神の末《まつ》裔《えい》と名乗り、自然崇拝である太陽崇拝を行っていました。そして、一日の中で昇って沈む太陽を 10 に分け、「甲・乙・丙・丁・戊・己・庚・辛・壬・癸」と名づけていたとされるのです。

現代中国でも、太陽という言葉はありますが、夜明けの太陽は「晗 (HÁN)」や「昕 (XĪN)」と、夕方から日暮れの太陽を「晩 (WǍN)」と呼びます。このように、時間によって太陽の名前を呼び分けているのです。十干を「天」干と言う点にも太陽との親和性を感じます。

陰陽五行は天干にも当てはめられており、それぞれの性質は右ページの表にある通りです。

天干の由来は「天にある10の太陽説」？

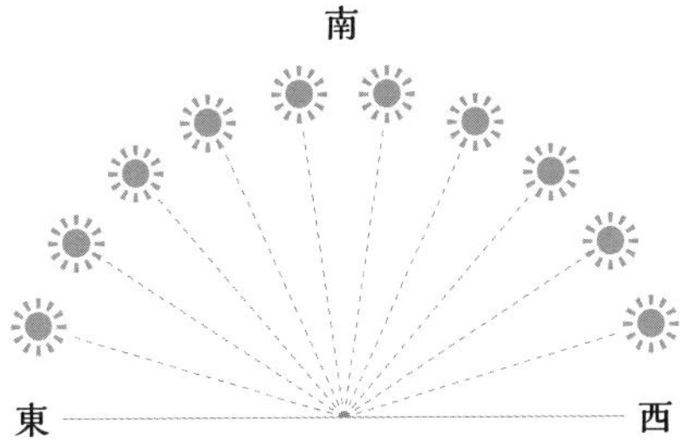

太陽は東から昇り、南（真上）に来たときは正午、そのまま西に沈み、夜になる。その間の太陽を10に分けて名づけたことから、天干の思想が生まれたと考える説がある。

天干がもつ陰陽五行の性質

天干	甲（こう）	乙（おつ）	丙（へい）	丁（てい）	戊（ぼ）	己（き）	庚（こう）	辛（しん）	壬（じ）	癸（き）
五行	木		火		土		金		水	
陰陽	陽（兄）	陰（弟）	陽（兄）	陰（弟）	陽（兄）	陰（弟）	陽（兄）	陰（弟）	陽（兄）	陰（弟）
天干の別名	木の兄（きのえ）	木の弟（きのと）	火の兄（ひのえ）	火の弟（ひのと）	土の兄（つちのえ）	土の弟（つちのと）	金の兄（かのえ）	金の弟（かのと）	水の兄（みずのえ）	水の弟（みずのと）

それぞれ五行の性質をもつ

それぞれ陰陽の性質をもつ。陽を兄、陰を弟と見たてる

陰陽と五行を組み合わせた日本特有の呼び名。兄は「え」、弟は「と」と訓読みし、「甲」＝「木の兄」、「乙」＝「木の弟」などと呼ぶようになった

四柱推命の
基本思想3「天干地支②」

天干地支の地支は
「地の気」を表す

地支とは、12 個の支 (十二支) ＝「子・丑・寅・卯・辰・巳・午・未・申・酉・戌・亥」を指します。もともとは季節・方位・時刻を表す記号で、のちに 12 種類の動物や神獣に割り当てられました。古代中国では、年を数えるときに使われていた惑星が「木星」でした。木星は地球から見て公転周期が約 12 年であるため、12 種類に分けたとされています。

天干と同様に、地支それぞれが陰陽五行の性質をもっており、季節や方位とも関係しています。それを表したのが右ページの図です。

「土用の丑の日」で知られる土用は、四季の変わり目を示す期間です。元々、古代中国人は土用を晩夏だけに作っていましたが、その後、土はあらゆる季節の変化に影響があると改定。四季の境に 18 日間ずつ、1 年で 72 日間の土用期間を作りました。四柱推命同様、陰陽五行や暦を扱う九星気学では、土用の期間に、土の中でゆっくりと季節の変わり目を楽しんでいる土公神《どくじん》の怒りを招くため、土いじりをしてはいけないと考えられています。つまり、この時期は陰陽が不安定になりやすく、しっかり体調管理をするのが良い期間と私は感じています。

地支がもつ陰陽五行の性質と季節との関係性

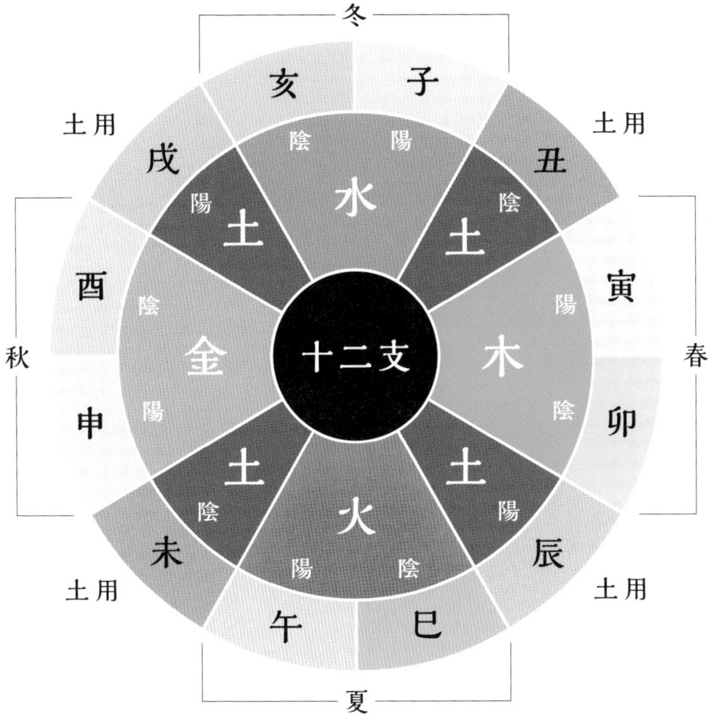

天干地支と方位の関係

天干	甲・乙	丙・丁	戊・己	庚・辛	壬・癸
地支	寅・卯	巳・午	辰・戌・丑・未	申・酉	子・亥

方位	東	南	中	西	北

天干と地支を組み合わせて考える

天干と地支が作用し合って
四柱推命の命式ができ上がる

天干と地支を分けて解説してきましたが、ここからは２つを組み合わせてより具体的にみていきましょう。

天干＝空間、地支＝時間と明確に分けられて伝えられていることがよくありますが(間違いではありません)、天干地支どちらにも空間があり、時間が流れています。空間がなければ時間は流れません。さらに言えば、古代の空間・時間の概念と21世紀のそれとでは差異があるはずですし、宇宙の時間と地球の時間もまた異なります。

P.34～37で解説した通り、天干地支それぞれに陰陽五行の性質が宿っていて、それぞれが呼応しています。どちらか一方だけが存在しているのではありません。

このように考えていくと、あなたが生まれた瞬間の空間と時間＝天干地支が四柱推命の命式の中に表れてきます。具体的には10個の天干と12個の地支を組み合わせて60通りの干支ができます。これをもとにあなた自身を読み解いていきます。繰り返しますが、四柱推命は陰陽・五行思想をもとに、宿命と運命を推し量る占いです。天干地支に宿った陰陽五行の「気」を読み解いていきましょう。

天干地支を組み合わせて「60干支」ができ上がる

「甲・乙・丙・丁・戊・己・庚・辛・壬・癸」と
「子・丑・寅・卯・辰・巳・午・未・申・酉・戌・亥」をかけ合わせて
60通りの干支ができる。例えば、「甲」と「子」を組み合わせた
「甲子」は「こうし」、「かっし」または「きのえね」と読む。

番号	干支	音読み	訓読み
1	甲子	こうし	きのえね
2	乙丑	いっちゅう	きのとうし
3	丙寅	へいいん	ひのえとら
4	丁卯	ていぼう	ひのとう
5	戊辰	ぼしん	つちのえたつ
6	己巳	きし	つちのとみ
7	庚午	こうご	かのえうま
8	辛未	しんび	かのとひつじ
9	壬申	じんしん	みずのえさる
10	癸酉	きゆう	みずのととり
11	甲戌	こうじゅつ	きのえいぬ
12	乙亥	いつがい	きのとい
13	丙子	へいし	ひのえね
14	丁丑	ていちゅう	ひのとうし
15	戊寅	ぼいん	つちのえとら
16	己卯	きぼう	つちのとう
17	庚辰	こうしん	かのえたつ
18	辛巳	しんし	かのとみ
19	壬午	じんご	みずのえうま
20	癸未	きび	みずのとひつじ
21	甲申	こうしん	きのえさる
22	乙酉	いつゆう	きのととり
23	丙戌	へいじゅつ	ひのえいぬ
24	丁亥	ていがい	ひのとい
25	戊子	ぼし	つちのえね
26	己丑	きちゅう	つちのとうし
27	庚寅	こういん	かのえとら
28	辛卯	しんぼう	かのとう
29	壬辰	じんしん	みずのえたつ
30	癸巳	きし	みずのとみ
31	甲午	こうご	きのえうま
32	乙未	いつび	きのとひつじ
33	丙申	へいしん	ひのえさる
34	丁酉	ていゆう	ひのととり
35	戊戌	ぼじゅつ	つちのえいぬ
36	己亥	きがい	つちのとい
37	庚子	こうし	かのえね
38	辛丑	しんちゅう	かのとうし
39	壬寅	じんいん	みずのえとら
40	癸卯	きぼう	みずのとう
41	甲辰	こうしん	きのえたつ
42	乙巳	いつし	きのとみ
43	丙午	へいご	ひのえうま
44	丁未	ていび	ひのとひつじ
45	戊申	ぼしん	つちのえさる
46	己酉	きゆう	つちのととり
47	庚戌	こうじゅつ	かのえいぬ
48	辛亥	しんがい	かのとい
49	壬子	じんし	みずのえね
50	癸丑	きちゅう	みずのとうし
51	甲寅	こういん	きのえとら
52	乙卯	いつぼう	きのとう
53	丙辰	へいしん	ひのえたつ
54	丁巳	ていし	ひのとみ
55	戊午	ぼご	つちのえうま
56	己未	きび	つちのとひつじ
57	庚申	こうしん	かのえさる
58	辛酉	しんゆう	かのととり
59	壬戌	じんじゅつ	みずのえいぬ
60	癸亥	きがい	みずのとい

本書で解説する命式と意味

P.19 で命式の基本は八字と解説しましたが、実際の命式は
さらに多くの項目を読み解きます。本書で扱う命式を紹介します。

	年柱	月柱	日柱	時柱
	先祖や両親から受け継いだ傾向の総論（0～18歳を表す）	仕事やお金、人間関係の傾向の総論（19～35歳を表す）	パーソナリティや才能、恋愛・結婚・配偶者の傾向の総論（36～60歳を表す）	晩年の財産や健康の傾向、子どもの性格の総論（61歳以降を表す）
天干	年干 先祖・両親から受け継いだもの、恩恵	月干 （※四柱全体に影響する要素）	日干 自分の主軸、才能・個性 ★	時干 晩年への影響、子どもの性格
地支	年支 年干によって継承したものや社会性	月支 仕事やお金、人間関係における傾向	日支 恋愛・結婚の傾向、配偶者の性格の傾向	時支 晩年の財産や健康、子どもからの影響
蔵干				
天干通変星 より具体的な、あなたの外面の性質や強み	家系から引き継いだ傾向や周囲からの第一印象	あなたに向いている仕事（適職）、仕事のスタイルや金運		あなたの晩年と子どもの性格
地支通変星 より具体的な、あなたの内面の性質や強み	天から与えられた才能や継承したもの	秘めた性質や才能を表す。元命（中心星）ともいう ★★	あなたの恋愛の傾向や出会い、結婚生活	あなたの晩年の健康と子どもからの影響
十二運星				
十二運星のパワー				

◆ 八字から身旺・身弱の判定ができる（以下は例）

	年柱	月柱	日柱	時柱
天干	辛	庚	丁	丁
地支	酉	寅	己	未

日干を強める 身旺

命式の構成を料理に例えると…

命式の読み解きは、どのような調理人（命式の本人）がどんな環境で、どのような具材やスパイスをどのような炎で煮ているのかを分析していく作業と言えます。

日柱（調理人）
→命式の本人のパーソナリティ

八字（鍋に入れられた具材）
→干支の性質や陰陽五行のバランス

蔵干（鍋を温める炎）
→潜在的パワー

通変星（でき上がった料理）
→より具体的な宿命・運命

十二運星（スパイス）
→八字や通変星を補完する役割

身旺・身弱（キッチンや道具などの調理環境）
→生命パワー
命式の性質を発揮できるか、否か

命式から自分を知ろう

POINT 1

八字

八字から、あなた自身のおおまかな傾向がつかめる。

→ PART 3

特に日干に注目★

日柱の天干（日干）は、あなたのパーソナリティを示す重要な要素。

POINT 2

蔵干・通変星

蔵干・通変星から、さらに具体的なことが読み解ける。

→ PART 4

元命（中心星）に注目★★

月柱の地支通変星である元命を日干の次に重要視する。秘めた性質や才能を読むのに大切。

POINT 3

十二運星と身旺・身弱

十二運星と身旺・身弱から、あなたのパワーを読み解く。

→ PART 5

全体をみるために

パワーの強弱を知ることで、命式全体とその活かし方を読み解ける。

日柱から
まず読み解く

日柱に主眼を置く読み方で
自分自身を知る

四柱推命にはさまざまな流派や鑑定法がありますが、本書ではその中でも日柱に重きを置いた鑑定方法を解説します。四柱推命の大家・徐子平が重要視していたのが日柱だったため、私はとても重要と考えています。

日柱は「自分自身を表す中心」、もしくは「本質をついている」ともいわれています。P.40で解説したように、日柱はパーソナリティを表し、恋愛・結婚運をみるのに適していることから、あなたが親しい人や心許せる人にみせる感情や表情を読み解くことができます。日柱＝本音、月柱＝建前と表現することもできるのです。

日柱に主眼を置いた読み解きによって、あなたの本質を知ることができ、本当に得たいもの・避けたいものもみえてくるでしょう。また相性をみる場合にも、内心でどう思っているのか、どういう心模様があるのかまで、読み解くことができるのです。

本書のテーマは「自分を知る」ですので、日柱の重要性を伝えていますが、日柱でわかることは四柱推命の命式全体で読み解ける範囲の３割ほどです。ひとつひとつ理解を深めて、最終的には年月日時と四柱の全体像をみられるようになりましょう。

日柱に主眼を置いて占うのがファーストステップ

	年柱	月柱	日柱	時柱
天干				
地支				

STEP.1

日柱をメインにみる

自分を知るためには、自分自身を表す日柱から読み解くことが大切。

STEP.2

最終的に全体をみる

最終的には他の要素も読み、総合的な読み解きをするのが理想。

POINT 1

年柱も参考にする

年柱は両親や先祖を表し、彼らから引き継いでいるものを示す。そのため、ここを読み解くと、さらに詳しく自分を知ることができる。

POINT 2

日干から相性を占う

日柱の天干である日干はパーソナリティを表すところ。そのため、自分自身の日干と気になる人の日干をみることで、相性を占える(P.114参照)。

【本書の命式における注意点】

- **日柱について**：結婚していない場合は、どういう人を好きになるかなどの恋愛傾向としても読み解く。
- **時柱について**：子どもがいない場合は、晩年運の傾向や健康状態などを中心に読み解く。
- **四柱の年齢域について**：年柱から時柱に当てはめられている年齢域は、流派や占い師によって異なる。本書では、日本における成人年齢が18歳であることから19歳以降を青年期とし､60干支の理念をもとに還暦を過ぎた61歳以降を晩年期とし、年柱を0～18歳、月柱を19～35歳、日柱を36～60歳、時柱を61歳以降とする。
- 天は陽のため男性(祖父、父、息子)、地は陰のため女性(祖母、母、娘)とするのを、四柱推命では「六親の定位」と言う。しかし、あまりここに捉われすぎなくても良い。
- 月柱で兄姉を占う場合があるが、外れやすいので、月柱では才能や仕事をみると良い。

生まれた時間が誕生日のパワーを示す

出生時間を表す時柱は重要
わからない場合は？

出生時間を重要視する理由は、この世界に誕生したときのパワー（気）が人生に影響を与えるという思想があるからです。生と死の循環には「あの世（陰）」と「この世（陽）」の境を表す、「その世（中庸）」の時空があります。この中庸は陰と陽の橋渡しの役割であり、命を吹き込んで押し出す力もあるのです。たとえ同じ年月日に生まれても、生まれた時間の違いで、より詳しく宿命・運命を読み解けるようになります。

ただ、出生時間を知らなかったり、不明であったりすることはよくあることです。母子手帳がない場合は、両親や親族に記憶をたどってもらいましょう。正確な時間がわからなくても、朝、昼、夕、夜、だいたい何時ぐらいだったという目安があれば占えます。

四柱推命の出生時間は標準時間ではなく、太陽の運行に基づく太陽時間をさしています。季節はもちろん、出生地（距離・緯度経度）も関係します。太陽時間の場合、北海道と沖縄ではプラスマイナス20分から50分の差が出ます。前の干支と次の干支の時間をまたぐ時間（例：14時59分～15時、16時59分～17時など）に生まれた人は、サマータイムや日本国内における主要都市の時差を調べ、計算するのもおすすめです。

出生時間がわからない場合の見当のつけ方

1 大まかな時間帯から選ぶ

時柱を導くための時間は13区分に分けられるため（P.53参照）、ある程度の情報（下記のような例）があれば、当てはまる時間帯が確定する。

生まれた時間に関するワード	予測時間
「朝方だったわよ」	早朝なら３時～4時59分、５時～６時59分
「お昼前の午前中だったかも」	７時～８時59分か、９時～10時59分
「お昼過ぎかな」	11時～12時59分
「夕方だったわよ」	15時～16時59分か、17時～18時59分
「夜だったかな」	19時～20時59分、21時～22時59分、23時～23時59分のいずれか

2 時柱から推測

P.40で解説したように、時柱からはあなたの子どもの傾向や晩年の傾向を読み解くことができる。子どもがいる場合は、子どもの特徴や性格を加味して時間帯を選んでみるのも手。子どもがいない場合で、あなたの年齢が晩年（60歳以降）に入っていれば、自分の晩年運を客観的にみて推測して選んでみると良い。

3 いくつか候補を出して比べる

候補の時間を出して、時柱に干支を加え、八字全体のバランスをみてみる。四柱推命の本質は陰陽・五行のバランスをみることにあるので、時柱に当てはめたときに偏りが出るのか、逆にバランスが良くなるのかをみて直感で選ぶものもあり。

4 1～3でもわからない場合

時柱なしの三柱推命で読み解く。出生時間がわからなくても「日柱」である程度の傾向はわかるので大丈夫。

的中率をあげるために

占いの的中率をあげるために意識してみると良いことを、
４つのポイントに絞って紹介します。
どれかひとつだけでも良いので、試してみてください。

ポイント 1

悪い点だけに執着しない

ひとつひとつを丁寧に読み解いていく中で、良いことと悪いことのどちらも出てきます。このとき、悪いことに着目しがちですが、その１点だけにとらわれないようにしましょう。良い・悪いのバランスをみて、最終的には「全体像」をみることが大切です。完璧な人はいませんし、誰にでも両面があることを念頭に置いて鑑定をしていきましょう。

ポイント 2

正確な誕生日を調べる

明治、大正、昭和時代は出生日や時間の計測があいまいでした。役所に届けた日が誕生日になっている人や、縁起の良い翌日に誕生日を設定した人など、出生日が実際の生まれた日時と違う人もいます。１日、もしくは２時間違うだけで干支が変わってきますので、できるだけ正確な産声をあげた日時が大切です。しかし、出生時間がわからない場合でも、日柱である程度の傾向は見立てることができます。

ポイント 3

親子3代を鑑定する

中国では、仏教や儒教など祖先崇拝の影響から先祖や親を重んじる思想が根強くあります。四柱推命の年柱は両親から与えられた運と環境を表します。あなたを形成している宿命・運命図の原点は両親。その両親にも両親がおり、そのまた両親の両親の両親…というように、先祖があなたをかたどっています。

つまり､「自分を知る」ために、自分を形成した祖を知ることも大切なのです。そのため、両親、さらにできれば、両親のまた両親（あなたの祖父母）の命式もわかると、祖父母から引き継いでいる流れが手に取るようにわかります。

両親や家系から引き継いだものがどうであろうと、自らの道を切り開いていくことが大切ですが、やはり原点＝祖は、おろそかにしてはいけません。

ポイント 4

旧暦の命式も出してみる

中国は現在でも旧暦を重んじます。中国出身の人に誕生日を聞くと旧暦で答えることもありますし、旧暦・新暦両方の誕生日を答える人も多くいます。四柱推命は旧暦を重んじる古代中国で生まれた命術学であることから、できれば旧暦も調べて命式を作り、新暦で出した結果と見比べてみるのも面白いでしょう。

新暦を旧暦に直してくれるWebサイトを使って調べてみてください。

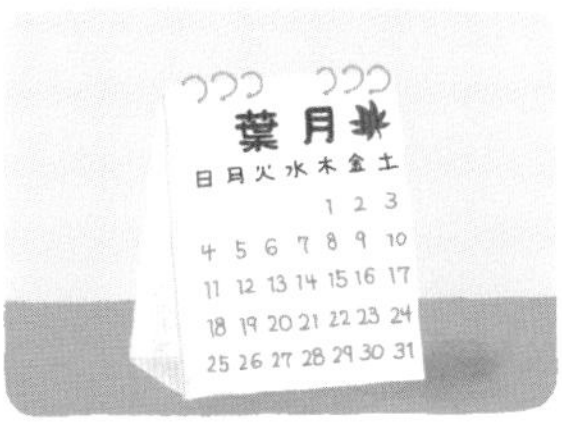

COLUMN 2

私と四柱推命 2

東洋思想を重視した鑑定法を学んで

四柱推命を学びはじめたころ、日本の四柱推命の本に書かれていることが、中国の本で学んできた古代中国の思想とは異なる点があることに気づきました。戸惑った私は、故郷ハルビンにいる祖母の代からお抱えのシャーマンの先生に教えを仰ぎました。

先生からはさまざまな教えをいただきましたが、「最初の井戸から流れたものはいつか変化するが、行きついた先の流れと最初の井戸の双方をみなさい」という言葉が印象的でした。これはつまり、四柱推命の源流と派生していった流派それぞれをみる必要がある、ということ。そこで私は、源流である東洋思想の視点を重視した鑑定法を学び直しました。すると、的中率があがり、お客様からも「なんでそんなことまでわかるの？」「この前のこれ当たった！」など、喜びの声がさらに増えたのです。

長い歴史をもつ占術ゆえに、流派はいくつも存在します。細部の鑑定法が異なっても、私が四柱推命を通して伝えたいことはひとつ。「どんな宿命だったとしても、受け入れることから運は啓ける」ということです。

PART 3

命式から自分を占ってみよう

基本を理解した上で、
さっそく自分の命式を出して、
占ってみましょう。
基本の八字（天干地支）、
60干支からしっかり身につけます。

WORK 1

命式(八字)を導き出そう

本章からさっそく、自分の命式を作ってみましょう。
まずは生年月日から干支を割り出すために
必要となる暦の見方について解説します。

命式を作るにあたっての設定

本書は初心者向けのため、出生地・サマータイムや
時差は考慮しないこととする(P.211参照)。

準備編 立春と節入日《せついりび》について

多くの東洋占術では、2月4日の立春から1年がはじまると考えます。節入日は暦上の各月のはじまりのことで、節に入る日=前月と翌月をつなげる日のことを言います。年によって数時間〜1日程度前後することもあるため、生年月日が立春や節入日前後の人は注意を。詳しくは巻末の干支表を参照してください。

◆ 立春が年の変わり目

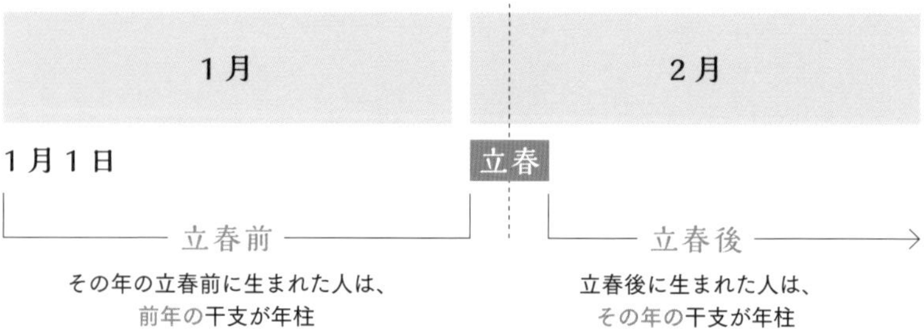
1月
2月
1月1日
立春
立春前
立春後
その年の立春前に生まれた人は、
前年の干支が年柱
立春後に生まれた人は、
その年の干支が年柱

◆ 節入日は月の変わり目

春

立春	2月4日頃
啓蟄	3月5日頃
清明	4月5日頃

夏

立夏	5月5日頃
芒種	6月6日頃
小暑	7月7日頃

秋

立秋	8月8日頃
白露	9月8日頃
寒露	10月8日頃

冬

立冬	11月7日頃
大雪	12月7日頃
小寒	1月5日頃

前月	その月

節入日

節入日の前に生まれた人は
前月の干支が月柱

節入日の後に生まれた人は
その月の干支が月柱

例１）1981年1月生まれの人
立春前なので、前年1980年の庚申が年柱となる。

例２）1981年2月8日生まれの人
生まれた月は立春後なので1981年の辛酉が年柱で、2月4日が節入日なので、月柱はその月の庚寅。

例３）1981年5月1日生まれの人
生まれた月は立春後なので1981年の辛酉が年柱で、5月5日が節入日なので、月柱は前月４月の壬辰。

暦の見方は
次ページから
詳しくガイドするよ！
「命式」

1 年柱・月柱・日柱の干支を出す

巻末の干支表(P.210～253)で自分の生まれた年の表をチェックする。

例）1981年2月8日14時生まれの人

1981年〈昭和56年〉

辛酉

月	2月	3月	4月	5月	6月	7月	8月	9月	10月	11月	12月	1月
干支	庚寅	辛卯	壬辰	癸巳	甲午	乙未	丙申	丁酉	戊戌	己亥	庚子	辛丑
節入	4日	[illegible]	5日	5日	6日	7日	7日	8日	8日	7日	7日	6日
時刻	6:56	1:05	6:05	23:35	3:53	14:12	23:57	2:43	18:10	21:09	13:52	1:03
1日	庚戌	戊寅	己酉	己卯	庚戌	庚辰	辛亥	壬午	壬子	癸未	癸丑	甲申
2日	辛亥	己卯	庚戌	庚辰	辛亥	辛巳	壬子	癸未	癸丑	甲申	甲寅	乙酉
3日	壬子	庚辰	辛亥	辛巳	壬子	壬午	癸丑	甲申	甲寅	乙酉	乙卯	丙戌
4日	癸丑	辛巳	壬子	壬午	癸丑	癸未	甲寅	乙酉	乙卯	丙戌	丙辰	丁亥
5日	甲寅	壬午	癸丑	癸未	甲寅	甲申	乙卯	丙戌	丙辰	丁亥	丁巳	戊子
6日	乙卯	癸未	甲寅	甲申	乙卯	乙酉	丙辰	丁亥	丁巳	戊子	戊午	己丑
7日	丙辰	甲申	乙卯	乙酉	丙辰	丙戌	丁巳	戊子	戊午	己丑	己未	庚寅
8日	丁巳	[illegible]	丙辰	丙戌	丁巳	丁亥	戊午	己丑	己未	庚寅	庚申	辛卯
9日	戊午	丙戌	丁巳	丁亥	戊午	戊子	己未	庚寅	庚申	辛卯	辛酉	壬辰
10日	己未	丁亥	戊午	戊子	己未	己丑	庚申	辛卯	辛酉	壬辰	壬戌	癸巳
11日	庚申	戊子	己未	己丑	庚申	庚寅	辛酉	壬辰	壬戌	癸巳	癸亥	甲午
12日	辛酉	己丑	庚申	庚寅	辛酉	辛卯	壬戌	癸巳	癸亥	甲午	甲子	乙未
13日	壬戌	庚寅	辛酉	辛卯	壬戌	壬辰	癸亥	甲午	甲子	乙未	乙丑	丙申
14日	癸亥	辛卯	壬戌	壬辰	癸亥	癸巳	甲子	乙未	乙丑	丙申	丙寅	丁酉
15日	甲子	壬辰	癸亥	癸巳	甲子	甲午	乙丑	丙申	丙寅	丁酉	丁卯	戊戌
16日	乙丑	癸巳	甲子	甲午	乙丑	乙未	丙寅	丁酉	丁卯	戊戌	戊辰	己亥
17日	丙寅	甲午	乙丑	乙未	丙寅	丙申	丁卯	戊戌	戊辰	己亥	己巳	庚子
18日	丁卯	乙未	丙寅	丙申	丁卯	丁酉	戊辰	己亥	己巳	庚子	庚午	辛丑
19日	戊辰	丙申	丁卯	丁酉	戊辰	戊戌	己巳	庚子	庚午	辛丑	辛未	壬寅
20日	己巳	丁酉	戊辰	戊戌	己巳	己亥	庚午	辛丑	辛未	壬寅	壬申	癸卯
21日	庚午	戊戌	己巳	己亥	庚午	庚子	辛未	壬寅	壬申	癸卯	癸酉	甲辰
22日	辛未	己亥	庚午	庚子	辛未	辛丑	壬申	癸卯	癸酉	甲辰	甲戌	乙巳
23日	壬申	庚子	辛未	辛丑	壬申	壬寅	癸酉	甲辰	甲戌	乙巳	乙亥	丙午
24日	癸酉	辛丑	壬申	壬寅	癸酉	癸卯	甲戌	乙巳	乙亥	丙午	丙子	丁未
25日	甲戌	壬寅	癸酉	癸卯	甲戌	甲辰	乙亥	丙午	丙子	丁未	丁丑	戊申
26日	乙亥	癸卯	甲戌	甲辰	乙亥	乙巳	丙子	丁未	丁丑	戊申	戊寅	己酉
27日	丙子	甲辰	乙亥	乙巳	丙子	丙午	丁丑	戊申	戊寅	己酉	己卯	庚戌
28日	丁丑	乙巳	丙子	丙午	丁丑	丁未	戊寅	己酉	己卯	庚戌	庚辰	辛亥
29日		丙午	丁丑	丁未	戊寅	戊申	己卯	庚戌	庚辰	辛亥	辛巳	壬子
30日		丁未	戊寅	戊申	己卯	己酉	庚辰	辛亥	辛巳	壬子	壬午	癸丑
31日		戊申		己酉		庚戌	辛巳		壬午		癸未	甲寅

	年柱	月柱	日柱
天干	辛	庚	丁
地支	酉	寅	巳

月柱　日柱

1981年の2月の節入日は4日なので、8日生まれの人の月柱の干支はその月、2月の庚寅で、日柱の干支は丁巳となる。

2 時柱の干支を出す

次の干支時刻表から自分の日干と生まれた時間が交わるところの干支をチェックする。

	干支時刻表				
日干 / 誕生時間	甲・己	乙・庚	丙・辛	丁・壬	戊・癸
0時～0時59分	甲子	丙子	戊子	庚子	壬子
1時～2時59分	乙丑	丁丑	己丑	辛丑	癸丑
3時～4時59分	丙寅	戊寅	庚寅	壬寅	甲寅
5時～6時59分	丁卯	己卯	辛卯	癸卯	乙卯
7時～8時59分	戊辰	庚辰	壬辰	甲辰	丙辰
9時～10時59分	己巳	辛巳	癸巳	乙巳	丁巳
11時～12時59分	庚午	壬午	甲午	丙午	戊午
13時～14時59分	辛未	癸未	乙未	丁未	己未
15時～16時59分	壬申	甲申	丙申	戊申	庚申
17時～18時59分	癸酉	乙酉	丁酉	己酉	辛酉
19時～20時59分	甲戌	丙戌	戊戌	庚戌	壬戌
21時～22時59分	乙亥	丁亥	己亥	辛亥	癸亥
23時～24時59分	丙子	戊子	庚子	壬子	甲子

例）1981年2月8日
14時生まれの人

時柱

日干の「丁」と「13時～14時59分」が交わる干支は丁未となる。

	年柱	月柱	日柱	時柱
天干	辛	庚	丁	丁
地支	酉	寅	巳	未

◆ あなたの年柱・月柱・日柱・時柱の干支を出してみよう

(　　　)年(　　　)月(　　　)日(　　　)時生まれ

	年柱	月柱	日柱	時柱
天干				
地支				

WORK 2

八字の陰陽と五行のバランスを導き出そう

四柱推命は陰陽と五行のバランスをみることが肝要です。
天干はP.35、地支はP.37の図表を見ながら、
八字の陰陽と五行を調べ、それぞれがいくつあるか数えてみましょう。

1 天干地支の陰陽と五行を導き出す

下の例の場合、年干は辛。P.35の上の図版から辛の陰陽は陰、五行は金となる。他も同様に、陰陽と五行を調べる。

例）1981年2月8日14時生まれの人

	年柱	月柱	日柱	時柱	
天干	辛→陰／金	庚→陽／金	丁→陰／火	丁→陰／火	◀P.35 図版から
地支	酉→陰／金	寅→陽／木	巳→陰／火	未→陰／土	◀P.37 図版から

◆ あなたの八字の陰陽と五行を書き出してみよう

	年柱	月柱	日柱	時柱
天干				
地支				

2 陰陽の数をかぞえ、バランスをチェック

例)1981年2月8日14時生まれの人

陰 6	陽 2

一見、陰が多いので凶と思うかもしれません。しかし、「陰極まりて陽生ず」という陰陽論の格言があります。「陰が極まると、自ずと陽が立ち上がってくる」という意味で、陰の状態がずっと続くことはないということです。逆に、「陽が極まると、自ずと陰が立ち上がってくる」ということでもあります。「陰が多いから悪い」「陽が多いから良い」という単純なものではないことを、念頭に置いておきましょう。

◆ 陰陽の偏りがある場合

(陰7陽1、陽7陰1、陰6陽2、陽6陰2、陰5陽3、陽5陰3など)

陰陽が多少偏っていても、陰陽両面をもっていることから問題はありません。いずれも吉凶の判定には及びません。

◆ 陰陽がひとしくある場合

(陰4陽4)

最も中庸で親和性があるとみますが、バランスがいいからといって人生が順風満帆で悩みがないわけではありません。また中庸・中道ということは迷いが生じやすい、短所的な見方をすれば、優柔不断さや決断力のなさも含まれてきます。

◆ すべて陽、もしくはすべて陰の場合

(陰8陽0、陽8陰0)

陰か陽にすべて偏っている人は、次ページに挙げるように、生きづらさを抱えやすい人が多い印象です。どちらの人の場合も共通している課題は同じです。「人の話をよく聞くこと」を大切にすると良いでしょう。

八字すべてが陽の人の性質

積極的、ポジティブ、破天荒、明るい（存在感が強め）、こだわりはあまりない、発言で誤解を招いてしまう、広く浅い付き合い、非常に現実的、過剰、暴走気味でコントロールがきかない

▶

「自分が自分が」と突っ走るタイプが多く、自己肯定感が高いと周囲よりも自分を優先しがちになりやすい。そうすると他者とのバランスが崩れ、一匹狼や「裸の王様」となってしまうことも。

八字すべてが陰の人の性質

消極的、ネガティブ、保守的、もの静か（存在感が薄め）、こだわりが強いが表にあまり出さない、デリケートで傷つきやすい、孤独、ひきこもりがち、夢見がち、過敏、情緒不安定

▶

表には出さないけれども、頑固な人が多い。周囲が心配して本人に助言をしても、自分の殻に閉じこもって耳をかさない人もいる。

3 それぞれの五行を数え、過多・少ない・不足をチェック

例）1981年2月8日14時生まれの人

木	火	土	金	水
1	3	1	3	0

火と金が3つずつ、木と土が1つずつ、水が0なので、水が不足していて、火と金が多くなっています。多い＝「その傾向によっている・強い」と見立てます。「多い＝悪い」という意味ではありません。

◆ あなたの命式の五行バランスを数えてみよう

木	火	土	金	水

過多な五行は(　　　　　　　　　　　　　　)

不足している五行は(　　　　　　　　　　　　　　)

◆ 五行の過多・不足が意味すること

	過多	不足
木	前進・成長のパワーが強い／空気が読めない／周囲を気にしない	行動力と積極性の欠如／人に決めてもらいがち／飽きっぽい
火	情熱家で努力を惜しまない／厳格／的確な意見を言える／言葉がストレート	柔軟性に欠ける／意欲・覇気の欠如／ネガティブ思考／混乱しがち
土	しっかりしていて現実思考／横柄な態度／マウントしがち／頑固	非常識になりがち／優柔不断／突っ走る／都合の良い話だけ聞く
金	お金には困らない／頭脳明晰／おしゃべり／言葉が過ぎる／批判的	だらしがない／無計画／鈍感／不器用か器用貧乏／不自由
水	優しく面倒見が良い／自己犠牲型／自己破壊型／嫉妬深く比べてしまう	クール（冷たい）／情緒不安定傾向／宗教やスピリチュアルにはまりやすい

木火土金水の数がバランス良いことが理想的ですが、「偏っているから悪い」ということでもありません。偏り＝「個性」であり「人柄」です。そして、自分にない五行（要素）を他人との関係の中で補い合い、切磋琢磨できるわけです。不完全の中にある「輝き」をいかに見つけられるか。それが占いにおいてはとても大切です。

五行バランスの不足を補い運気をあげるためのポイント

不足している五行は、ライフスタイルで補うよう意識するだけで、
中庸になります（バランスが良くなる）。おすすめは人間関係において、
自分がもっていない（不足している）五行をもった相手と交流することです。
さらに色、食、素材、形状、方位など、
それぞれの五行を補うための開運ポイントを下記に挙げました。
できることから実践してみましょう。

木が不足している場合は……

- 日干に**「甲」や「乙」をもつ人**との交流・交際を意識してみる。
- 四柱推命以外の命術で自分が**「木」の性質**をもっているか確認する。（例：九星気学なら三碧木星・四緑木星）
- **緑が多い環境**で過ごす、公園や植物園や薔薇園などの近くに住む。
- 身のまわりに**観葉植物**を置く、**ガーデニング**をする。
- **木製の家具**を置く。
- **酸っぱいもの**をほどよく食べる。
- **青い（緑色の）食べもの**（セロリ、ほうれんそう、ブロッコリーなど）を食べる。

火が不足している場合は……

- 日干に**「丙」や「丁」をもつ人**との交流・交際を意識してみる。
- 四柱推命以外の命術で自分が**「火」の性質**をもっているか確認する。（例：九星気学なら九紫火星、西洋占星術なら牡羊座・獅子座・射手座）
- **陽当たりの良い環境**で過ごす。南向きのリビングや仕事場がおすすめ。
- **体を温める、暖かい気候の場所**に住む、または旅行する。
- **苦みのあるもの**をほどよく食べる。
- **火が通っている料理**をできるだけ多く食べる。
- **赤い食べもの**（トマト、いちご、パプリカなど）を食べる。

土が不足している場合は……

- 日干に「戊」や「己」をもつ人との交流・交際を意識してみる。
- 四柱推命以外の命術で自分が「土」の性質をもっているか確認する。
(例：九星気学なら二黒土星・五黄土星・八白土星、
西洋占星術なら牡牛座・乙女座・山羊座)
- 山に関するレジャーに行く、家から山が見える、
または地盤がしっかりしている場所に住む。
- 家庭菜園やガーデニングを楽しむ。
- 甘いものをほどよく食べる。
- 根菜類を食べる。
- 黄色い食べもの（さつまいも、かぼちゃ、ごぼうなど）を食べる。

金が不足している場合は……

- 日干に「庚」や「辛」をもつ人との交流・交際を意識してみる。
- 四柱推命以外の命術で自分が「金」の性質をもっているか確認する。
(例：九星気学なら六白金星・七赤金星)
- 家の中に丸い形状のインテリアを置く。
- 金（ゴールド）の装飾品を身につける。
- 天然石や鉱物を家に飾る、ブレスレットやアクセサリーを身につける。
- 辛いものをほどよく食べる。
- 白い食べもの（大根、高野豆腐、ねぎなど）を食べる。

水が不足している場合は……

- 日干に「壬」や「癸」をもつ人との交流・交際を意識してみる。
- 四柱推命以外の命術で自分が「水」の性質をもっているか確認する。
(例：九星気学なら一白水星、
西洋占星術なら蟹座・蠍座・魚座)
- 川、池、湖、海などの水がある環境で過ごす、水族館や海水浴を楽しむ。
- 部屋の水場（トイレ・バスルーム）を綺麗に整える。
- 良質な水をこまめに飲む。
- 塩辛いものをほどよく食べる。
- 黒い食べもの（黒ごま、海藻、のりなど）を食べる。

WORK 3

命式（八字）を一字ずつ読み解いてみよう

ここからは、天干と地支それぞれの性質を知るとともに、
八字の部屋の意味と部屋に入る天干と地支を照らし合わせて
あなたの性質と傾向を読み解きます。

八字＝8つの部屋の意味を再チェック

	年柱 先祖や両親から受け継いだ傾向の総論	月柱 仕事やお金、人間関係の傾向の総論	日柱 パーソナリティや才能、恋愛・結婚・配偶者の傾向の総論	時柱 晩年の財産や健康の傾向、子どもの性格の総論
天干	年干 先祖・両親から受け継いだもの、恩恵 ❶	月干 （※四柱全体に影響する要素） ❸	日干 自分の主軸、才能・個性 ❺	時干 晩年への影響、子どもの性格 ❼
地支	年支 年干によって継承したものや社会性 ❷	月支 仕事やお金、人間関係における傾向 ❹	日支 恋愛・結婚の傾向、配偶者の性格の傾向 ❻	時支 晩年の財産や健康、子どもからの影響 ❽
年齢域	0～18歳	19～35歳	36～60歳	61歳～

POINT 八字の傾向を把握する

ここでは診断というよりも、八字の傾向が示されているというくらいの読み解きで大丈夫です。陰陽五行の場合は、多少矛盾した傾向が重なり「結局どっちなの？」と迷われるかもしれませんが、今は気になったキーワードだけを書き出す程度にしておきましょう。どれも「自分」を構成している要素と思ってください。

1 命式に入る天干と地支の性質を読む
天干がもつ性質 ▶ P.66〜70　地支がもつ性質 ▶ P.71〜74

2 各キーワード一覧(P.196〜197)から、
気になる言葉を書き込む。
キーワードから連想して自分なりの解釈をしてもOK。

例)1981年2月8日14時生まれの人

	年柱	月柱	日柱	時柱
天干	辛 ①	庚 ③	丁 ⑤	丁 ⑦
地支	酉 ②	寅 ④	巳 ⑥	未 ⑧

① 年干は「先祖・両親から受け継いだもの、恩恵」

例の人の年干は「辛」。P.69の「辛」の説明を読み、
気になったワードをP.196の「天干キーワード一覧」から抜き出し解釈する。

私は［生まれながらの気品、多くの人を惹きつける魅力］を
先祖や両親から継承している。

あなたの年干をみてみましょう

私は［　　　　　　　　　　］を

先祖や両親から継承している。

② 年支は「年干によって継承したものや社会性」

例の人の年支は「酉」。P.74の「酉」の説明を読み、
気になったワードをP.197の「地支キーワード一覧」から抜き出す。

私は 頭の回転が早い、独創的、芸術家気質、個性的 。
周囲からもそう映り、それを活かすことが使命でもある。

あなたの年支をみてみましょう

私は ＿＿＿＿＿＿＿＿ 。

周囲からもそう映り、
それを活かすことが使命でもある。

---

3 月干は「四柱全体に影響する要素」

例の人の月干は「庚」。P.69の「庚」の説明を読み、
気になったワードをP.196の「天干キーワード一覧」から抜き出す。

私は 好き嫌いが過ぎる、即断即決できる意志の強さ タイプ。
常に自分をストイックに磨く ことで、運命全体が活かされる。

あなたの月支をみてみましょう

私は ＿＿＿＿＿＿＿＿

タイプ。＿＿＿＿＿＿＿＿ ことで、

運命全体が活かされる。

4 月支は「仕事やお金、人間関係における傾向」

例の人の月支は「寅」。P.71の「寅」の説明を読み、
気になったワードをP.197の「地支キーワード一覧」から抜き出す。

私は 理想や目標に向かい邁進するパワーがある、行動力がある
という面を活かして願望を実現できるパワーをもっている。

あなたの月支をみてみましょう

私は

という面を活かして願望を実現できるパワーをもっている。

---

5 日干は「自分の主軸、才能・個性」

重要！
しっかり
読み解こう！

例の人の日干は「丁」。P.67の「丁」の説明を読み、
気になったワードをP.196の「天干キーワード一覧」から抜き出す。

私は 温厚そうに見える、内面には情熱を秘めている、見えないところでひたむきな努力をする という面をもっている。
秘めた才能を活かすタイミングや環境が整うことで才能が開花する。

あなたの日干をみてみましょう

私は

という面をもっている。

秘めた才能を活かすタイミングや環境が整うことで才能が開花する。

⑥ 日支は「恋愛・結婚の傾向、配偶者の性格の傾向」

例の人の日支は「巳」。P.72の「巳」の説明を読み、
気になったワードをP.197の「地支キーワード一覧」から抜き出す。

重要！
しっかり
読み解こう！

私は 神秘的、魅力的、モテる、内側に情熱を秘めている、

羞恥心が強い という恋愛の傾向がある。

あなたの日支をみてみましょう

私は

という恋愛の傾向がある。

---

⑦ 時干は「晩年への影響、子どもの性格」

例の人の時干は「丁」。P.67の「丁」の説明を読み、
気になったワードをP.196の「天干キーワード一覧」から抜き出す。

私は年を重ねても 情熱を燃やす、意欲的に才能を活かす タイプ。
子どもはあなたと似た性質と才能を受け継ぐであろう。

あなたの時干をみてみましょう

私は年を重ねても

タイプ。子どもはあなたと似た性質と

才能を受け継ぐであろう。

8 時支は「晩年の財産や健康、子どもからの影響」

例の人の時支は「未」。P.73の「未」の説明を読み、
気になったワードをP.197の「地支キーワード一覧」から抜き出す。

※老後や子どもの読み解きには、少し連想する力が必要となります。
例えば、事例では「安定志向型」というキーワードから、「財産も健康も安定」と読み解きました。

私の老後は［財産も健康も安定、ひとりの時間を大切にする］。

子どもは［平和主義、争いは好まない］タイプ。

あなたの時支を見てみましょう

私の老後は［　　　　］。子どもは

［　　　　］タイプ。

ゆうはん'S ADVICE

◆◆◆

本書における鑑定ポイント

- 本書は、短所よりも、できるだけ長所に重きを置いたキーワードや鑑定文に整えています。理由として、吉凶の「凶」にどうしてもとらわれがちになり、吉の部分を伸ばせない傾向にある方が多いからです。

- 月干の「四柱全体に影響がある」の読み解き方が難しいと感じる方は、月柱から仕事や仕事の才能をみることができるので、月干＝外面、月支＝本音と置き換えて鑑定してみてもいいでしょう。
  月干＝ライスワーク（生活をしていくための現実的な仕事）：適職
  月支＝ライフワーク（あなたの心を豊かにしてくれる活動や仕事）：天職
  いう形で傾向を鑑定することもできます。

- 年齢域については、四柱に入る干支の性質がその年齢の時期を表すという解釈になります。

天干（十干）がもつ性質

01 甲 きのえ

陰陽五行

陽 木

象意（シンボル・イメージ）

樹木、大木、棍棒、幹のある木

木が天に向かって真っすぐ伸びていくように、積極的で向上心が強く、常に成長や発展をもとめて努力し続けます。素直で曲がったことは嫌い。純朴な心をもっています。決めたら一直線、自分にも相手にも嘘をつかないことから、さっぱりと付き合える人柄です。ただし、表裏がなく、好き嫌いもはっきりと出てしまうことから、誤解を招きやすいところがあります。伸びていた枝が折れるように、挫折に弱い傾向にありますが、木は剪定《せんてい》することで新芽を出そうと頑張りますので、苦労が多いほうが成長は望めるとも言えます。

02 乙 きのと

陰陽五行

陰 木

象意（シンボル・イメージ）

草、花、葉、蔦、木陰

草花の枝葉が優しく縦にも横にも伸びていくように、柔軟性がある健気な頑張り屋さんです。綺麗な花を咲かせているイメージで、魅力的で周囲を楽しませてくれますので、協調性があります。甲《きのえ》に比べるとひ弱そうに見えますが、草は風が吹いて曲がっても、抜かれてもまた生えてくるという習性なので強靭《きょうじん》です。表には出しませんが、負けず嫌いで、「土性」の人たちとはまた違う頑固さ、粘り強さがあります。縁の下の力持ちと評価されることも。中には蔦《つた》のようにからまる性質から依存心が強く、しつこいと見られることもあるでしょう。

03 丙 ひのえ

陰陽五行

陽 火

象意(シンボル・イメージ)

太陽、光、
大きな炎、熱

太陽の光が私たちを照らしてくれるように、明るく楽天的な人です。気持ちの切り替えも早く、物事を難しくとらえず、こだわりも少ないことから、単純明快で付き合いやすい人柄です。要領がよくフットワークも軽く、ポジティブで華やかさもあり人気者です。そのため、パーティーやお祭りなど、人が集まるにぎやかなところが大好きです。しかし、突っ走ってしまうところや、さっぱりしすぎなところも難点で、周囲がついていけないと思うことも。何事にも適切な距離感を学ぶことで、もっと運が啓けるでしょう。

04 丁 ひのと

陰陽五行

陰 火

象意(シンボル・イメージ)

月、星、蝋燭の炎、
人工の火や光

暗い部屋の中を明るく照らす蝋燭《ろうそく》の火を表しますが、炎のゆらめく形状からミステリアスで繊細な面をもっています。一見すると控えめで慎重な印象ですが、「火性」なので内側に情熱を秘めているとも言えます。衝動的な行動はないものの、一度火がついてしまうと、ロウを溶かしきるまで消えないような集中力があります。普段は温厚ですが、何かの拍子で蝋燭が倒れてしまえば火がつき、瞬く間に大きな炎と化し町中を焼き尽くす業火《ごうか》となるような二面性があります。そんなギャップが、周囲からは魅力的に見えるとも言えます。

05

戊

つちのえ

陰陽五行

陽 土

象意（シンボル・イメージ）

大きな山、堤防、岩、乾土

どっしりと動かない山のごとく、腰が重く、信念は固く、忍耐強い人です。カラッとした楽観的な視点と安定志向をもっていることから、時間をかけて物事を解決しようとします。そのため、この人に相談すれば大丈夫！という信頼性や安心感を他者に与えます。しかし、上から下を眺めるという視点に、「偉そうにしている」「マウントされている」と感じる人もいるでしょう。よほどのことではないと自らは動かず、「去る者は追わず、来る者は拒まず」の姿勢を保ちます。良くも悪くも周囲から融通がきかない堅物と思われてしまうことも。

06

己

つちのと

陰陽五行

陰 土

象意（シンボル・イメージ）

大地、田園、田畑、湿地

どんなことがあっても、深い愛情と優しさで包み込んでくれる大地のよう。ついつい頼って甘えてしまいたくなる人です。大地に種を植えれば、花が咲き作物が育つことから、努力家で多芸多才な人が多いでしょう。順応性も非常に高く、厳しい環境でも適応することができます。しかし「土性」のため、納得いかないことは受け入れず、陰性であることから潔癖なところも見受けられます。一途で愛情深いため、恋愛となると、相手に同等の見返りを求める傾向があり、相手が重たいと感じてしまい、うまくいかないことも。

07 庚

かのえ

陰陽五行

陽 金

象意（シンボル・イメージ）

刀、斧、鉱石、
鉱脈、地鉄、金

金属から作られた刀や斧、剣は磨かなければ光りません。刃物という象徴をもつことから、人一倍負けず嫌いでもあり、常に己を磨くストイックなところがあるでしょう。その鋭い感性と洞察力で、即断即決できる意志の強さがあります。忠実で正義感も強く、主導権を握りたくなるタイプで、困っている人がいたら助けます。恩義や上下関係を常に意識し、中途半端でマイペースな人は嫌いです。好き嫌いが過ぎてしまい、相手を決めつけ、自分の意見は押し通すのに、相手の意見は聞き入れないという都合の良いところがあります。

08 辛

かのと

陰陽五行

陰 金

象意（シンボル・イメージ）

宝石、貴石（天然石）、
砂金、鋏（ハサミ）

きらきらと輝く宝石たちは古代から重宝されてきました。その宝石のように、生まれながらの気品と、持ち前の美意識で多方面から人を惹きつけます。また、独特な個性と感性から、常識にとらわれない新しい発想や企画を生み出します。きめ細やかさも備わっていることから、否定されることに慣れておらず、些細なことで傷つきやすい一面もあります。自尊心が強いことは決して悪くはないのですが、周囲から大切にされて育ってきた恩を返さずに、自分を引き立てる人だけを近くに置く「イエスマン」好きにならないように気をつけましょう。

09 壬 みずのえ

陰陽五行

陽 水

象意(シンボル・イメージ)

大河、海、湖、池、沼

雄大な大河は地脈に沿ってさまざまな形状に変化することができます。その大河のように、頭の回転が早く、柔軟性はもちろん協調性もあります。水は感情面を表すため、思いやりがあり、人の心に寄り添うタイプです。すぐに行動する実行力があります。一方、激流のように、決壊すると縦横無尽に流れていくという、激しい感情ももち合わせます。複雑な心情によって刺激を強く求める傾向も。つまり、どういう人と付き合うか、巡り合うかなど、環境によって左右されやすいのです。留まることがないという点で、束縛は苦手でしょう。

10 癸 みずのと

陰陽五行

陰 水

象意(シンボル・イメージ)

雨、露、霧、雲、雫

静かに降る雨もあれば、激しい雷雨もありますが、私たちにとっては恵みの雨です。正直者で道徳心があり、勤勉で穏やかなときもありますが、陰性なのでうまくいかないと悲観的になることも多々あるでしょう。感受性が豊かで芸術・音楽面で才能を発揮します。イマジネーションが過ぎると妄想過多となり、精神を患《わずら》いやすい傾向にあります。傷つくことが怖いことから、自分よりも他者を優先してしまう自己犠牲型が多いでしょう。内面に悩みや不満を溜めやすいので、ストレス解消法を見つけることが運を啓くポイントです。

地支(十二支)がもつ性質

01
子
ね

陰陽五行
陽 水

子は「水」で十二支のはじまり。風水での方位は「真北」、季節は「真冬」であることから水性でも「凍った水や雪」を表します。氷は固まりであり動きが鈍いので、用心深く厳格な性質を持ちます。氷雪は冷静で、着実に積み重ねては美しい景色をみせてくれます。そこから、感情的にならずクールな視点をもち、最善な決断をしたいという欲求が見えてきます。

02
丑
うし

陰陽五行
陰 土

風水での方位は「北北東」、季節は「晩冬」で、土性でも「雪がかぶさっている地や氷の砂利」を表します。忍耐力があり、粘り強く達成に向けてひたむきな努力を続けます。子も丑も比較的おとなしめでクールな印象を持たれますが、結果を急がずに水面下で頑張れます。それは精神力が強くないと実現できません。

03
寅
とら

陰陽五行
陽 木

風水での方位は「東北東」、季節は「初春」で、木性でも「芽や若木」を表します。春がきて雪が溶けると芽が出ていくように向上心が強く、負けず嫌い。行動力や決断力は旺盛《おうせい》で、自らの理想や目標に向かい邁進《まいしん》するパワーは周囲を圧倒します。発展的なのですが、主導権を取りたがるため人間関係に難が出やすいでしょう。

04 卯《う》

陰陽五行

陰 木

「木」で穏やかな十二支です。風水での方位は「真東」、季節は「仲春」であることから木性でも「春の草花木」を表します。誰にでも公平に優しく接するので頼られることも多く、人間関係は良好でしょう。積極性だけでなく柔軟性も合わせもち、思い通りにしたいという傾向が強くあります。そのため、場合によっては寛容そうに見えて、わがままさが出ることも。

05 辰《たつ》

陰陽五行

陽 土

風水での方位は「東南東」、季節は「晩春」であり、土性でも「新緑の丘や草原、苔むした地」を表します。辰は龍。水との縁が深く、乾いた土よりも、沼地や湖がある湿地が近いイメージです。信念が固く威厳があり、味方の面倒見が良いでしょう。自己主張が強いので怒らせると大変ですが、無駄なことは追わず意外と諦めも早いでしょう。

06 巳《み》

陰陽五行

陰 火

風水での方位は「南南東」、季節は「初夏」であることから火性でも「燃えさかる炎」を表します。花火や暗闇を照らす火のように、陰の火はミステリアスで品があり魅力的です。巳をもつ人はいるだけで存在感があって目立ち、周囲をも照らしてくれます。陰の火でも火性ですから内側に情熱を秘めており、執着心も強いです。

07 午 うま

陰陽五行

陽 火

「火」で陽が極まった十二支。風水での方位は「真南」、季節は「真夏」で、火性でも「どこまでも燃え上がる炎、業火」を表します。巳は陰火ですが、午は陽の火。太陽が最も高い位置にあることから非常に大胆で勇気があります。好奇心旺盛で楽しくて明るい開拓者でもあります。巳とはまた違った存在感で、優雅で目立ちます。好き嫌いもはっきりしていて、嘘がつけません。

08 未 ひつじ

陰陽五行

陰 土

風水での方位は「南南西」、季節は「晩夏」で、土性でも「乾いた土、砂漠」を表します。広い大地のように心が広く柔軟で、夏の大地ですからカラッとした性格です。争いは好まず平和主義で包容力もある人情家。安定志向型なので無理はしませんが、大きなチャンスにも消極的で、誰かに譲ってしまう傾向があるでしょう。

09 申 さる

陰陽五行

陽 金

風水での方位は「西南西」、季節は「初秋」で、金性でも「金鉱や岩場から湧き出る水」を表します。頭脳明晰《めいせき》で内側に改革心を秘めていて、計画的で計算高い傾向にあります。何をしても器用にこなしていく職人気質です。普段は陽気で温厚な人に見えますが、思い切った行動に出て周囲をびっくりさせてしまうこともあるでしょう。

10

酉《とり》

陰陽五行

陰 金

純粋な「金」の十二支。風水での方位は「真西」、季節は「仲秋」であることから金性でも「鉄鉱石や繁栄や実り」を表します。金性の人は頭の回転が早く英明なのですが、酉がある人は早とちりでおっちょこちょいなところも。信念は強く、どんな困難があっても信じた道を歩み、切り拓いていきます。発想力や想像力が豊かなため、個性的で独創的な芸術家でもあります。

11

戌《いぬ》

陰陽五行

陽 土

風水での方位は「西北西」、季節は「晩秋」で土性でも「赤く染まった大地や燥土」を表します。秋冬にかけて天候が変わりやすいように、不安定でとらえどころのない性質もあります。誠実で義理人情を重んじますが、常に敵か味方かで相手を見てしまう傾向も。人の話を聞かない頑固さがありつつ、我慢強さや持久力は随一です。

12

亥《い》

陰陽五行

陰 水

風水での方位は「北北西」、季節は「初冬」であることから水性でも「山あいを流れる川の水や揺れる水面」を表します。川なので勢いに乗っているときは非常に活発で世渡り上手です。その一方で、純粋で傷つきやすい繊細な面もあります。生きづらさを感じながらももち前の柔軟性と表現力で障害を乗り越えていけるたくましさもあるでしょう。

60干支を読み解く

還暦のもととなった 60干支とは

WORKでは八字を１字ずつみましたが、ここでは天干と地支の１字を組み合わせた２字＝干支《かんし》をみていきます。天干と地支、2つの性質を組み合わせた60通りの「60干支」を基本に読み解くのが、四柱推命においては最も的確な鑑定方法です。この60干支による暦法は紀元前2000年頃に作られたとされています。年柱、月柱、日柱、時柱には、この60タイプのどれかが当てはまり、その組み合わせによって性質や傾向を読み解いていきます。

干支は、PART１・２でも解説した通り、天にある10の太陽を分けて名づけたとされる天干（天の気を表す）と、季節・方位・時刻を表す記号であった地支（地の気を表す）を組み合わせてできたものです。天干の１字と地支の１字を並べて、２字の干支となります。

「甲子」にはじまり、「癸亥」で一巡すると、また「甲子」に戻り、この循環を繰り返します。60歳を還暦というのも、この60干支によるとされています。つまり、還暦＝暦が還るということです。

十干×十二支がひと巡りして
60通りの60干支となる

	60干支	くんよみ	陰陽	五行	
1	甲子	きのえね	陽	木	水
2	乙丑	きのとうし	陰	木	土
3	丙寅	ひのえとら	陽	火	木
4	丁卯	ひのとう	陰	火	木
5	戊辰	つちのえたつ	陽	土	土
6	己巳	つちのとみ	陰	土	火
7	庚午	かのえうま	陽	金	火
8	辛未	かのとひつじ	陰	金	土
9	壬申	みずのえさる	陽	水	金
10	癸酉	みずのととり	陰	水	金
11	甲戌	きのえいぬ	陽	木	土
12	乙亥	きのとい	陰	木	水
13	丙子	ひのえね	陽	火	水
14	丁丑	ひのとうし	陰	火	土
15	戊寅	つちのえとら	陽	土	木
16	己卯	つちのとう	陰	土	木
17	庚辰	かのえたつ	陽	金	土
18	辛巳	かのとみ	陰	金	火
19	壬午	みずのえうま	陽	水	火
20	癸未	みずのとひつじ	陰	水	土
21	甲申	きのえさる	陽	木	金
22	乙酉	きのととり	陰	木	金
23	丙戌	ひのえいぬ	陽	火	土
24	丁亥	ひのとい	陰	火	水
25	戊子	つちのえね	陽	土	水
26	己丑	つちのとうし	陰	土	土
27	庚寅	かのえとら	陽	金	木
28	辛卯	かのとう	陰	金	木
29	壬辰	みずのえたつ	陽	水	土
30	癸巳	みずのとみ	陰	水	火

	60干支	くんよみ	陰陽	五行	
31	甲午	きのえうま	陽	木	火
32	乙未	きのとひつじ	陰	木	土
33	丙申	ひのえさる	陽	火	金
34	丁酉	ひのととり	陰	火	金
35	戊戌	つちのえいぬ	陽	土	土
36	己亥	つちのとい	陰	土	水
37	庚子	かのえね	陽	金	水
38	辛丑	かのとうし	陰	金	土
39	壬寅	みずのえとら	陽	水	木
40	癸卯	みずのとう	陰	水	木
41	甲辰	きのえたつ	陽	木	土
42	乙巳	きのとみ	陰	木	火
43	丙午	ひのえうま	陽	火	火
44	丁未	ひのとひつじ	陰	火	土
45	戊申	つちのえさる	陽	土	金
46	己酉	つちのととり	陰	土	金
47	庚戌	かのえいぬ	陽	金	土
48	辛亥	かのとい	陰	金	水
49	壬子	みずのえね	陽	水	水
50	癸丑	みずのとうし	陰	水	土
51	甲寅	きのえとら	陽	木	木
52	乙卯	きのとう	陰	木	木
53	丙辰	ひのえたつ	陽	火	土
54	丁巳	ひのとみ	陰	火	火
55	戊午	つちのえうま	陽	土	火
56	己未	つちのとひつじ	陰	土	土
57	庚申	かのえさる	陽	金	金
58	辛酉	かのととり	陰	金	金
59	壬戌	みずのえいぬ	陽	水	土
60	癸亥	みずのとい	陰	水	水

POINT

命式の干支に「陰が多いからダメ」というような決めつけはしないようにしましょう。大切なのはバランスで、偏りは個性です。偏りを補完する方法を検討することが大切です。

WORK 4

1 60干支を導き出そう

P.53で出した命式の天干地支を縦につないだ２文字が干支となる。

例）1981年２月８日14時生まれの人

	年柱	月柱	日柱	時柱
天干	辛	庚	丁	丁
地支	酉	寅	巳	未

❶ 辛酉　❷ 庚寅　❸ 丁巳　❹ 丁未

四柱それぞれの意味（P.40）と60干支がもつ性質（P.82 ～ 111）を照らし合わせて読み解きます。気になるキーワードをP.198 ～ 205の「60干支キーワード一覧」から抜き出しますが、自分自身を客観的に見つめるイメージで気になる言葉を書き出し、できるだけ長所を書くようにするのがポイントです。

◆ あなたの60干支をみてみよう

	年柱	月柱	日柱	時柱
天干				
地支				

❶ 　❷ 　❸ 　❹

POINT

干支の２字で読み解くこのWORKは、WORK３で１字ずつ読み解いたものの総論となります。当然、内容は近いものになりますが、復習もかねてもう一度チェックしてみましょう。

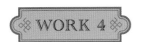

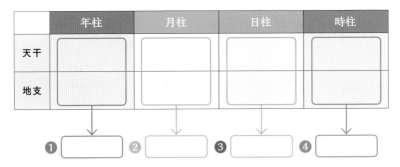

① 年柱は「先祖や両親から受け継いだ傾向の総論」

例の人の年柱は「辛酉」。P.110の「辛酉」の説明を読み、
気になったワードをP.198～205の「60干のキーワード一覧」から抜き出す。

レベルアップ ▶ 事例のキーワード一覧にない言葉は、キーワードから連想した言葉です。
このようにキーワード一覧から連想し、自分なりの解釈を加えても構いません。

先祖は 家柄が良い、華やか、上品、習い事や厳しい教育を強いる、
我が道を行く強さがある、親切でお世話好き という性質がある。

先祖から受け継いだ お高くとまっていると見られがち、浮世離れしている
ことに気をつけると良い。そうすれば、
周囲に親しみやすい印象を与え信頼も厚くする ことができる。

あなたの年柱をみてみましょう

私の年柱は（　　　　　　　）

先祖は ＿＿＿＿

＿＿＿＿ という性質がある。

先祖から受け継いだ ＿＿＿＿

＿＿＿＿ ところに気をつけると良い。

そうすれば、＿＿＿＿

＿＿＿＿ ことができる。

2 月柱は「仕事やお金、人間関係の傾向の総論」

例の人の月柱は「庚寅」。P.95の「庚寅」の説明を読み、
気になったワードをP. 198～205の「60干支キーワード一覧」から抜き出す。

レベルアップ ▶ 事例のキーワード一覧にない言葉は、キーワードから連想した言葉です。
このようにキーワード一覧から連想し、自分なりの解釈を加えても構いません。

思い立ったらすぐ行動する、強いバイタリティ、情にもろい、

困っている人を助けようと尽くす という力をもっている。

こういった才能を活かせる仕事や職場につくのがよい。

経営者や金融業 に向いている。

あなたの月柱をみてみましょう

私の月柱は（　　　　　　　）

という力をもっている。

こういった才能を活かせる仕事や

職場につくのがよい。

に向いている。

③ 日柱は「パーソナリティや才能、恋愛・結婚・配偶者の傾向の総論」

例の人の日柱は「丁巳」。P.108の「丁巳」の説明を読み、
気になったワードをP. 198～205の「60干支キーワード一覧」から抜き出す。

レベルアップ ▶ 事例のキーワード一覧にない言葉は、キーワードから連想した言葉です。
このようにキーワード一覧から連想し、自分なりの解釈を加えても構いません。

温厚、内面に情熱を宿している、思いやりや温かみがある、

人あたりが良い、人間関係が良好、アーティスト気質、

見えないところでの努力を積み重ねる という才能・個性をもっている。

あなたの日柱をみてみましょう

私の日柱は（　　　　　　）

という

才能・個性をもっている。

ゆうはん'S ADVICE

◆◆◆

月柱のお金や人間関係、日柱の配偶者の性格の傾向については、
自分の干支の性質からイメージをふくらませて書くようにしましょう。

④ 時柱は「晩年の財産や健康の傾向、子どもの性格の総論」

例の人の時柱は「丁未」。P.103の「丁未」の説明を読み、
気になったワードをP. 198〜205の「60干支キーワード一覧」から抜き出す。

レベルアップ ▶ 事例のキーワード一覧にない言葉は、キーワードから連想した言葉です。
このようにキーワード一覧から連想し、自分なりの解釈を加えても構いません。

年を重ねても、還暦をこえても、人を楽しませることが好き、大器晩成型、
仕事をしている、聡明、ポジティブ、いつも人と交流している、
若い頃には波乱万丈な人生を送ってきた という人。

老後は 他人と一緒に過ごす ことを意識すると良い。

あなたの時柱をみてみましょう

私の時柱は（　　　　　）

年を重ねても、還暦をこえても、

という人。

老後は

ことを意識すると良い。

01

甲子

きのえね

向上心の強い
即断即決の人

陽　木　水

真っすぐに伸びた冬の枯れ木を表します。知性豊かで頭の回転が速く、直感に従い、独立心も旺盛《おうせい》。一度決めたことに向かって突き進む意志の強さがありますが、周囲のことをあまり考えないところもあります。曲がったことが嫌いという強い正義感から打たれ強そうにみえますが、意外と簡単にポキッと折れてしまう繊細さもあります。そして、ひとつのことを長く根にもつ面、プライベート面では相手を振り回す傾向もあるようです。学問・語学・芸事に才があります。

02

乙丑

きのとうし

地道に現実を歩む
大器晩成型

陰　木　土

土霜が残る冬の大地に生えている素朴な野の草を表します。穏やかでおとなしいですが、冷たい大地に根を張っていますから芯が強いです。外面では気配りの人ですが、内面では好き嫌いがはっきり。また、コレクター・オタク気質もあります。知性で人のサポートをすることが得意なので、「縁の下の力持ち」役の仕事が向いています。本音と建て前のバランスを崩すと苦労しやすく、晩婚傾向にあります。

03

丙寅

ひのえとら

陽気でわくわくすることが大好き

陽 火 木

新緑の木々が春の日差しでイキイキしている様子を表します。好きなことには情熱を注ぎ、嫌いなことには一切興味がない、と表裏のない性格。一緒にいると楽しいと人に感じさせるので、人間関係のバランスも上手です。素直で従順な性格から、特に目上の人に可愛がられるタイプで、早婚の人が多いという傾向も。若い頃から親元を離れて独立し、注目されて成功する人で、まとめ役に抜擢されます。

04

丁卯

ひのとう

物腰がソフトで人あたりが良い

陰 火 木

生い茂る春の若葉を燻《いぶ》す様子を表します。「丁」の人は勘が鋭く頭脳明晰でクールにみえますが、「卯」が加わると優しさが生まれます。知的好奇心のおもむくままに進むので、個性や自分の世界観が強い傾向にありますが、人に押しつけたりはしません。礼儀があるので秘書にぴったりです。分析力にも長けていますので、理数系にも向いています。独身を貫く人、事実婚や国際結婚をする人など多様です。

05

戊辰

つちのえたつ

生まれついての リーダー格

陽 土 土

天気の移り変わりが激しい春の山を表します。どんなことが起きてもどっしりと構えて、物おじしません。我が道を貫き思うままに進む自由人のせいか、組織にはあまり向きません。興味があることはとことん追求しますが、興味がないことにはいい加減。社交性がなさそうに見えますが、意外とグループや仲間を束ねることも好きで、自信家です。多少偏屈な部分が影響して、初婚は破れやすいでしょう。

06

己巳

つちのとみ

名声を得やすく 多芸多才で器用な人

陰 土 火

初夏の日差しに照らされた大地を表します。「己」の人は温厚で大らかに見える人が多いのですが、内面は非常に頑固。「巳」が加わることで、運やツキが味方してくれます。束縛を強く嫌うことから、せっかくの才能を活かせないことも。集中して周りが見えなくなるので、物事を客観的に分析する視点をもつことが大切。プライベート面では自分本位になり過ぎなければ、恋愛面は安定します。

07

庚午

かのえうま

一心不乱に 目標に向かう努力家

陽 金 火

赤く燃え上がる鉄の塊を表します。鉄を叩いて伸ばす作業では精錬された技術が必要なように、繊細な神経をもった人です。直感も冴えているので人の心や物事の行方に敏感です。それゆえに気を使い、ストレスとなって爆発する短気なところもあります。負けず嫌いでもありますから、ライバルがいると、さらなる高みが望めるでしょう。特に色情問題に気をつければ、ご縁には恵まれるようです。

08

辛未

かのとひつじ

情報に敏感で 地性豊かな物知りさん

陰 金 土

夏の砂浜に流れ着いた宝石を表します。素朴で控えめな印象ですが、情熱的でわがままな面があります。情報に敏感で収集癖があるので、文筆業に向いています。博識な面が重宝され、先生など教える側に就く人も多いです。自分だけではなく、他人の才能を磨くのも得意なのです。また、「二足の草鞋《わらじ》を履く」タイプですから、本業と副業ともに成功することも。わがままさがゆき過ぎなければ、早婚できます。

09

壬申
みずのえさる

秀麗で華やかで注目を浴びる人

陽 水 金

初秋の澄んだ水や河を表します。好奇心旺盛な上、流行にも敏感でお喋りも大好き。人あたりがよく愛嬌のある人が多い印象ですが、神経質で潔癖症な人もいます。サービス業全般、営業職や人と対面する仕事、声を活かしたアナウンサーやナレーターなどが向いています。若い頃から上司や周囲に可愛がられて引き上げられていくタイプ。一途で長い恋愛のすえ、結婚に至る場合が多いでしょう。

10

癸酉
みずのととり

気配りができる親切な苦労人

陰 水 金

初秋に降る、暑さを和らげる雨を表します。若い頃に苦労した人は広い視点をもち、分け隔てなく人に接します。「一か八か」の波乱万丈な人生を歩んでいくので、忍耐強い人が多いです。ひとつの道を追求すれば成功が早いタイプ。また、洞察力と想像力に長けているので、推理作家や弁護士などにも向いています。責任感の強さから女性は良妻賢母、男性は育児に積極的な「イクメン」の人が多くなります。

11

甲戌

きのえいぬ

思いやりがある節約家

陽 木 土

秋の紅葉した木々を表します。人間味あふれる温かさのある人ですが、保守的で合理主義な性格から無駄を嫌います。ケチと周囲から嫌われないようほどほどに。好き嫌いが激しいですが、自分が嫌われることを強く恐れるので本音は隠します。世話好きな人も多く、保育士・福祉介護職に就くと◎。また、家業を引き継ぐ、婿養子などの養子縁組にも縁があります。誘惑に弱い傾向があるので、色情に気をつけて。

12

乙亥

きのとい

信念を貫く現実主義者

陰 木 水

冬越えをするためにエネルギーを蓄える草花を表します。どんな困難にも負けずに進むパワーがあります。一度決めたことは揺るがないので、柔軟性がないと思われるかも。度を過ぎると人が離れてしまいますから、円滑な人間関係作りに気をつけましょう。先の先まで読み取って最も安全な策を分析する能力があり、プロデューサーや企画開発などが向いています。男女ともに堅実で家庭円満タイプです。

13

丙子

ひのえね

感性豊かで 奉仕精神旺盛な人

陽 火 水

真冬の寒さの中、海や大地を照らす太陽を表します。聡明さを買われて可愛がられます。自分よりも相手を重んじる傾向にあり、人のために役に立ちたいという想いが強いため、自分のことを後回しにしがち。気の迷いから起きる、男女間や金銭面のトラブルには気をつけましょう。相談事に親身になるあまり、恋愛面で過ちをおかしてしまうことも。あなたの優しさが優柔不断と思われやすいのです。

14

丁丑

ひのとうし

落ち着きがあり 温厚な聞き上手

陰 火 土

冬に灯すいろりや焚火を表します。小さな炎ですが、冬を暖める優しさにあふれています。火のごとく、内面にはほのかな情熱を秘めているのですが、なかなか表には出しません。感情を押し殺す癖があり、ストレスを溜めやすい面も。人の痛みがよくわかるので、カウンセラーや占い師など相談業に向いています。副業が本業になるタイプ。少々夢見がちなところがあり、いわゆる「推し活」に没頭しがちでしょう。

15

戊寅《つちのえとら》

人を巻き込みつなぐ パワーのもち主

陽 土 木

雪解け後の初春の山を表します。明るくもさっぱりとした人柄で、付き合いやすいタイプ。機敏で向上心がありプライドも高いです。リーダーの資質がありますので、人材育成や人と人をつなげる仕事に向いています。若い頃に才能が開花し、成功する運もありますが、貯金が苦手で浪費家傾向も。貯蓄や資産運用を検討しましょう。男女ともに家庭におさまりにくく、共働きですれ違いが多いかもしれません。

16

己卯《つちのとう》

細かい点に気がつく サポート役

陰 土 木

作物が青々と茂った春の田畑を表します。優しく献身的な人ですが、正義感は強く神経質なところもあります。礼節があり、一度約束したことは守り抜き、相手への気遣いにも長けています。人が見ていないところを助けられる補佐役が向いています。指導や育成など育むことにもご縁があります。尽くし過ぎて相手に重たいと思われないように気をつければ、安定した家庭を築け、子どもにも恵まれそうです。

17

庚辰

かのえたつ

面倒見が良く
総率力のある人

陽 金 土

春の大地に突き出ている硬い金属を表します。鋼の意志をもち目標に向かって着実に進むので、成功する人が多いでしょう。賢く立ち回れるので、どの職業に就いても問題ありません。ただいるだけで目立つ存在ですが、嫉妬を買いにくく、その一方で、扱いづらいと思われることも。言葉に角が立つ、偏屈などの面に気をつければ人間関係もうまくいきます。夫婦仲は良いですが、子どもにはあまり恵まれないかも。

18

辛巳

かのとみ

どこかミステリアスで
妖艶な人

陰 金 火

夏の日差しを浴びて光り輝く宝石を表します。明るくサバサバとした性格ですが、謎めいた魅力もあります。勤勉でひとつのことをストイックに追求し成功します。ファッションやメイクなどおしゃれを楽しむのが好きで、デザイナーやスタイリスト、美容関係などに向いています。感情の浮き沈みが激しいところもあるので、イライラを抑えましょう。気まぐれなところがあり、優柔不断な傾向もみられます。

19

壬午

みずのえうま

自然と目立つ夢見がちな人

陽 水 火

きらきらと輝く真夏の海を表します。飾り気がなく目立ちたくないけれども、人前に立たないといけない立場に押し上げられがち。一見、能天気そうに見えますが、内面では想像を膨らませるタイプ。非日常の世界や仮想現実を楽しみますので、YouTuber や漫画家など人に夢を与えるようなエンターテイメント系の仕事が向いています。仕事を優先しがちなので、家庭が寂しくなってしまいそうです。

20

癸未

みずのとひつじ

純粋な心をもつ平和主義者

陰 水 土

暑い夏の大地を冷やすスコールを表します。親切なタイプですが、疑い深いところも。一度心を許した相手にはとことん気を許す一方で、裏切られたときの恨みは強く、過去をずっと根にもつ人です。ただ、トラブルは嫌うため表に出しません。目立つことは苦手で、相手に合わせながらサポートすることが得意。感受性豊かでソフトな印象を与えるので接客業が向いています。慎重な面から晩婚傾向です。

21

甲申
きのえさる

忙しく飛び回っている気まぐれ屋

陽 木 金

秋の大木を表します。知性があり記憶力もよく頭が切れるので、この相手に嘘はつけないでしょう。理屈が多く、うんちく屋という一面もあります。常に発展や成長を目指し、さまざまなところに意識を張り巡らせています。思い立ったら行動するので、所在をつかみにくく、引っ越しや出張などの移動も多いタイプ。一定しない気質をもっていることから、結婚・離婚・再婚を何度か経験するかもしれません。

22

乙酉
きのととり

いるだけで癒やされ安心できる人

陰 木 金

美しく咲く秋の花を表します。野花のようなイメージで、穏やかなムードが漂っています。人を疑わず支え、サポートすることに長けている自己犠牲型。看護師や介護職など献身的な仕事が向いています。頑張り屋さんで無理をし過ぎてしまい、体調を崩しがち。本音を隠しがちなので気づいた頃には手遅れとならないように自己管理を。相手に尽くし過ぎて騙されないよう気をつければ、安定した家庭を築けます。

23

丙戌

ひのえいぬ

内面に野心を秘めたのんびり屋

陽 火 土

沈みゆく秋の夕陽を表します。西日は最後のパワーを振り絞って輝くので、個性豊かな人が多いです。また西日の温かさや穏やかで周囲をほっとさせます。得意分野を活かして注目を浴びる、今までなかったようなモノを開発して賞賛されるなど才能もあります。夢見がちで理想が高くなってしまうので、思い描くだけではなく実現しましょう。ひとり時間が好きで、晩婚になるか、別居婚などに向いています。

24

丁亥

ひのとい

切り替えの早い楽天家

陰 火 水

冬の始まりの灯を表します。イルミネーションのように、周囲を照らしてこそ自分が輝きます。冷静さがあり動じないタイプで、物事をフラットに見渡せるバランスの良い人です。几帳面さや感性の豊かさを活かした細やかな仕事が向いています。職を転々とし一定せず、落ち着くまではふらふらしがちですが、一度腰を据えれば大器晩成タイプ。束縛を嫌うので、似た者同士なら付き合いが長くなるでしょう。

25

戊子
つちのえね

人情の深い親分気質な人

陽 土 水

雪山や氷の張った湖を表します。堅く動かなさそうな印象で、大物の風格をもちます。与えられた仕事や課題を淡々とこなし、正義感も強いので公務員や管理職などに向いています。何でもストレートに受けとめる、冗談の通じないタイプです。歯に衣《きぬ》着せぬ発言で周囲の誤解を生むこともありますが、気が小さい一面もあるので、すぐに謝り和解も早いでしょう。恋愛面では、遠慮のない物言いに気をつけて。

26

己丑
つちのとうし

本音と建前を使い分ける野心家

陰 土 土

霜に覆われた大地や田畑を表します。上には霜、下には肥沃な大地や田畑ということですから、二面性をもっています。外面では愛想も良く温厚な面倒見のいい人ですが、内面には激しい想いを強く秘めています。欲深いのに、欲深く見せないという賢さもあります。計算が早く得意なので、FP や会計士・税理士などに向いています。自由人なところがあり、外出ばかりで家庭に収まりにくい人が多いでしょう。

27

庚寅

かのえとら

自分は自分、他人は他人と割り切る

陽 金 木

春の木を切る斧を表します。どうしたら木を傷めずに上手に切れるか見通す力があります。教養があり無駄が嫌い、そして負けず嫌いです。でも、他人の足を引っ張るなど姑息なことはしません。小さなことにこだわらない大らかな心もあり、情にもろいところも。思いついたら即行動で、周囲の話は聞きません。器用貧乏にならないようにご注意。天邪鬼《あまのじゃく》な人が多いので、続かない恋愛を繰り返しそうです。

28

辛卯

かのとう

周囲に可愛がられる輝きの人

陰 金 木

春の光を浴びた宝石を表します。気品があり礼儀正しく、人あたりが良いです。人を喜ばせることが好きで、交友関係も広いでしょう。しかし内面に違う感情をもつことが多く、気分や行動に多少ムラがありそう。情緒不安定を感じたらストレス解消法で緩和して。美しいもの、きらきらとしたもの、可愛いものが好きなので、天然石や宝石に携わる仕事やデザイナーに向いています。早婚の人が多い傾向です。

29

壬辰《みずのえたつ》

器の大きな頼れる相談役

陽 水 土

春の終わりの穏やかな海や大河を表します。物腰柔らかく堂々とした雰囲気。寛大で面倒見がよく、相談役や交渉事に長けています。情にもろいので、強い意志をもたないと周囲に流されてしまいますが、古風な性質から、上下関係を重んじないなど礼儀のない相手には勢いをもって押し流すという面もあります。恋愛面では、穏やかな性質が優位に出れば安泰ですが、強引な面が強く出るとトラブルに。

30

癸巳《みずのとみ》

どんな人・環境にも順応できる柔軟性

陰 水 火

初夏の雨を表します。若葉を成長させるために降り注ぐ雨なので、涼し気でさっぱりとした雰囲気です。素直で飾らない自然体な面を気に入られ、人からのご縁や導きによって成功に向かいます。洞察力があり、常に頭の中で次の行動を計算できます。したたかな策士ですが、要領のいい人。生まれつき心身が弱い傾向にありますので、無理しないように。気の多いところが欠点で、浮気性なタイプが多いでしょう。

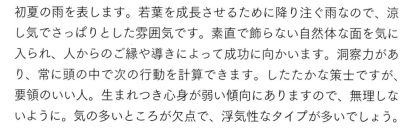

31

甲午

きのえうま

明るさ・強靭さをもつ完璧主義者

陽 木 火

太陽に向かって力強く伸びる大木を表します。見た目は強面ですが、気さくで飾らない性格です。話し上手で快活な雰囲気に、周囲は親しみをもつでしょう。嘘つきは嫌いで、持論に反することは受け入れがたく感じます。どんな仕事でもリーダーに抜擢されますが、調子に乗ると運気が下がるので謙虚さを大切に。女性には強すぎる星で男性が寄り付かない可能性がありますが、男性は子沢山の家庭を築けます。

32

乙未

きのとひつじ

色彩豊かな交際・交渉上手

陰 木 土

真夏に咲く草花を表します。色とりどりの草花ですから、明朗で華やかな人もいれば、情熱的で努力家な人もいて、温和で忍耐強い人もいます。得意分野で夢を実現させます。会社勤めでも自営業でも活躍できそうですが、疲れやすい面もあり。また、意固地になりやすく、じわじわと相手を追い込む癖があるので、周囲を疲れさせてしまうかも。人に頼ることが苦手なので、甘え上手になると家庭円満に。

33

丙申
ひのえさる

冒険心をもった陽気な情熱家

陽 火 金

初秋のまだ暑い太陽を表します。独自の才能があり技能職や専門職に向いています。新しいことも刺激的なことも好きなので、無謀なことにチャレンジしたくなるところも。常にあれもこれもと並行しながら忙しくしていますから、相手にもそれを求めるせっかちな面があります。海外とも縁があり、華々しい新境地を世界で切り拓く人もいるでしょう。仕事も恋も両立できるタイプなので、家庭は安泰でしょう。

34

丁酉
ひのととり

内側に炎を秘めた平和主義者

陰 火 金

秋に灯される提灯やランタンを表しています。優しい炎で暗闇を照らすように、ほっとさせる癒やしの雰囲気があります。冷静な思考の持ち主ですが、内面に情熱があります。上昇志向が強く、目標を長年かけて極めていき、その道のカリスマになることも。その反骨精神、賢さゆえの計算高さもあるので、付き合いづらいと思う人もいるかもしれません。同志や同じ趣味をもった相手なら長続きします。

35

戊戌

つちのえいぬ

腹がすわった しっかり者

陽 土 土

晩秋の荒涼とした山々を表します。どっしりとそびえ立つ様は大らかさを象徴。勤勉で地道な努力をするので、どの仕事でも成功するでしょう。若い頃に苦労をしたほうが良く、大器晩成型です。威張ると運に見放されますので気をつけて。成功しても庶民的な感覚が残っている質素倹約タイプです。文才や弁論能力も高く、作家やコメンテーターにも向いています。相手を尊重すれば家庭円満でしょう。

36

己亥

つちのとい

人と違う着眼点や 斬新さをもつ知恵者

陰 土 水

初冬の湿った田畑を表します。何が起きても軌道修正し、与えられた環境を耐え抜く知恵をもっています。真面目で知性がありクールなタイプで、人と違った視点の提案ができます。人が気づかないところのカバーもできます。ただ、クールさが悪く出ると、言葉がきつい、怒っていると思われ、取っつきにくいイメージをもたれます。連絡無精、言葉足らずのところを改善すれば、良縁が巡ってくるでしょう。

37

庚子

かのえね

頑固だけど柔軟性ももつ人

陽 金 水

真冬の湖や地中に沈んで潜んでいる鉱物を表します。丸みのある鉱物は単純さも表すので、面倒くさいことや複雑な状況を嫌います。頭脳明晰、感性豊かで勘も鋭いです。好き嫌いがはっきりし気分にもムラがあります。若い頃から才能を発揮し、芸術家やスポーツ選手など生まれつきのセンスを活かします。苦戦すると立ち直るのに時間がかかるので、メンタルも鍛えておいて。男女ともに美形が多くモテます。

38

辛丑

かのとうし

純真で頑固さもある天真爛漫な人

陰 金 土

草木が枯れて土の養分となる様子を表します。「去る者は追わず来る者は拒まず」「なるようになる」精神でポジティブです。無邪気な面を可愛がられることもあれば、我欲を押しとおし周囲のひんしゅくを買うこともあるでしょう。長所を活かせば、どんな環境や状況でもうまく立ち回ることができ、仕事でも成功します。わがままが過ぎると交際が長続きしませんが、面倒見のいい人と巡り合うと安泰です。

39

壬寅
みずのえとら

几帳面で繊細な勉強家

陽 水 木

雪解けの水が流れる澄んだ川を表します。心優しく穏やかで、柔軟性もあります。細やかな気配りや細密な業務に長けています。また、教育や指導も向いているでしょう。細かい配慮や平等に接することから、周囲に八方美人と思われることも。でも、内面は非常に繊細。ストレスが溜まりやすいため、息抜きや休息を小まめにとりましょう。男女ともに早婚ですが、途中で配偶者の死別を経験しやすいでしょう。

40

癸卯
みずのとう

純朴で献身的な優しいタイプ

陰 水 木

冬が終わり春の訪れを告げる霧雨を表します。季節の切り替わりを担うため、責任感が強く、また、手際が良いので「縁の下の力もち」として活躍します。感受性が強く相手の気持ちがよくわかるため、その場の空気をよみ、立ち回れます。しかし、それが過ぎるとお節介になりがち。神経質な面から、細かいことに目がいき、相手を突っついてしまいそう。現実的で堅実なので家庭円満でしょう。

41

甲辰

きのえたつ

高い理想を追い求める努力家

陽 木 土

真っすぐそそり立つ大木を表します。春の青空に向かって真っすぐ伸びることから、素直で気さくな性格。成長のためなら、いかなる努力も惜しまず没頭します。国家公務員や政治家、パイロットなど高い理想を追い求める傾向にあります。スケールの大きい話に、ビッグマウスと思う人もいますので「灯台下暗し」に気をつけて。女性はヒステリー、男性は「上から目線」な面に注意すれば、問題ないでしょう。

42

乙巳

きのとみ

どんな逆境にも粘り強く頑張る人

陰 木 火

初夏の日差しを浴びて成長する花を表します。炎天下で力強く咲く花ですから、明るく元気いっぱい、周囲を和ませます。感性豊かで表現力や想像力も素晴らしく、芸事の世界で成功します。若いうちに得意分野が見つかると良く、中年以降なら本業と副業、「二足の草鞋を履く」可能性が高いです。感情の起伏が激しいところが難点で、ストレスで周囲を振り回すことも。海外との縁があり、国際結婚が吉です。

43

丙午

ひのえうま

細かなことは気にしない大らかな人

陽 火 火

真夏の輝く太陽を表します。すべての恵みであり、すべてを焼きつくすパワーをもっています。周囲のためにパワーを使い、自分に対しては質素倹約。自尊心が高い傾向にあり、周囲を照らすけれども、相手の話は聞かないタイプでもあります。運が良く世渡り上手ですが、偉そうに見られて損することも。「首《こうべ》を垂《た》れる」ことを意識して。才能を活かした自営業や経営者も良し。独身または晩婚傾向にあります。

44

丁未

ひのとひつじ

人を楽しませることが好きな社交家

陰 火 土

晩夏に灯される焚火を表します。長時間消えずに燃え続けるという象徴から、情熱を燃やし続け、夢や目標のために頑張ります。聡明で弁が立ち、思慮深い性格ですからどんな分野でも才能を発揮するでしょう。波乱万丈の人生を経験することがあり、人に騙されたり振り回されたりして挫折することで学んでいく大器晩成型。プライベートは人に頼ることを意識すれば、良縁に恵まれます。

45

戊申

つちのえさる

マイペースな
のんびり屋さん

陽 土 金

初秋の山々、荒涼とした山肌を表します。素直で明るく周囲を楽しませてくれる人です。読書や研究が好きで物思いに耽《ふけ》ることもしばしば。手先が器用で頭脳明晰ですから、医者や研究者がぴったり。没頭しやすく自分本位になりがちで、周囲がついていけなくなることも。独りよがりにならないように、周囲と合わせることも大切。男性はマザコン、女性はファザコンが多く、相手にその理想を求めます。

46

己酉

つちのととり

冷静沈着さと
現実思考をもつ社交家

陰 土 金

秋の赤茶けた田畑を表します。雄弁でどんな相手にも分け隔てなく接し、人あたりも良好。文系理系どちらも得意で、どんな仕事でも活躍できるでしょう。開拓精神が旺盛なのですが、相手にもそれを求める傾向から、周囲を困らせることもありそう。金運が良く、よほどの浪費家でないかぎりは生涯お金に困ることはないでしょう。ストイックになり過ぎなければ、理想の相手と巡り会えます。

47

庚戌

かのえいぬ

従順そうで意志の強い負けず嫌い

陽 金 土

秋の大地に突出している巨大な鉱物を表します。見た目はおとなしそうでも、正義感が強く礼儀を重んじます。筋が通らないことは嫌い。真面目で目の前のことを着実にこなしていきます。普段は保守的なのですが、こだわりがある分野では攻撃的になることも。せっかくの地位が揺るがないよう感情のコントロールを心がけて。引っ込み思案が過ぎるとチャンスを逃しやすいため、晩婚傾向にあります。

48

辛亥

かのとい

不思議な魅力と輝くスター性

陰 金 水

冬に光り輝く宝石を表します。表裏のない素直な性格で、堂々とした威厳ももっています。個性を重視し、人に従って生きることが苦手ですが、霊感が強く相手の気持ちに敏感な面ももち合わせています。その才能はカウンセラーや占い師などの仕事に最適。芸術的なセンスもあり、いつもおしゃれで人目を惹きますが、浪費癖も。男女ともにモテますので異性問題に気をつけないと、離婚・再婚を繰り返します。

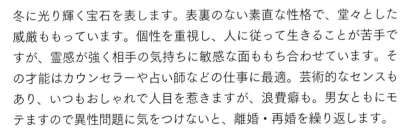

49

壬子

みずのえね

独立精神旺盛で
わが道を行くタイプ

陽 水 水

真冬の冷たく澄んだ海を表します。一見冷たく、クールで威厳を感じさせますが、海のような大らかな包容力ももっています。初対面の人とも自然と打ち解けられます。周囲を巻き込むことも好きで、仲間をどんどん増やしていきます。誰も思いつかない斬新な発想力があります。自分で世界を切り拓いて仲間を増やす経営者の器といえます。責任感が強く親分・姉御気質なので、早婚や年の差婚の傾向にあります。

50

癸丑

みずのとうし

強い意志をそなえた
勤勉家

陰 水 土

冬の終わりに降る激しい雨を表します。外柔内剛型の性格ですが、根は頑固で保守的。普段は大人しいですが、譲れない場面で自己主張すると、周囲から「変わり者」とみられます。しかし、本人はそれに動じません。直感と閃《ひらめ》きに優れ、影で努力を続けます。その一方で、真理や哲学の思想に耽る人も多く、俗世から離れた僧侶・神職などの職務も向いています。配偶者運があまりよくなく、独身を貫くかも。

51

甲寅

きのえとら

着実な成長を望む現実思考型

陽 木 木

春の生命力あふれる木々を表します。ポジティブな性格でいつも明るく素直。堂々としていても偉そうには見えず、知的な印象を周囲に与えます。地に足がついているという安心感があるので、人によく頼られます。人情深いところが過ぎ、小言を言ってしまう傾向もあるので、裏目に出ないようご注意を。どんな仕事に就いても実力を発揮することができます。プライベートは大きな問題はなく家庭円満でしょう。

52

乙卯

きのとう

純粋さと繊細さを兼ねた若々しい人

陰 木 木

春のまだ柔らかい新芽や若葉を表します。これから大きく成長するという意志をもち、芯がしっかりしています。枝や芽を伸ばすように、楽しいことや情報にも敏感。ストイックに自分を鍛えることが好きですから、学問も芸事もスポーツもそれなりにできます。打たれ弱いところが難点なので、頭や体だけでなく心も鍛えましょう。男女ともに甘えん坊なので、包容力ある人と巡り会うと運気が向上します。

53

丙辰

ひのえたつ

いつまでも子ども心を忘れない自由人

陽 火 土

晩春の光り輝く太陽を表します。開放的な性格で束縛を嫌いますから、いつも好きなことをしているというイメージ。鋭い感性と頭の回転の速さ、豊かな知性をもちますが、熱しやすく冷めやすいです。自分を表現することが好きなので、芸事に磨きをかけて仕事にすると良いでしょう。年を重ねても若々しい印象です。同じ趣味や世界観を共有できる同志なら長い付き合いができるでしょう。

54

丁巳

ひのとみ

穏やかさと激しい情熱をもつカリスマ

陰 火 火

夏の始まりを知らせる灯りを表します。親しみやすい人柄で、誰に対しても分け隔てなく接します。高い理想や集中力をもちチャレンジ精神が旺盛。聡明で研ぎ澄まされた感性でアイデアが次々と湧いてくる、小説家や漫画家といったアーティスト気質です。神経質・短気な人も多く、群れるのを嫌います。孤高に寄り過ぎると、器用貧乏で終わります。恋愛面では、相手を束縛し過ぎなければうまくいきます。

55

戊午
つちのえうま

度量が大きく胸に熱を抱いた情熱家

陽 土 火

真夏の穏やかで、悠然とした山を表します。大きな夢や目標に向け、地に足のついた現実的な思考で努力します。どんな仕事でも重役を任されるでしょう。大胆な行動はしないものの、信念は強く周囲からの信頼も厚くなります。ただし、窮地に立つと噴火したようになり「怒らせたら怖い」「話しかけにくい」などと思われることも。理想高く「上から目線」で他人を品定めしなければ、恋愛面も安泰です。

56

己未
つちのとひつじ

明るくさっぱりとした性格

陰 土 土

晩夏の乾いた大地を表します。波風立てない大人しい人で、誰に対しても親切に接することができます。一人よりも共同・協力が好きで、親しい仲間たちとわいわいすることが好き。好きなことを突き詰めて真面目な努力ができる人なので、才能開花も早く、仕事に困ることはないです。一方、頭が良いため、理屈屋な人もいます。初婚に失敗しやすい傾向にありますので、学びを得たのちの晩婚が良いでしょう。

57

庚申
かのえさる

義理堅く周囲を驚かせるアイデアマン

陽 金 金

秋の大地にそびえ立つ重い鉄の塊を表します。一見クールですが、内面は感情豊か。人徳があって周囲から可愛がられます。特に目上の人から引き立てられ、若いうちから出世街道を順調に進むでしょう。やると決めたら誰がなんと言おうと貫く強さがあるので、ついていけないと思われる場合も。一途でストレートなので、相手にも好意があれば発展は早いですが、長い片想いが続くこともありそう。

58

辛酉
かのととり

洗練された華やかな雰囲気をまとう人

陰 金 金

秋の西日を浴びながら光り輝く宝石を表します。上品で教養ある雰囲気をもちます。家系や家柄の良い人が多く、プライドの高さや意固地なところが出て、「お高くとまっている」と見られないように。冷静で柔軟な姿勢をもち、頭脳明晰でセンスもいいです。誰かを喜ばせたいと周囲に気を配り、面倒見もいいので、周囲からの信頼は厚いでしょう。男女ともに美形が多くモテますが、家柄にこだわると晩婚傾向に。

59

壬戌《みずのえいぬ》

どんなことも受け流せる心が広い人

陽 水 土

晩秋の静かな湖や海を表します。純粋で真面目な人が多く、面倒見も良いです。相手を上手にサポートしまとめるのも得意ですから、組織の管理役に向いています。どこの世界にいても頭角を現します。若い頃に苦労が多く、中年以降に運気が発展する大器晩成型。しかし、人に悩みを打ち明けられず、自分で抱えてしまう傾向も。結婚運でも、相手に甘えることができるようになると恵まれます。

60

癸亥《みずのとい》

どこにいっても馴染むのが早い人

陰 水 水

冬に激しく降り続ける雨を表します。雨は冷たいですが、降り続けることで情熱を表しますから、二面性があります。一見クールでも、打ち解けると快活な人が多いです。自分を高めるための努力は惜しまず、計画的に目標に向かい頑張ります。頭の回転が速く洞察力もあり、環境適応能力も抜群。感情の起伏や思い込みが激しい面が難点でしょう。純粋で一途ですが、恋人を疑いやすい心配性なので、ご注意を。

WORK 5

〜応用編①〜

八字を組み合わせで読み解いてみよう

ここまで天干地支それぞれの性質・傾向、さらに干支２字を読み解きましたが、
部屋と部屋を組み合わせると別のテーマを読むことができます。
天干地支それぞれの性質を組み合わせて解釈しましょう。

① 年干 × 日干　あなたの第一印象や雰囲気

② 日干 × 年支　生きる意味や目的(テーマ)

③ 月干 × 日干　人生の大きな流れを生き抜く手段や方法

例)1981年２月８日14時生まれの人の命式

	年柱	月柱	日柱	時柱
天干	辛	庚	丁	丁
地支	酉	寅	巳	未

① 年干 × 日干　あなたの第一印象や雰囲気

例）辛×丁

頭の回転が速く饒舌《じょうぜつ》、繊細で才能豊かに見えますが、表にあまり出さないタイプなので、周囲から理解・認知されるまで時間がかかることも。そのため、クールでどこかミステリアスな印象を相手に与えます。信念強く陰で努力をする、粘り強い一面もあり、個性が強そうと見られることも。そのギャップが魅力的にうつり、人を惹きつけます。

② 日干 × 年支　生きる意味や目的（テーマ）

例）丁×酉

芸術的センスが抜群に優れ、広い視野をもち、斬新なアイデアやモノ作りで周囲を楽しませることが人生のテーマ。作詞家、小説家、脚本家など文章を書く仕事に向き、時代の先を読む感覚ももっています。また、思いやりや奉仕精神があり、人に尽くすことで、自らも花開く人です。

③ 月干 × 日干　人生の大きな流れを生き抜く手段や方法

例）庚×丁

華やかさの裏で、ひたむきな努力や苦労をするタイプ。頑張った分だけ輝くステージが人生でたくさん用意されています。何があっても「私は大丈夫」と鼓舞し、チャレンジしたいことは積極的に後悔なく貫き、そのことが自信につながります。集中力が人一倍あるので、好きなことを仕事にできるように磨き続けましょう。

WORK 6

～応用編②～

命式の吉凶&相性をみる

天干地支同士の相性から
命式の吉凶や相性を読み解ける

天干地支には五行と同様に、相生・相剋の関係となる組み合わせがあります。それぞれ4パターンずつあり、吉の組み合わせとなる相生は、「三合《さんごう》」「方合《ほうごう》」「干合《かんごう》」「支合《しごう》」、凶の組み合わせとなる相剋は「三刑《さんけい》」「自刑《じけい》」「七冲《しちちゅう》」「六害《ろくがい》」です。

これらは、八字の組み合わせや配列によって吉凶が生じるかどうか、八字それぞれが互いを強めているか・弱めているかを判定する際に使われます。また、本書では扱いませんが、「流年」「大運」「空亡」などの運勢をみる際、暦上に入っている場合に、どのような影響が及ぼされるかを推し量ることにも使われます。

このWORKでは、あなたの命式にこれらがあるかどうか、そして、恋愛・結婚・人間関係などの相性で用いる場合の読み解き方を紹介します。

ただし、この読み解きは命式に相生・相剋となる組み合わせがあるかどうかということよりも、運勢として巡ってきたときにどう扱うかを考えることのほうが重要なので、吉凶という点に振り回され過ぎないよう注意しましょう。

吉のある命式 相生の4パターン

命式に以下の組み合わせがある人は、五行に変化が生じ吉作用が働く。

1. 三合（三合会局）

地支を円形に配したとき、正三角形（120度）となる3つの地支の集まりをいう。足りないところを補う吉作用が強くなり、それぞれがまとまると、「五行＋局」で表される。

三合局の地支	五行
子＋辰＋申	水局
丑＋巳＋酉	金局
寅＋午＋戌	火局
卯＋未＋亥	木局

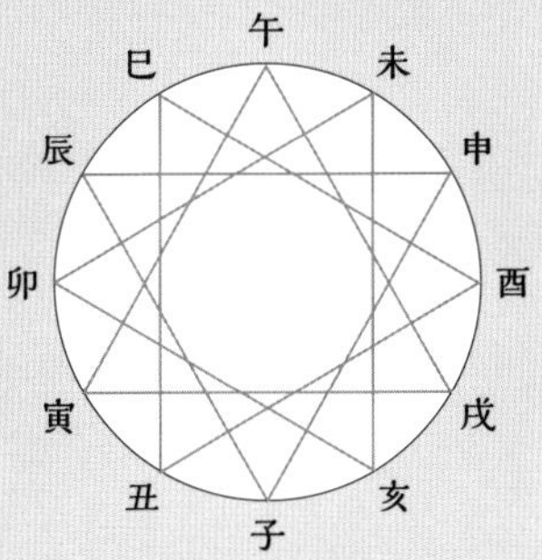

2. 方合

季節の十二支が結びつくことで強力な五行となる。地支は季節や時刻、方位に割りふられ、東西南北の三支がそろうことを吉とする。三合や支合より数倍、吉作用を生じる。

方合局の地支	五行
亥＋子＋丑	水　北の方合
寅＋卯＋辰	木　東の方合
巳＋午＋未	火　南の方合
申＋酉＋戌	金　西の方合

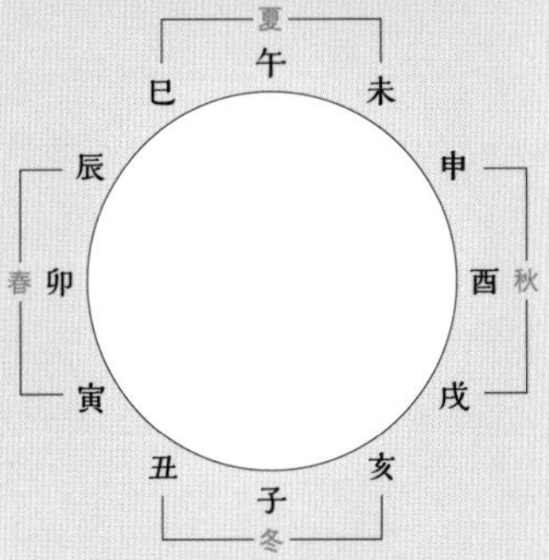

3. 干合

陰の天干と陽の天干が互いに結びつくこと。天干同士が組み合わさることで五行が変化し、互いに強く惹かれる。恋愛の相性をみる場合は干合をみるのが良い。※

干合の天干	五行
甲+己	土
乙+庚	金
丙+辛	水
丁+壬	木
戊+癸	火

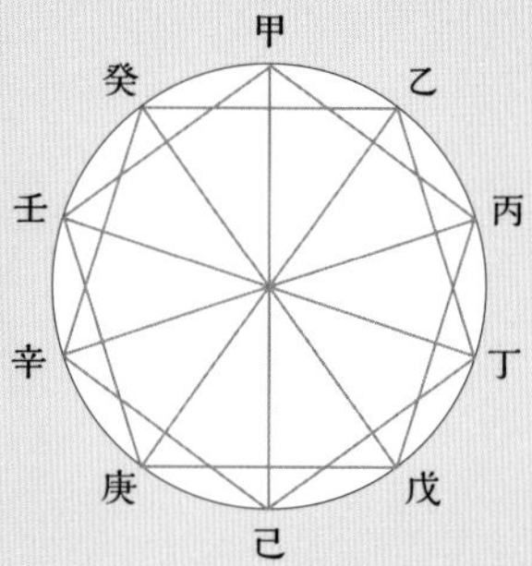

※天干=頭、地支=体となぞらえられていることから、支合が「手と手を取り合って協力や親和」という結びつきが生まれるのに対して、干合は「一目惚れやインスピレーション」といった惹かれあいを意味する。そのため、恋愛の相性をみる場合は、この干合を使うと良い。

4. 支合

向かい合う陰の十二支と陽の十二支が結びつくことで、結束力が強まり最も強い組み合わせとなる。結婚の相性、友だちや仕事のパートナーとの相性をみるのに適している。

方合局の地支	五行
子+丑	水
亥+寅	木
戌+卯	木・土
酉+辰	土・金
申+巳	金
未+午	火

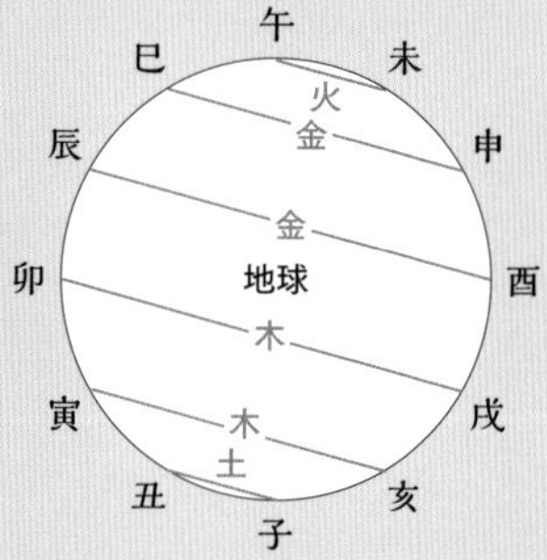

◆ 吉の判定方法

① 自分の八字に「吉のある命式」かどうか確認

三合、方合、干合、支合に該当するものがあるかを確認します。該当するものが全くなくても問題はなく、大半がないものです。ご安心ください。

例）1981年4月21日13時生まれの人

	年柱	月柱	日柱	時柱
天干	辛	壬	己	辛
地支	酉	辰	巳	未

支合が成立

② 気になる相手との相性をみる

自分の「日柱の干支」と相手の「日柱の干支」をみて、吉凶判定をしてみましょう。日干は恋愛の相性、日支は結婚の相性や友だち、仕事の人間関係の相性をみるのに適しています。相性は干合と支合の2つをチェックしましょう。

例）1981年2月8日14時生まれの人の場合

	年柱	月柱	日柱	時柱
天干	辛	庚	丁	丁
地支	酉	寅	巳	未

日干は丁 → 干合する地支は「壬」。日干が壬の人と恋愛としての相性が良い
日支は巳 → 支合する地支は「申」。日支が申の人と友だちとしての相性が良い

日干が丁の人は相手の日干が壬だと「木」が生じて互いに惹かれ合いやすくなります。日支が巳の人は相手の日支が申だと「金」が生じて繁栄しやすくなります。このように、簡単に相性を読み解くことができます。

凶のある命式 4パターン

命式に以下の組み合わせがある人は、五行に変化が生じ凶作用が働く。

1. 三刑

下記の組み合わせになる場合は、地支同士の相性が悪く、凶作用が強くなる。互いに理解ができない、わかり合えない配置。人間関係でトラブルを起こしやすいと読み解けるので、相性の吉凶判定にも使うことができる。

寅×巳×申
丑×未×戌
子×卯

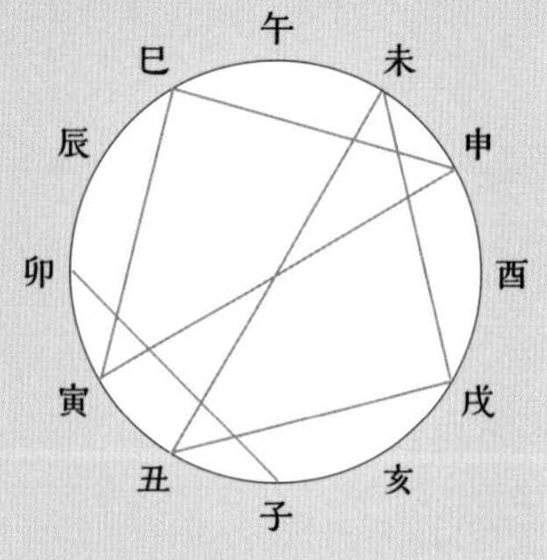

2. 自刑

同じ地支が2つそろうと（以下の4通りのみ）「自分を剋する」。命式に自刑がある場合は、自暴自棄になりやすい、または極度の負けず嫌いから人と争うきっかけを生み、失敗が多くなるという傾向にある。

辰　×　辰
午　×　午
酉　×　酉
亥　×　亥

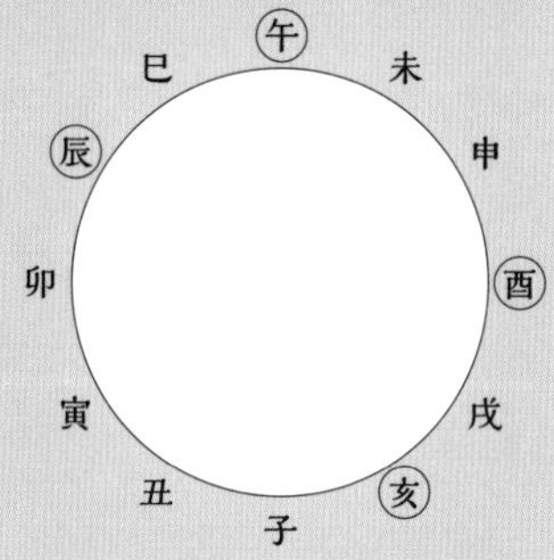

3. 七冲

7つめの支同士は敵対関係（克し合う）にある。特に、月支か日支が七冲となる場合は、波乱万丈な人生やアクシデントの絶えない状況に置かれやすくなる。相性でみる場合は、正反対の位置にいることから、長続きしない関係、敵対・ライバル関係と読み解く。

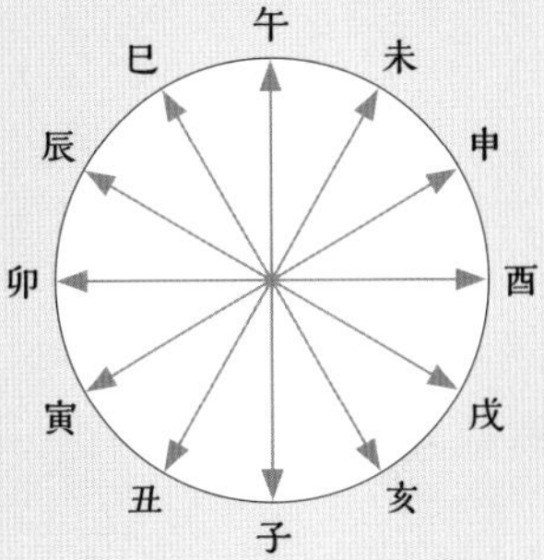

午	×	子
未	×	丑
申	×	寅

酉	×	卯
戌	×	辰
亥	×	巳

4. 六害

地支同士が互いに分離し、不和を生じさせる。命式に六害が成立すると、家庭環境の不和や分離を表す（両親の離婚や別居、家族関係が悪いなど）。また、すれ違いや孤独感を感じやすい人が多くなる。ただし、三刑、自刑、七冲に比べると凶は強くないので、あまり気にしなくても良い。

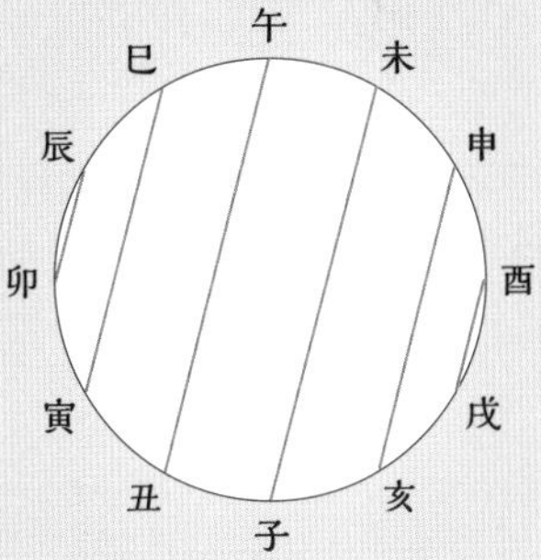

酉	×	戌
申	×	亥
未	×	子

午	×	丑
巳	×	寅
辰	×	卯

◆ 凶の判定方法

① 八字に「凶のある命式」かどうか確認

三刑、自刑、七冲、六害に該当するものが命式の八字にあるかを確認します。ただし凶作用でも、命式が良い悪いという極端な読み解きをしないように。

例)1981年2月8日14時生まれの人

	年柱	月柱	日柱	時柱
天干	辛	庚	丁	丁
地支	酉	寅	巳	未

寅・巳：六害が成立

② 気になる相手との相性をみる

初心者のうちは、日支同士の組み合わせで剋し合っているかどうか判断してみましょう。三刑、自刑、七冲、六害のなかで最も強い影響がある、七冲に該当するかで判断します。

例)1981年2月8日14時生まれの人の場合

日支は巳 → 七冲する地支は「亥」。日支が亥の人と相性が悪い

POINT

これだけで相性を決めつけてはいけませんが、互いの日支が正反対の位置にいるということは、生涯会わない可能性もあります。「そりがなんだか、合わないな」と感じた際、相手の日支が七冲ならば、「だから、合わないのか」と前向きにあきらめるといいと思います。ただし逆手にとれば、自分にはないところをもっている相手ですから、学ぶことも多いと考えることもできます。

③ 七冲の位置による、さらなる読み解き方

七冲は次の通り、いろいろな関係性を読み解くことができます。あなたの命式で七冲がある場合、下の関係性に該当するか確認してみましょう。

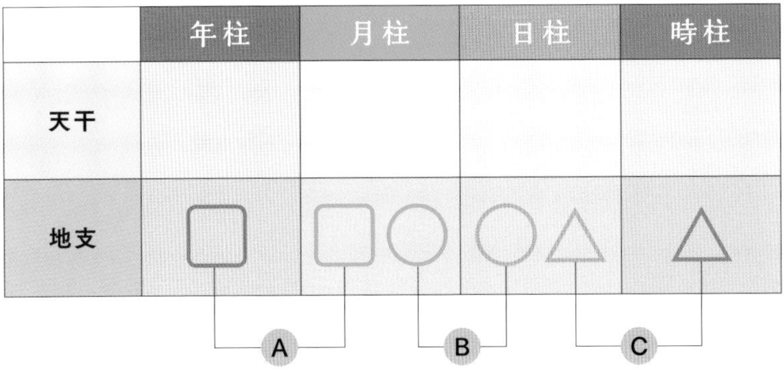

Ⓐ 年支 と 月支 ➡ 両親との縁が薄い、生まれ故郷を離れる、独り立ちが早いなど

Ⓑ 月支 と 日支 ➡ 人間関係におけるアクシデントが多い、恋愛・結婚運が不安定など

Ⓒ 日支 と 時支 ➡ 晩年が孤独、安定しない老後、子どもの親離れが早いなど

※流派にもよるが、年支と時支など、上記3つ以外で該当する場合は七冲ととらない。

ゆうはん'S ADVICE

相性をみる上での注意点

地支の組み合わせで相性をみるため、自分の生まれた年の干支(えと)と、相手の生まれた年の干支(えと)でみると勘違いしやすいのですが、あくまでも命式に出た地支で相性をみる場合に使う解釈です。

蔵干を読み解く

本来生まれもった
潜在的なパワーを知る

ここまで八字による命式をみてきましたが、さらに「蔵干《ぞうかん》」も加えて、命式をもっと詳しく読み解いていきましょう。蔵干とは、地支に隠れている天干のこと。実は、地支はそもそも天干のパワーが１～３つ集まってでき上がったものとされています。この「裏に隠れている」天干から「蔵干」を導き出します。

前述した通り地支は時間や季節(四季)と深い関係があり、次ページの図版にあるようにそれぞれ季節のパワーと結びついています。天干＝天、地支＝地と解説しましたが、蔵干＝人間といわれています。私たちは天と地の理が交わってこそ「人」と成ることができる、または、天があって地があり、地があって天があり、そこに人が生まれると考えるのです。この考え方のおおもとは、古代中国の占い、易経の思想のひとつ「天地人の三才」にあります。世界には天・地・人の３つの重要な働きがあるという考え方です。

私たち万物は、自然現象から生まれでたもので、それらが宿って命が形成されて生かされているということを踏まえて、まずは蔵干を加えた命式を作っていきましょう。

地支と蔵干と季節の関係

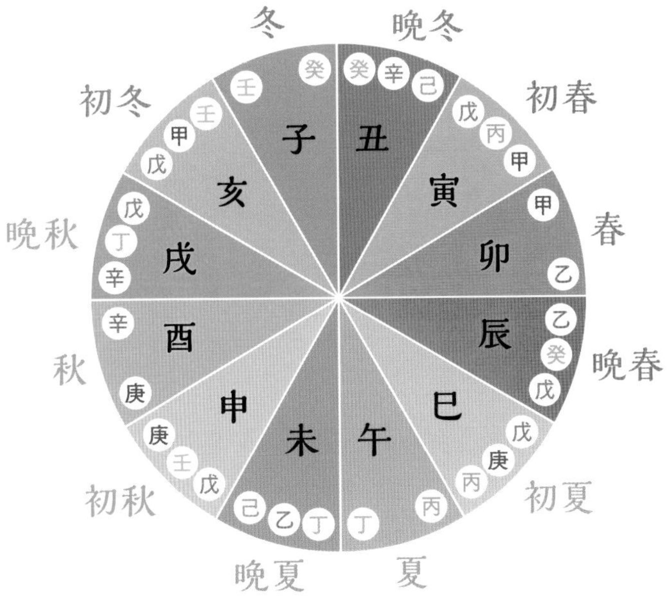

１カ月は１～30(31)日ある。地支は、この30(31)日の時間と季節のパワーを「初蔵(余気)・中蔵(中気)・本蔵(本気)」と最大３つの蔵干に分け、内蔵している。

蔵干とは地支に含まれた太陽のエネルギー

	年柱	月柱	日柱	時柱	
天干					◀ 天(太陽)
地支					◀ 地(大地)
蔵干					◀ 蔵干(人間)

※本書では、蔵干をひとつに絞った命式でみていきます。

WORK 7

蔵干の五行を導き出そう

自分の命式から蔵干を導き出し、
その蔵干の五行バランスをみてみましょう。

1 節入日からの日数を数える

巻末の干支表の生まれた年のページで、生まれた月の節入日を調べます。自分の生まれた日が節入日（月の変わり目）から何日目に当たるかを数え、次ページの蔵干表をもとに、四柱それぞれの地支から蔵干を求めます。

◆ 節入日を調べる

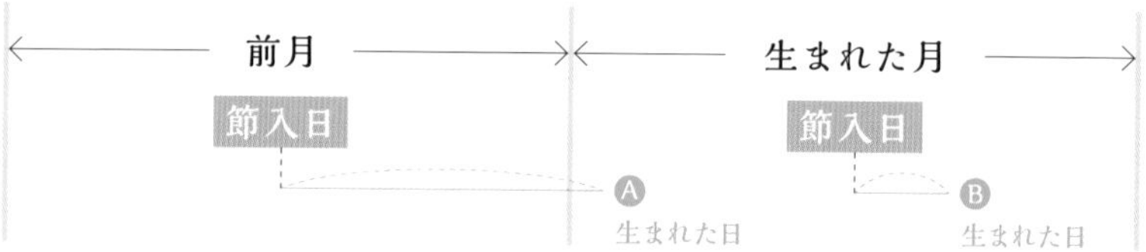

Ⓐ 生まれた日が生まれた月の節入日前の場合は、前月の節入日までの日数を数える。
Ⓑ 生まれた日が生まれた月の節入日後の場合は、生まれた月の節入日からの日数を数える。

例）1981年２月８日14時生まれの人

	年柱	月柱	日柱	時柱
天干	辛	庚	丁	丁
地支	酉	寅	巳	未

蔵干表

地支	初蔵（余気）	中蔵（中気）	本蔵（本気）
子	壬（節入り後～10日まで）	―	癸（11日以降～）
丑	癸（節入り後～9日まで）	辛（10日～12日まで）	己（13日以降～）
2 寅	戊（節入り後～7日まで）	丙（8日～14日まで）	甲（15日以降～）
卯	甲（節入り後～10日まで）	―	乙（11日以降～）
辰	乙（節入り後～9日まで）	癸（10日～12日まで）	戊（13日以降～）
3 巳	戊（節入り後～7日まで）	庚（8日～14日まで）	丙（15日以降～）
午	丙（節入り後～10日まで）	己（11日～20日まで）	丁（21日以降～）
4 未	丁（節入り後～9日まで）	乙（10日～12日まで）	己（13日以降～）
申	戊（節入り後～7日まで）	壬（8日～14日まで）	庚（15日以降～）
1 酉	庚（節入り後～10日まで）	―	辛（11日以降～）
戌	辛（節入り後～9日まで）	丁（10日～12日まで）	戊（13日以降～）
亥	戊（節入り後～7日まで）	甲（8日～14日まで）	壬（15日以降～）

1981年2月8日14時の人の場合、2月4日が節入日（p.228参照）

1 年支「酉」→生まれた2月8日は(節入り後～10日まで)の「庚」に該当。

2 月支「寅」→生まれた2月8日は(節入り後～7日まで)の「戊」に該当。

3 日支「巳」→生まれた2月8日は(節入り後～7日まで)の「戊」に該当。

4 時支「未」→生まれた2月8日は(節入り後～9日まで)の「丁」に該当。

	年柱	月柱	日柱	時柱
天干	辛	庚	丁	丁
地支	酉	寅	巳	未
蔵干	庚	戊	戊	丁

◆ あなたの蔵干を出してみましょう。

(　　　　)年(　　　)月(　　　)日(　　　　　)時生まれ

巻末の干支表によると、節入日は(　　　　)月(　　　　)日

	年柱	月柱	日柱	時柱
天干				
地支				
蔵干				

1 年支は(　　　　　)
→生まれた(　　　　)月(　　　)日は(　　　　　　)に該当

2 月支は(　　　　　)
→生まれた(　　　　)月(　　　)日は(　　　　　　)に該当

3 日支は(　　　　　)
→生まれた(　　　　)月(　　　)日は(　　　　　　)に該当

4 時支は(　　　　　)
→生まれた(　　　　)月(　　　)日は(　　　　　　)に該当

2 蔵干の五行バランスをチェック

例）1981年2月8日14時生まれの人

P.35の図版から蔵干の五行を書き出します。

	年柱	月柱	日柱	時柱
天干	辛（金）	庚（金）	丁（火）	丁（火）
地支	酉（金）	寅（木）	巳（火）	未（土）
蔵干	庚（金）	戊（土）	戊（土）	丁（火）

WORK 2で導いた五行（天干・地支）

蔵干の五行バランスを数え、WORK 2（P.54）で出した五行バランスの数に足します。その上で、再度過多・不足をチェックしてみましょう。

木	火	土	金	水
1	3＋1	1＋2	3＋1	0

基本的には、八字の天干地支の五行バランスをみて、足りない部分を補うことを検討します（P.54〜57）。応用として、蔵干の五行バランスも加えて検討してみましょう。すると例の人の場合、上記の通り、水だけでなく木も足りていないことがわかりました。

◆ あなたの蔵干を加えた五行バランスをみてみましょう。

	年柱	月柱	日柱	時柱
天干				
地支				
蔵干				

WORK 2で導いた八字と五行を書き込む

蔵干と五行（P.35の図版から）を書き込む

木	火	土	金	水

蔵干の五行の数も足し、合計数をチェック

多い五行は(　　　　　　　　　　　　　　　)

不足している五行は(　　　　　　　　　　　　　　　)

◆ 不足している五行の補い方 ▶ P.58～59をチェック

八字の天干地支でも、不足している五行の補い方を紹介しましたが、蔵干の五行バランスの補い方も同じ方法です。P.58 ～ 59 を読んで、できそうなことから試してみましょう。

ゆうはん'S ADVICE

◆◆◆

蔵干は流派によって、ひとつに絞るか、全て採用するか、どれを優位にするかなどの違いがあります。実は四柱推命で最も秘儀であり、求め方（定め方）と読み解きが難しいのが蔵干です。全て採用した場合は、陰陽五行バランスの過不足も変化してきます。それらを踏まえて学んでいきましょう。

PART 4

通変星から自分を深く知る

本章では、八字と蔵干から通変星を導き出し、
さらに具体的に、
自分の隠された性質やパワーを探ります。
ひとつひとつ段階を追って
理解していきましょう。

通変星を読み解く

本来の自分をより具体的に読み解く

天干と地支の関係を「通変」とよび、比肩・劫財・食神・傷官・偏財・正財・偏官・正官・偏印・印綬という10種の星で表します。この「通変星」は、自分自身を表す日柱の天干＝日干が、年柱・月柱・時柱それぞれの天干地支とどのような関係性をもつかを示したものです。

中国では、天干地支の組み合わせで生まれる60干支の八字で占うことに重点を置きますが、日本では、この通変星に重点を置いて占うことが多くみられます。60干支を通変星の10の星に置き換えて考えるほうが、数が少なくて学びやすいと思われているからかもしれません。

PART３の60干支では、あなたに宿った天干地支の基本的な性質を、自然現象や自然物にたとえながら読み解きました。本章の通変星では、より具体的に人物像を表し、それぞれの運命の傾向を読み解いていきます。通変星は、八字に入る干支に蔵干を加えて導き出すもので、パーソナリティがより詳細にわかりやすくなり、才能や傾向を深く知ることができます。自分を具体的に知った後は、家族やパートナーの通変星を調べてみるのも楽しいでしょう。また、右ページにある洩星《えいせい》は別名「遊星《ゆうせい》」と、流派によって呼び方が違う場合もあります。

通変星のグループ分け

10の通変星を性質ごとに分けると、下の通り５つに分類される。

自星《じせい》 自我の星のグループ	比肩《ひけん》 陽 木	**<自立・努力>** 頑固な頑張り屋さん。目立ちたくなくても目立つ存在で、人と群れるよりも一匹狼タイプ。
	劫財《ごうざい》 陰 木	**<主体性・努力>** 好印象を人に与えるが、内面は負けず嫌いで勝負師なところがある。自立が早く自我も強い。
洩星《えいせい》 表現の星のグループ	食神《しょくしん》 陽 火	**<表現・アイデア>** 明るくおしゃべりが大好き。皆で食卓を囲んでわいわいするのが生きがい。天真爛漫《てんしんらんまん》な人。
	傷官《しょうかん》 陰 火	**<表現・芸術>** 美的センス抜群で感受性豊か。クリエイティブな世界を愛し、繊細な人が多い。
財星《ざいせい》 財の星のグループ	偏財《へんざい》 陽 土	**<財産・楽天家>** コミュニケーション能力が高く皆から好かれる人。フットワークも軽く、楽しいことが大好き。
	正財《せいざい》 陰 土	**<財産・人脈>** 誠実で着実なタイプ。気遣いができるので人間関係も円滑。コツコツ積み上げる人。
官星《かんせい》 実行力の星のグループ	偏官《へんかん》 陽 金	**<直球・行動力>** 思い立ったらすぐ行動し度胸もある。専門的なことが好きな職人気質の人が多い。
	正官《せいかん》 陰 金	**<責任感・誠実>** 公務員の星ともいえるほど責任が強く真面目。正義のためなら行動力・努力を惜しまない。
印星《いんせい》 知性の星のグループ	偏印《へんいん》 陽 水	**<聡明・向上心>** インスピレーション重視のアイデアマン。自由人で、環境の変化を好み、好奇心も旺盛。
	印綬《いんじゅ》 陰 水	**<聡明・探求>** 頭脳明晰で勉学が好き、人に何かを教えるのも好き。やさしく人のために尽くすことが使命。

天干通変星と地支通変星

外面・内面の性質をより具体的に表す星

「天干通変星」は日干をもとに、四柱の天干から導き出す通変星です。一方の「地支通変星」は、日干と四柱の蔵干から導き出す通変星のことです。本書では混乱しないために、地支通変星と表記しますが、蔵干通変星と呼ぶこともあります。

天干通変星からは、顕在能力や社会、人とのかかわり方、生まれもった才能がわかります。一方の地支通変星からは、秘めた性質や生まれもったパワーの源を占うことができます。また、天干と地支が表すことの違いは、木の根っこが地支で、天に向かって伸びた枝葉や花が天干とイメージするとわかりやすいでしょう。

天干通変星と地支通変星が運命や性格に与える影響は、おおよそ次のようなバランスとされています。天干から導き出した天干通変星は20～30％、地支から導き出した地支通変星（蔵干通変星）は70～80％です。

地支通変星で最も重要視されるのが「月柱の地支通変星」で、元命（中心星）といいます。初心者は日干をまず読み解き、さらに、月柱の地支通変星（元命）を重要視しましょう。慣れてきたら、四柱全体を読み解くのがベストです。

天干通変星……日干と四柱の天干をみて求める

	年柱	月柱	日柱	時柱
天干	●	●	日干	●
地支				
蔵干				
天干通変星	★	★	※空欄※	★

地支通変星……日干と四柱の蔵干をみて求める

	年柱	月柱	日柱	時柱
天干			日干	
地支				
蔵干	▲	▲	▲	▲
天干通変星				
地支通変星	☆	☆ 元命(中心星)	☆	☆

WORK 8

天干通変星と地支通変星を導き出そう

1 天干通変星を導き出そう

例)1981年2月8日14時生まれの人の場合

次ページの通変星早見表と照らし合わせながら、天干通変星を導き出す。

1 年柱の天干通変星　「日干＝丁」と「年干＝辛」→「偏財」
2 月柱の天干通変星　「日干＝丁」と「月干＝庚」→「正財」
日柱の天干通変星　※皆、同じ星が入るため空欄となる
3 時柱の天干通変星　「日干＝丁」と「時干＝丁」→「比肩」

	年柱	月柱	日柱	時柱
天干	辛 (1)	庚 (2)	丁	丁 (3)
地支	酉	寅	巳	未
蔵干	庚	戊	戊	丁
天干通変星	偏財	正財	※空欄※	比肩

通変星早見表

				3			2	1		
天干／蔵干 日干	甲	乙	丙	丁	戊	己	庚	辛	壬	癸
甲	比肩	劫財	食神	傷官	偏財	正財	偏官	正官	偏印	印綬
乙	劫財	比肩	傷官	食神	正財	偏財	正官	偏官	印綬	偏印
丙	偏印	印綬	比肩	劫財	食神	傷官	偏財	正財	偏官	正官
丁	印綬	偏印	劫財	比肩	傷官	食神	正財	偏財	正官	偏官
戊	偏官	正官	偏印	印綬	比肩	劫財	食神	傷官	偏財	正財
己	正官	偏官	印綬	偏印	劫財	比肩	傷官	食神	正財	偏財
庚	偏財	正財	偏官	正官	偏印	印綬	比肩	劫財	食神	傷官
辛	正財	偏財	正官	偏官	印綬	偏印	劫財	比肩	傷官	食神
壬	食神	傷官	偏財	正財	偏官	正官	偏印	印綬	比肩	劫財
癸	傷官	食神	正財	偏財	正官	偏官	印綬	偏印	劫財	比肩

2 地支通変星を導き出そう

例）1981年2月8日14時生まれの人の場合

P.135の通変星早見表と照らし合わせながら、地支通変星を導き出す。

1 年柱の地支通変星　「日干＝丁」と「年柱の蔵干＝庚」→「正財」

2 月柱の地支通変星　「日干＝丁」と「月柱の蔵干＝戊」→「傷官」★元命

3 日柱の地支通変星　「日干＝丁」と「日柱の蔵干＝戊」→「傷官」

4 時柱の地支通変星　「日干＝丁」と「時柱の蔵干＝丁」→「比肩」

	年柱	月柱	日柱	時柱
天干	辛	庚	丁 日干	丁
地支	酉	寅	巳	未
蔵干	庚	戊	戊	丁
天干通変星	偏財	正財	※空欄※	比肩
地支通変星	正財 1	傷官 2	傷官 3	比肩 4

◆ あなたの天干通変星と地支通変星を出してみよう

	年柱	月柱	日柱	時柱
天干				
地支				
蔵干				
天干通変星			※空欄※	
地支通変星				

3 通変星から自分を読み解こう

通変星で最も重要なのは「月柱の地支通変星」で元命（中心星）といい、他の三柱の通変星に比べて３倍近くのパワーを宿しています。元命（中心星）以外にも、６つの通変星が命式にはありますが、基本的な性質、恋愛、仕事、心身の状態はすべて元命の性質をもっているということです。P.142〜161の「通変星のもつ性質」でまずは元命をチェックしましょう（①）。元命に当たる通変星の解説ページをひと通り見終わったら、他の柱の通変星も確認しましょう（②）。

独立と自尊の星
一度決めたら貫く頑張り屋

比肩《ひけん》

自我の星「自星《じせい》」

比肩の表すこと

自星のグループは自立心が強く束縛を嫌います。自己実現に向け、強い意志をもって信念を貫くための努力を怠らず、成功する人が多い印象です。ただ、協調性に欠けるところがあり、他者と歩幅をわざと合わせないところも。独立独歩が過ぎると、組織としての成功を勝ち得ることは難しいでしょう。反対に、個人事業主やひとり社長として、自己責任だけで完結する事業であれば必死で働くような人です。

比肩は「肩を並べる」という意味もあります。対等な人間関係を望みますが、他者よりも「劣りたくない」「秀でたい」という欲望も強いです。それが原動力となり、正々堂々と社会と向き合い頑張ります。「誰かだけが得をしている」という状況に不平等さを感じる場面では、損をしても自分を曲げません。また「学問・名誉」の星でもあります。精神力の強さと努力家の面が活かされると、大きな功績を残すでしょう。逆境に強く、運気が低迷しているときこそエンジンがかかります。

恋愛・結婚

恋愛や結婚においても純粋で真っ直ぐな人。爽やかでさっぱりとした性格で、ロマンティックなタイプではありませんが、ライバルがいたほうが燃え上がります。一途で長い付き合いを好み、自分の思い通りに相手をコントロールしたいと思う傾向にあります。あなたのマイペースについてきてくれるサポーターのようなパートナーに出会うと、成功も早まります。

仕事・お金

自分を枠にはめずに、やってみたいことはどんどん挑戦するのが成功の近道です。そのためにも、どの環境に身を置くかが鍵となります。10種の星の中で最もエネルギッシュなタイプですから、社長業はもちろん、営業職やスポーツなど体を動かす仕事も向いています。勝負事が好きなので、ライバルがいたほうが成長します。ただし、ギャンブルなどはほどほどにしましょう。

心身の状態

精神力も体力もあるので自分の限界を過信してしまい、過労などで病を患う傾向にあります。適度な休養を意識しましょう。特に若いころ無理をしすぎると、還暦以降に心身ともに弱くなり、不具合が出やすくなります。比肩は「木の陽」ですから、肝臓病や首から上の怪我・不眠症にも気を配る必要があります。若いうちから気をつけていれば長生きする星でもあります。

年　褒《ほ》めるより厳しく叱って鼓舞《こぶ》してくれる両親です。なんでもできてしまう器用な人という印象です。

月　中心星に比肩がある方は若くして起業独立で成功します。目標を設定し邁進《まいしん》することが開運の鍵。

日　恋愛している期間は頑張るのですが、結婚すると仕事や趣味に没頭します。家事や育児は苦手です。

時　自我が強く真っ直ぐな子どもです。老後はのんびりと趣味を楽しむなど無理をしなければ安泰です。

①自分の元命に当たる
通変星のこの部分をチェック

②元命以外の通変星はそれぞれ
該当するページのこの部分をチェック

- 年柱の２つの通変星→両親・先祖の傾向
- 月柱の天干通変星→仕事・お金の傾向
- 日柱の地支通変星→恋愛・結婚の傾向
- 時柱の２つの通変星→晩年の心身の状態・子どもの傾向

4 残りの通変星も同じようにチェック

元命を読み解いた後は、他の天干通変星・地支通変星も加えて、さらなる読み解きを深めていきます。元命と他の通変星の意味は下記の通りですが、本書は初心者向けなので、大まかに右の読み解きで通変星をとらえてみましょう。

◆ 8つの部屋と通変星の意味を再チェック

	年柱 先祖や両親から受け継いだ傾向の総論	月柱 仕事やお金、人間関係の傾向と総論	日柱 パーソナリティや才能、恋愛・結婚・配偶者の傾向の総論	時柱 晩年の財産や健康の傾向、子どもの性格の総論
天干	**年干** 先祖・両親から受け継いだもの、恩恵	**月干** （四柱全体に影響する要素）	**日干** 自分の主軸、才能・個性	**時干** 晩年への影響、子どもの性格
地支	**年支** 年干によって継承したものや社会性	**月支** 仕事・お金・人間関係における傾向	**日支** 恋愛・結婚の傾向、配偶者の性格の傾向	**時支** 晩年の財産や健康、子どもからの影響
天干通変星 より具体的な、あなたの外面の性質や強み	家系から引き継いだ傾向や周囲からの第一印象	あなたに向いている仕事（適職）、仕事のスタイルや金運		あなたの晩年と子どもの性格
地支通変星 より具体的な、あなたの内面の性質や強み	天から与えられた才能や継承したもの	秘めた性質や才能を表す。**元命（中心星）**ともいう	あなたの恋愛の傾向や出会い、結婚生活	あなたの晩年の健康と子どもからの影響

例)1981年2月8日14時生まれの人の場合

元命以外の通変星の読み解き

年柱の天干通変星「偏財」

→偏財ページの右下「年」をチェック
あなたの父親・先祖(父方)について表している

年柱の地支通変星「正財」

→正財ページの右下「年」をチェック
あなたの母親・先祖(母方)について表している

日柱の地支通変星「傷官」

→傷官ページの右下「日」をチェック
あなたの恋愛・結婚について表している

月柱の天干通変星「正財」

→正財ページの右下「月」をチェック
あなたの仕事・お金について表している

時柱の天干通変星「比肩」

→比肩ページの右下「時」をチェック
あなたの子ども(男の子)について表している

時柱の地支通変星「比肩」

→比肩ページの右下「時」をチェック
あなたの子ども(女の子)、晩年の心身の傾向について表している

POINT

読み解く中で同じ内容が該当し、意味合いが重なることが多くなることもあります。それは、その傾向が非常に強いということ。反対に、意味合いがバラバラの場合は、さまざまな側面をもっているというように読み解きます。元命以外の複数の通変星を読み解くことが難しいと感じる人は、元命のみの読み解きだけでもOKです。

◆ あなたの他の通変星もチェックしてみましょう

年柱の天干通変星（　　　　　　　　）
→通変星の「年」をチェック→父親・先祖（父方）の傾向

年柱の地支通変星（　　　　　　　　）
→通変星の「年」をチェック→母親・先祖（母方）の傾向

月柱の天干通変星（　　　　　　　　）
→通変星の「月」をチェック→仕事やお金の傾向

日柱の地支通変星（　　　　　　　　）
→通変星の「日」をチェック→恋愛・結婚の傾向

時柱の天干通変星（　　　　　　　　）
→通変星の「時」をチェック→子ども（男の子）の傾向

時柱の地支通変星（　　　　　　　　）
→通変星の「時」をチェック→子ども（女の子）の傾向、
晩年の心身の傾向

自分を知るために
重視したい3つのポイント

初心者のうちは、PART 2のP.41でもふれたように日干、元命(中心星)に主眼を置いて鑑定してみましょう。日干はあなたのイメージを広げるのに役立ちます。

例)1981年2月8日14時生まれの人の場合

	年柱	月柱	日柱	時柱
天干	辛	庚	2 丁 1	丁
地支	酉	寅	巳	未
蔵干	庚	戊	戊	丁
天干通変星	偏財	正財	※空欄※	比肩
地支通変星	正財	傷官 3	傷官	比肩

1 日干「丁」は「自分の主軸、才能・個性」を表す

→P.66〜70の「天干がもつ性質」と照らし合わせる

2 日柱の干支「丁巳」「パーソナリティ・才能・個性、恋愛・結婚・配偶者の傾向の総論」を表す

→P.82〜111の「60干支がもつ性質」と照らし合わせる

3 「元命」は「傷官」で、より具体的に自分を表す中心の星

→P.142〜161の「12通変星がもつ性質」と照らし合わせる

独立と自尊の星
一度決めたら貫く頑張り屋

比肩

ひけん

自我の星「自星《じせい》」

比肩の表すこと

自星のグループは自立心が強く束縛を嫌います。自己実現に向け、強い意志をもって信念を貫くための努力を怠らず、成功する人が多いでしょう。ただ、協調性に欠けるところがあり、他者と歩幅をわざと合わせないところも。独立独歩が過ぎると、組織としての成功を勝ち得ることは難しいでしょう。反対に、個人事業主やひとり社長として、自己責任だけで完結する事業であれば必死で働くような人です。

比肩は「肩を並べる」という意味もあります。対等な人間関係を望みますが、他者よりも「劣りたくない」「秀でたい」という欲望も強いです。それが原動力となり、正々堂々と社会と向き合い頑張ります。「誰かだけが得をしている」という状況に不平等さを感じる場面では、損をしても自分を曲げません。また「学問・名誉」の星でもあります。精神力の強さと努力家の面が活かされると、大きな功績を残すでしょう。逆境に強く、運気が低迷しているときこそエンジンがかかります。

恋愛・結婚

恋愛や結婚においても純粋で真っ直ぐな人。爽やかでさっぱりとした性格で、ロマンティックなタイプではありませんが、ライバルがいたほうが燃え上がります。一途で長い付き合いを好み、自分の思い通りに相手をコントロールしたいと思う傾向にあります。あなたのマイペースについてきてくれるサポーターのようなパートナーに出会うと、成功も早まります。

仕事・お金

自分を枠にはめずに、やってみたいことはどんどん挑戦するのが成功の近道です。そのためにも、どの環境に身を置くかが鍵となります。10変星の中で最もエネルギッシュなタイプですから、社長業はもちろん、営業職やスポーツなど体を動かす仕事も向いています。勝負事が好きなので、ライバルがいたほうが成長します。ただし、ギャンブルなどはほどほどにしましょう。

心身の状態

精神力も体力もあるので自分の限界を過信してしまい、過労などで病を患う傾向にあります。適度な休養を意識しましょう。特に若いころ無理をしすぎると、還暦以降に心身ともに弱くなり、不具合が出やすくなります。比肩は「木の陽」ですから、肝臓病や首から上の怪我、不眠症にも気を配る必要があります。若いうちから気をつけていれば長生きする星でもあります。

年

褒《ほ》めるより厳しく叱って鼓舞《こぶ》してくれる親です。なんでもできてしまう器用な人という印象です。

月

若くして起業し、独立して成功します。目標を設定し邁進《まいしん》することが開運の鍵となります。

日

恋愛している期間は頑張るのですが、結婚すると仕事や趣味に没頭します。家事や育児は苦手な傾向。

時

自我が強く真っすぐな子どもです。老後はのんびりと趣味を楽しむなど無理をしなければ安泰です。

こだわりと努力の星
社交的で学ぶことが好き

劫財

ごうざい

自我の星「自星《じせい》」

劫財の表すこと

自星のグループですから、自立心が強く束縛を嫌います。ただ、比肩との違いは穏やかでソフトな印象を周囲に与えるところ。頭脳明晰《めいせき》で自分の立ち回りを常に考えられ、協調性があります。誰とでも話を合わせられ、人をまとめるのも人とのトラブルをかわすのも上手です。

劫財は「財を奪う」という意味でもあります。したたかさで名声を得る人もいれば、周囲からさまざまなことを学び、自身の肥やしにしていく人もいます。運だけでなく努力でもって、自分が求めることを必ず手に入れる強さがあり、その実力も伴っているのです。向上心があり、自分よりも有能な人から技能や才能を学ぼうと頑張ります。

財とは才。「財」「才」に強く惹かれ、お金や地位・名誉などを重要視しますが、年を重ねると贅《ぜい》を尽くした結果、心の豊かさを大切にしたいと思う人もいるでしょう。常に熱中できることを求め、自分を高めることを楽しむ人です。

恋愛・結婚

上昇志向が強いので、相手にもそれを求め、豪華なデートを好みます。女性には「劫財」の星は強すぎるといわれ、見合う相手が現われず生涯独身を貫く人も。相手の財を食い尽くす星でもありますから、男女ともに資産家やお金に困らない人と結婚することがおすすめ。相手に恵まれると、それを肥やしに才能が伸びていき、家計をサポートする側となるでしょう。

仕事・お金

表面は穏やかですが、野心があります。劫財は社長星ともいわれ、投資家やデイトレーダーなどお金を回す仕事や、お金に関係する業務に向いています。また、好奇心を刺激される職業なら長続きします。趣味が本業となる人もいるでしょう。少々見栄っ張りなので、見栄えを気にして散財することがあります。でもお金を回す人ですから、また入ってくる運のもち主です。

心身の状態

心身のアップダウンが激しく、調子いいときと悪いときの差があり、自身もそれに振り回されます。若い頃はアウトドア派ですが、還暦を過ぎると、インドア派になるため、運動不足からくる病に気をつける必要があります。劫財は「木の陰」ですから、足もとの冷えや下《か》肢《し》静《じょう》脈《みゃく》瘤《りゅう》、足腰の衰えに気をつけましょう。年を重ねても足腰を鍛え、血流を良くする健康法に努めると良いです。

年

親は家業を営んでいたかもしれません。身内意識が強く、面倒見が良いお人好しに見られます。

月

自分を高めるための努力は常に惜しまず行います。そして、柔軟に社交的に振る舞います。

日

会話が面白く価値観が近い人と巡り合うと幸せな結婚生活。生涯独身となる人も多いでしょう。

時

自立の早い子ども。老後も働き続けているかも。財産分与や使い方でもめないようにしましょう。

好奇心とアイデアの星
遊び心を忘れない

食神

しょくしん

表現の星「洩星《えいせい》」

食神の表すこと

洩星グループは感じたことをストレートに表現する人たちです。洩は隠し事がなく洩らすという側面と、お喋りや直球な物言いを表していますので、楽観的で裏表がないタイプ。付き合いやすい人柄でしょう。食神は食うに困らない星でもあります。周囲から可愛がられ何不自由ない環境で育つので、大らかな性格の人が多いです。万が一、衣食住に困ることが起きても誰かがサポートしてくれる運をもっています。

楽しいことが大好きで、いつもワクワクを探しています。好きなものを見つけると驚くほどの集中力を見せますが、熱しやすく冷めやすいタイプです。継続性に欠ける根拠は、周りに恵まれている点もありますが、地位や名誉などに興味がないこともあげられます。常に自分にとって快か不快かで冷静に判断し、選択をしていくので、社会に適応するまで時間がかかることもあるでしょう。周囲の助けがあって自分が成り立っていることの感謝を忘れないようにすれば、運が向いてきます。

恋愛・結婚

喜びを共に分かち合える異性を好みます。いつも連絡し合っていたい、おそろいのものを身に着けたいなど甘え上手なタイプです。のんびり屋さんが多いので遅刻や､決断力に欠ける優柔不断な人も多いでしょう。友だちが多いので、嫉妬の火種になりかねませんが、憎めないキャラクターでもあります。結婚後は、互いを尊重しあいながら、子沢山・子煩悩となり家庭円満でしょう。

仕事・お金

仕事は楽しくないと意味がないと考え、あまり忍耐や我慢は好みません。そのため、趣味や好きなことを追求できる仕事に就くのが良いです。また、食神は衣食住に関わりが深いため、サービス業全般や、ファッションデザイナー、インテリアコーディネーター、料理家などの専門職も適職です。人の喜びが自分の喜びに反映するような仕事を選べば、収入も困ることはありません。

心身の状態

ポジティブなので心の病に陥る可能性は極めて低いです。食べることが大好きなので、暴飲暴食や肥満によって引き起こされる生活習慣病には気をつけましょう。食神は「火の陽」ですから心臓病や血圧、熱病や火傷にも気を配りましょう。体にたまった毒素や熱をデトックスする健康法をおすすめします。人によっては胃腸の働きが悪く、消化器系の疾患をもつこともあります。

年

親が衣食住に関わる仕事をしてきたかもしれません。愛嬌があり親しみやすい印象をもたれます。

月

他人を引き立てることで運を啓きます。周囲に甘え頼りながら行動すると好転します。

日

自然体で気取らない素直なあなたは、沢山の人に好かれます。男女ともにパートナーに恵まれます。

時

すくすくと大きく育った子ども、子宝に恵まれます。妊娠も早いです。老後も生活には困りません。

聡明なクリエイターの星
型破りな個性

傷官《しょうかん》

表現の星「洩星《えいせい》」

傷官の表すこと

型にとらわれない自由人が多いですが、傷官は10種の星の中で最も自由人でかつ鋭い感性をもっています。他の星たちが見えていない角度から観察し表現できる人です。食神は無邪気な発言をしますが、傷官はトゲのある言動が多く、それが相手にとっては図星で傷つくなど、洩星が悪く出ることもしばしば。そういう意味で、癖の強いコメンテーターや物書きに向いていますし、頭脳明晰な視点を活かした仕事も良いでしょう。

研ぎ澄まされたナイフのような感性を活かすことができ、型破りで独自のセンスや世界観ももっていますから、生粋のクリエイターです。クールで冷徹な一面がありますが、おしゃべりが好きな人懐っこいタイプでもあります。感受性が強く、情に厚い一面ももっている表現者です。

繊細な星ともいわれます。傷つき情緒不安定になりやすいため、自分を傷つけたり、周囲を振り回したりしてしまうことも多々あるでしょう。

恋愛・結婚

典型的なアーティストタイプですから、恋愛や結婚にもロマンティックな世界観を投影します。傷官は美男美女が多い星といわれていて、実際にドラマティックな恋愛を経験する人も多いでしょう。互いに話が合うことが前提で、自分の世界観を受け入れてくれる器の広い相手がぴったりです。しかし、その繊細さゆえ、理想が高すぎると結婚に向かず、独身のままの人もいます。

仕事・お金

他者と何かが違うと孤独を感じやすい傾向ですが、表現したいという創作意欲が常にあります。文章や美術と縁ある星ですから、作家や作曲家、デザイナーやクリエイターなど表現を通して人に伝える仕事が向いています。傷官の他に経営や外に広げるような星（自星や財星）が命式にないと、その才能が世に出ることなく終わることも。お金は創作に費やし、芸を肥《こ》やすタイプです。

心身の状態

傷官をもっている人は、一生に一度は体にメスが入る・手術をするといわれています。大病とならなくても、擦り傷、切り傷がたえない人も多いです。傷官は「火の陰」ですから、生まれつき体が強いタイプではありません。病気にもかかりやすい傾向です。繊細で神経質なところが災いして、心の病やパニック障害、自律神経失調症などの病気にも気をつけましょう。

年

離婚や死別で親と縁が薄いでしょう。センスの良い、おしゃれな人という印象をもたれます。

月

鋭い感性と知性に恵まれた天才肌タイプです。クリエイティブな仕事に就くのがおすすめです。

日

理想と現実のギャップに悩まされながらも、傷つくのが怖くて自ら行動できない人が多いでしょう。

時

個性の強い聡明な子どもで自立も早いです。老後は才能を磨き続け、健康に気を配れば安泰です。

柔軟性ある回財の星
人もお金も大きく動かす

偏財

へんざい

財の星「財星《ざいせい》」

偏財の表すこと

人やお金に恵まれ、それを活かす才能をもっています。豊かな循環を生み出すので、自然と人とお金が集まってきます。活発に動くのが好きで、じっとしていられません。相手が何を欲しているかが手に取るようにわかるので、人間関係も円滑です。人に好かれる天性の才能をもっていますから、どこの組織やグループにいても重宝されるでしょう。

一見すると、八方美人のお人好しに見られるのですが、内面は計算高く、自分が損することは回避するタイプです。そのしたたかさがスマートに見える人と、わかりやすい人に分かれます。聞き上手ですが、楽しいと忘れっぽいところがあり、人の話を聞いているようで聞いていないことも。

お金やビジネスと強いご縁がありますが、大らかなので成功したお金の一部を寄付やボランティア、困っている人につい貸してしまうこともありそうです。後にトラブルに発展しないように気をつけましょう。

恋愛・結婚

自己アピールが上手で愛想よく、コミュニケーション能力も高いことから、自然と人が集まってきます。異性から頼られることも多いので、そこから恋愛・結婚に発展しやすいでしょう。しかし、誰にでもいい顔をしてしまうところがあるので、パートナーを不安にさせてしまうことも。ときにサービス精神が旺《おう》盛《せい》で相手に尽くし過ぎてしまい、疲れることもあるでしょう。

仕事・お金

多趣味多才の人が多く、アイデアが次々と湧いてくる人で、それを仕事に活かしお金を生み出す天才です。会社員に向いていますが、趣味を活かした仕事、フリーランスや副業でも並行して財を成すことができます。生粋の商売人気質で、多面性があり、どこにいっても重宝されます。ただし、回財の星ですから、入っても出るタイプ。散財には気をつけましょう。

心身の状態

優しく気遣いに長けている人が多く、常に緊張感をもって過ごしています。副腎が消耗しやすく、年を重ねてから疲れやすい傾向にあります。偏財は「土の陽」ですから、消化器や胃腸の病にも気をつける必要があります。溜まったストレスによって調子が悪くなっていないか注意し、頑張り過ぎていないか確認を。楽しい場面が好きなため暴飲暴食も多く、太りやすいでしょう。

年

親の離婚・再婚によって環境が変わりやすい。お高く見えますが、気さくで話しやすい印象です。

月

気前の良い大らかさがあり、人づき合いも巧み。金融関係や保険の営業などに適性があります。

日

趣味や娯楽を通じての出会いが良好。異性問題に困ることはないですが、自己愛が強くうぬ惚れ気味。

時

国際的に活躍する子どもです。老後はお金にも余裕があり旅行や仲間と楽しく過ごすと良いでしょう。

堅実な蓄財星
ストイックに課題に取り組む

正財

せいざい

財の星「財星《ざいせい》」

正財の表すこと

財星でも偏財との違いは蓄財タイプです。動かない財なので真面目な人が多いでしょう。文化や伝統を重んじ、由緒ある家柄や教養ある人が多い印象です。簡単に言えば、「お家柄がいい」「お育ちがいい」というところ。そのため、自分と同じ背景や思想の人と付き合いを広げていきます。かといってお高くとまっているわけではなく、分け隔てなく周囲に馴染みます。フットワークが軽く気遣いもできるので、どんな環境でも人間関係も良好です。礼節も怠らず恩義を忘れません。

イベントやパーティの幹事も適任者。任せておけば会計まですべてばっちりと、いうことなしです。信頼が厚いので、周囲から慕われ尊敬されます。ただし、合理主義者の面もあるため、自分にとって損となる人とは表向きはつき合っても、自然と距離を保っていくタイプです。用心深いので、一度疑念が生まれると、深入りされる前に付き合いをやめようとする癖があります。

恋愛・結婚

一途でつき合い出すと長いタイプでしょう。石橋を叩いて渡るタイプなので、相手の出方を見てから動くことが多いです。相手を大切にし、愛を育むことができます。将来はこうしてこうなりたいという明確なヴィジョンをもっています。理想もありますが、非常に現実主義で確実性あるものに惹かれる傾向にあります。恋愛も結婚も堅実ですから、家庭を大切にして円満でしょう。

仕事・お金

社会に認めてもらいたい欲求が強いので、期待に応える努力を惜しみません。会社員であれば総務や経理、全体の予算を取り仕切る管理職も良いでしょう。不正が嫌いで見落とさないので、銀行員や税理士にも向いています。コツコツと積み上げていくことが好きなので、貯金が得意です。しかし、肝心なところで出し惜しみしてしまう傾向があり、過ぎるとケチと噂されることも。

心身の状態

優しすぎるがゆえに、自分よりも他者を優先し、後回しにしてしまいがちです。体調が変だなと思っても検査をしないで放置するタイプなので、我慢せずに診てもらいましょう。正財は「土の陰」なのでなんでも気づくのが遅く、溜め込む人が多いタイプ。腹部の膨張感を覚えたり腫瘍《しゅよう》が膨らんだりするなど、全体的に容体が悪化しやすく、また、病院嫌い・薬嫌いな人の多い印象です。

年

親や先祖の家柄が良く、家業の相続にも恵まれそうです。信頼できそうと周囲を惹きつけます。

月

真面目な働き者で社会的な成功をおさめます。不動産とも強いご縁があるようです。

日

価値観や思想が同じ相手を好み、つき合います。金銭にシビアなしっかりした良妻賢母で間違いなし。

時

強い意志をもった子どもです。老後はお金に困ることはありませんが、計画性をもって過ごすと吉。

度胸ある革命の星
面倒見のいい人情家

偏官

へんかん

実行力の星の「官星《かんせい》」

偏官の表すこと

責任感が強く、義理堅く、律儀な人が多いでしょう。偏官は特に仁義を重んじるので、大げさな印象を周囲に与えますが、その分慕われます。他者に指示されることが嫌いで、自らの力で道を切り拓こうと努力します。独立心旺盛の個人主義。ただ、変わり者と思われても、社会に上手に馴染む人もいます。情に厚く、困っている人を助けてあげたくなる性分なのですが、過ぎるとお節介になります。弱いものには優しく、強いものには厳しい極端な性格ですが、その情熱を仕事や技術を磨くことに尽くすと、カリスマ性を発揮します。

自分に対してもストイックですから、道を極める格闘家やスポーツ選手にも多い星です。ちょっと近寄りがたい風貌で不愛想に見えますが、「スイーツ巡りが好き」などのようなギャップもあるでしょう。動きたいように動ける環境があれば最大限に自分を活かせるため、職を転々とすることもありそうです。上の立場に就けば、後輩たちをよく可愛がります。

恋愛・結婚

情にもろく押しに弱いところがあり、同情からついつき合ってしまうことも多いでしょう。相手に尽くす傾向があり、尽くした結果、浮気をされたなどというように甘く見られることもあるようです。人によっては気分にムラが出やすく、「もういい！」と相手に感情をぶつけてしまうことも。短気は損気ですから、せっかくのチャンスを台無しにしないように気をつけましょう。

仕事・お金

会社員でもあなたにしかできない業種や技術職、専門職や職人など、その道を極める人が多いでしょう。勝負事が好きなので賭け事で一攫千金を手にしたと思ったら、一晩で財を溶かしてしまう人です。お金に感情や人情を乗せないほうが金運は良くなるでしょう。余裕があると大盤《おおばん》振る舞いし、後輩にイイ格好がしたくなるので、お金の管理は信頼できる人に任せるのが良いです。

心身の状態

偏官は別名・七殺《しちさつ》といい、自分で自分を剋する（攻撃する）傾向にあります。ストイックに鍛える、健康オタクになる、ヴィーガン食にこだわるなど、いくら健康なことでも過ぎると体を害してしまいます。また、偏官は「金の陽」ですから、不慮の事故や怪我（特に骨折）に気をつけましょう。金は歯を表します。虫歯をほうっておくと運気が下がりますので、定期健診を忘れずに。

年

親は常に働きに出て家にいる時間が少ないでしょう。活発で行動力がある印象をもたれます。

月

エネルギッシュで、周囲を引っ張っていく天性のリーダー気質。技術を活かした仕事がいいでしょう。

日

情熱家でなにかを任されたいと思います。気持ちをストレートにぶつけますが愛情深いです。

時

細かなことも気遣える親孝行な子どもです。老後は同居もありそうですが、充実した日々を送れます。

几帳面で誠実な星
実行力に長けた秀才

正官

せいかん

実行力の星の「官星《かんせい》」

正官の表すこと

正官は両親に期待されて育てられた人が多く、若いのにしっかりしているとよくいわれます。規則やルールを守り、真っすぐ取り組む一方、潔癖症で細かいことをぐちぐち言う傾向にありますが、的を射ているので、周囲から文句は出にくいでしょう。真面目で温厚なところが買われて目上の人に気に入られる、典型的な優等生タイプといえます。

常識を重んじるため、非常識な人の前では表面上は笑って付き合っても内面は拒否しています。つまり、思ったことを口にせず、上手に立ち回りができる世渡り上手といえます。集中力に長けてはいますが、言われたことしかできない、視野が狭いときがあり融通がきかないこともあるでしょう。

要領がいいので、出来ないと思ったことはしません。誰につくか、何を選択したらいいか、見極める力があり賢いのです。プライドが高いので、地位が上がると威張ってしまう人も。初心や謙虚さを忘れないよう心がけましょう。

恋愛・結婚

男女ともに潔癖症で完璧主義なところがあるため理想は高く、尊敬できる人を強く求めます。自分にない才能を相手に求める、学歴や家柄にこだわるなどエリート意識が高いでしょう。これは、人からどう見られるかなど世間体を気にする側面も影響しています。たまに一目惚れをしたり、自分にないところに惹かれて身勝手な自由人と恋するなどイレギュラーなことも。

仕事・お金

組織内でも自分の役割を責任をもって最後までやり遂げる強さがあります。会社員となれば上司の引き立てによって昇進昇格も早いでしょう。公務員や国家公務員などの官職に向き、命式のバランスにもよりますが、野心があれば政治家もいいでしょう。給料＝評価と考える人。お金の使い方も計画的で財テクも得意です。お得と名がつくものが好きなので、「ポイ活」にも熱心なタイプです。

心身の状態

潔癖症傾向にあり、神経質なところがあるので、精神の病に気をつけましょう。生まれつき持病をもっている人が多い傾向ですが、重たい病ではなく、鼻炎、気管支炎、花粉症などアレルギー体質の人が目立ちます。「金の陰」ですから、呼吸器疾患にも気をつける必要があります。定期健診を続けながら、心肺機能をあげるウォーキングや水泳などを行うのが良いでしょう。

年

親から厳しくしつけられ、先祖の加護も強いでしょう。気品と清潔感のある印象を与えます。

月

社会的な立場に恵まれています。責任をもって与えられた目標や課題を成し遂げるタイプです。

日

礼儀正しく誰に対してもスマートです。恋愛＝結婚の人ですから相手にも誠実で家庭円満でしょう。

時

真面目で勤勉な子どもです。老後はキャリアを活かして社会貢献し、後輩を育てるのも適しています。

知性豊かな星
ひとつのことにとらわれない

偏印

へんいん

知性の星「印星《いんせい》」

偏印の表すこと

探求心があり、好奇心の赴くままに進む人です。偏印は直感や閃きを大切にするタイプで、その道のスペシャリストを目指します。ひときわ異彩を放っていますので、変わった人、つかみどころのない人と周囲から思われているでしょう。

ユニークな発想をもっていますが、「熱しやすく冷めやすい」傾向もあります。どんな環境でも適応できる臨機応変さがあり、そこに面白さを見出します。ふわふわと空に浮かぶ気球のようですが、「これだ！」というものに出会うと地上に降り、探求して形にし、大成功をおさめていく人です。

精神世界が好きな人も多く、本を読んで学び、専門家となりますが、没頭し過ぎると新興宗教や陰謀論にはまりやすい面も。しかし、探究心を巧みに表現できれば教祖になることもありえそうです。独自の視点や世界観があるので、それが神秘的で魅力でもあります。組織には向かないタイプですが、個性を活かせる分野であれば問題ありません。

恋愛・結婚

ミステリアスな雰囲気を放ち、近寄りがたくも気になる人です。自己アピールが得意な偏印の人は美的センスにも優れているので、いつも輝いているイメージです。魅力があり人を惹きつける独特の才能があるのでしょう。熱しやすく冷めやすいので、長続きしないことが多く、いつも「何を考えているのかわからない」といわれがち。相手を不安にさせないようにしましょう。

仕事・お金

医療や薬剤などに興味があれば、研究者や博士になって誰も思いつかなかったものを発明・発見して賞賛されます。医者や看護師もいいでしょう。第六感が優れている人も多いので、占いやスピリチュアルな仕事も適しています。命式の状態にもよりますが、能力を悪く使うか良く使うか、極端に出る人でもあります。お金には無頓着ですが、学べるものには惜しみなく費やします。

心身の状態

感情や気分が一定しないときがあり、俗にいう「メンヘラ」傾向にあります。精神や神経性の病には気をつける必要があります。「水の陽」ですから、家に引きこもらず、太陽を浴びて体を動かすようにしましょう。冷え性の人が多いので、腎機能を高めるために食物繊維の多いものを食べ、甘い飲料やお酒を減らしましょう。女性は子宮筋腫など婦人科系の病に気をつけてください。

年

親は博愛主義で、あなたは干渉の少ない環境で育ちます。不思議な雰囲気のマイペースな自由人。

月

常識にとらわれない思考をもって行動します。自分の理想郷を強く追い求めるタイプです。

日

いつも脳内はアイデアでいっぱいでしょう。異性には執着のないさっぱりとした関係性を好みます。

時

活発に飛び回る元気な子どもです。老後はボランティア活動に勤しみ、健康第一に過ごせば安泰です。

博識の星
気高いシンボルを掲げた賢者

印綬

いんじゅ

知性の星「印星《いんせい》」

印綬の表すこと

幼い頃から賢く、伝統や古いものを好む傾向にあります。祖父母が親代わりだった人も多く、「若いのによく知ってるね」と感心されたこともあるでしょう。本を読むこと、知識を蓄えることが好きで、人にそれを教え伝えることが得意です。わからないことは印綬の人に聞くといいとも言います。

偏印と違うのは、環境の変化や急なハプニングを好まず、すぐに適応できないところです。クールでマイペースですから、安定した環境が向いています。基本的に受け身で、敷かれたレールに沿って進むことが好きです。未知なることに挑戦するのは苦手で、決断力に欠けています。

左脳に寄ると理屈っぽくなり、堅物に見られることもあるでしょう。アナログ派のように見えてデジタルも好み、IT関係で頭角を現す人も多いようです。偏印と同じく、精神世界にも興味が向くので、自然神や神様など目に見えない存在を信じます。その純粋さと情愛が周囲を幸せに導きます。

恋愛・結婚

思いやりがあって優しい人が多いでしょう。紳士淑女で、奥手で受け身傾向にあります。不器用で自己アピールは苦手。悶々《もんもん》と想いをつのらせるタイプでしょう。甘え上手ではありませんが、甘えん坊です。仕事場とプライベートで二面性をもちますが、穏やかな結婚生活を送れるでしょう。男性はマザコン傾向にありますので、相手に母性を求め過ぎるのはやめましょう。

仕事・お金

研究熱心で、医者や医学博士が適職ですが、勤勉さや指導力から学者や教職も向いてます。冷静に判断できる特性を活かした弁護士も良いでしょう。印綬は別名「お坊さんの星」ともいわれていますので、出家や俗世から離れた生活を好む人が多くいます。また、継承や伝承が好きなので、専門分野の道を極めて家元になる人もいます。占いや宗教分野で活躍するのも◎。

心身の状態

疲れを感じていても好奇心が勝っているときは無理に動いてしまいます。それが原因で睡眠不足になり、寝ても疲れがとれないようです。頭痛や耳鳴りや眩《め》暈《まい》といった慢性的な病に悩まされる人も。「水の陰」なので、男性は胆石や泌尿器系の病気に気をつけましょう。女性はむくみやすく体に水毒がたまりやすいので、定期的なリンパマッサージやエステに通うのがおすすめです。

年

親は穏やかな性格で聡明。母方との縁が強いです。相手に安心感を与える雰囲気をもちます。

月

知性を活かした仕事に就くと良く、指導力にも恵まれます。研究者や学者も向いています。

日

自分も相手も高める細やかな気配りがあります。あなたといると癒やされるという人が多いでしょう。

時

思いやりがあり愛情深い子どもです。老後は人によっては出家やスピリチュアルな方面に進むことも。

WORK 9

通変星の傾向をみてみよう

最後にもう一度、通変星の傾向を中心に、命式全体をみてみましょう。
次にあげることが当てはまるかどうか確認してみます。

CASE 1

比肩が3つあると、劫財に転じる？

命式に比肩が3つある人は劫財のもっている社交性やソフトな印象が足されて、比肩の固さや強さが弱まり、角がとれるというイメージです。比肩や劫財が多い人は、さらに独立心が高まるので、会社といった組織のスタイルには向かないでしょう。しかし、中には組織にいながらも頭角を現す人たちもいます。このとき、他の通変星や十二運星（PART5参照）との組み合わせが良い場合に、バランスが良くなります。

CASE 2

劫財が2つ以上あると、波乱万丈な人生を送る可能性が高い？

劫財が2つ以上あり、日干が陽（甲、丙、戊、庚、壬）である場合、これを「敗財《はいざい》」とよぶこともありますが、本書では劫財で統一します。漢字からは、「財運に恵まれない」「財に対して欲張り」という印象を受けそうです。確かに、したたかさをもっていますので、そのような傾向がある人もいますが、肥やしにする人のほうが多いでしょう。

ただ、命式に劫財が2つ以上あると、一代で財産を築きあげても、問題が生じて破産し、借金まみれになることもあります。大きなものを得るということは、大きな損失もあるということ。吉凶が等しくあり、そのふれ幅が大きい人生なので、学びも多く成長につながるためです。

CASE 3

食神を3つ以上もつと傷官となる

食神が多い(3つ以上)と、傷官となります。勘がさらに冴えて、よりクリエイティビティが増しますが、わがままさもアップしがちになるというわけです。基本的に、食神と傷官の人は我慢ができません。反対に、正官や偏官の人は我慢強いのです。どちらが良い悪いではなく、それぞれ適応する環境を選択し、恵まれればそのパワーが活かされるということです。

たとえば、食神があっても、食事に困っている不自由な生活をしている人もいますし、傷官があっても、才能を活かせない人もいます。良い・悪いにとらわれず、活かす生き方を意識しない限り、どんな星のパワーも宝の持ち腐れとなってしまいます。宿命的な要素だけでなく、あなた自身の環境や選択もまた運命を左右するのです。

CASE 4

傷官が2つ以上あると、「傷官美人」ともいわれるが、配偶者を剋する?

「官を傷つける」という字なので、命式に傷官が多いと、配偶者や他者を傷つけるという意味に結びつけられます。「美男美女だけど独身を貫く」「美男美女だからこそ結婚・離婚・再婚が多い」という具合です。しかし、傷官をたくさんもっていても、子沢山で家庭円満な人もいます。ただ一点だけで判断せず、全体をみて読み解いていく必要があります。

CASE 5

偏財が2つ以上あると、両親の離婚・再婚が多い?

偏財は女性の命式にとっては父親、男性の命式にとっては母親となります。偏財が2つ以上あると、両親の離婚・再婚を経験しやすくなります。それによって環境の変化が多くなるでしょう。偏財も正財も、財星が多い人はモテる傾向にあり、浮気心が出やすいともいえます。異性や結婚問題に振り回されやすいということですが、見方を変えて、そこから学びを得てプラスにしようと考えればいいのです。

CASE 6

正財が2つ以上あると、お金へのこだわりが強くなる？

正財は過ぎるとケチ星になります。お金を貯めておくと安心感があっていいのですが、必要出費も節約してしまうと、元も子もありません。またギブ&テイクを相手にも強く求めるので、損得勘定が強調されます。女性であればお財布の紐がかたい、しっかりものの妻ですが、男性だと家庭にお金を入れないというケチくさい難点が表に出やすいでしょう。

CASE 7

偏官と正官が混在すると、浮き沈みが激しい性格に？

偏官と正官が同じ命式内にあると、矛盾したものが混ざって相剋し合うという流れができます。女性にこの命式があると転居や転職が多くなります。また、「官」は男性を表しますので、異性関係が派手になるか、何度も離婚・再婚を繰り返すという可能性があります。なかなかスリリングな人生を歩む人が多い印象です。

CASE 8

男女において、元命(中心星)が傷官の人と、正官の人は相性が悪い？

傷官は「官を傷つける」という意味です。傷官が正官の異性と恋愛に至ると、正官を剋することにつながります。結婚したら、傷官のほうが強く、正官が尻に敷かれるという関係性になるでしょう。しかし、それでもうまくいく家庭もあるので、一概に悪いと言い切れません。一方、偏官と傷官の相性となると、傷官は面倒見のいい偏官に助けられます。同じ「官」でも、相性の判断に差異が出てくるのです。

CASE 9

食神があり偏印があると、倒食《とうしょく》になる？

偏印と食神が命式にそろう場合は、「倒食」といって食神の作用を剋します。陰陽五行バランスでみると、「水の陽」と「火の陽」なので、互いに相反すると見立てることができます。しかし、火が水によって消されると考えるのではなく、この地球に存在する万物は火と水によって成り立っているということを念頭に置いて、見立てなければなりません。

矛盾・相反するものどちらももっているということは、気分の浮き沈みが通常よりも激しい、二面性をもっているということです。それを上手にコントロールできれば、バランスがいいという見方ができるということでもあります。命式に凶星の偏印（P.23）がある＝悪い命式とは言えません。物事は常に陰と陽の循環において交わっているもの。吉凶はどれも互いに影響し合い、支え合っているということを知っておきましょう。

CASE 10

偏印や印綬が2つ以上あると、第六感や霊感が強い？

命式に偏印が2つまたは印綬が2つ以上ある人は、インスピレーションに優れ、手に取るように人の気持ちがわかるでしょう。第六感や霊感が強い人が多く、占いやスピリチュアルの仕事に向いています。神職や僧侶など、俗世から離れてつとめに出る人も、この星が2つ以上あると良いでしょう。ただし、気をつけたい点は、それが妄想なのか思い込みなのかというところです。不確定な世界を扱う場合に、諸刃の剣となることもあるでしょう。

ゆうはん'S ADVICE

通変星の導き方は流派によって異なる

地支に隠れた3つの天干である蔵干は流派によって異なるので、インターネットや書籍によって、導き出した通変星が変わることがあります。

COLUMN 3

私と四柱推命 3

命式を活かすために必要なこと

　占いは、宿命や運命を導き出して終わりではありません。私たちには感情があります。占い結果を素直に受け止められるかどうか、受け止めたとしても、より良くなるほうへ行動できるかどうか、すべては私たちに委ねられているのです。

　私の鑑定では八字の陰陽五行のバランスを最も大切にみますが、バランスが偏っていることがほとんどです。偏りをどう補ったらいいのか。その対策をすることが、占いを活かすということです。中には、陰陽五行のバランスが良いのに自分の命式は良くない！と、悩んでいる人も。命式をみて「この通変星は凶、これは吉」と安易に良い悪いで判断し、そこで歩みを止めてしまっている方も多いように感じます。

　占い師としては、鑑定結果はもちろん、伝え方にも細心の注意を払います。人の運命を扱う仕事は命がけです。遊びではなく診断。診断（鑑定）を間違えて合わない薬（対策）を投与したら、相手の運命はどうなるでしょうか。宿命も運命も人生も完璧な人間はいません。希望を見出せる言葉で感情を揺さぶり、行動につなげられるように促すことが、占いでは大切なのです。

PART 5

もっと知りたい補完星編

ここからは補完星編として、
十二運星と身旺・身弱から
パワーの性質と自我の強弱を
読み解きます。

十二運星から
自我の強弱を読み解く

通変星のもつ
性質の強弱を示す

十二運星とは、日干と各地支から導かれる12種の星のこと。PART４の通変星を補う星ともいえます。通変星と組み合わせて、パワーの強弱や性格をさらに読み解けます。十二運星も導き出して、あなたの宿命・運命をより詳しく読んでみましょう。

次ページにあるように、十二運星は「生まれてから死ぬまでのパワーの循環」を表しています。言葉だけを見ると悪い意味にとらえられるものもありますが､あくまでも時系列としてなぞらえているにすぎません。たとえば、命式に「死」があるとしても、死＝死ぬ、という意味ではないので、誤解しないように気をつけましょう。また、P.170で十二運星のもつパワーを解説しますが、これも「帝旺＝良い」「死＝悪い」というように、単純に言葉の通り判定しないように心がけましょう。

くり返しますが、四柱推命の基本は東洋思想にあります。死は単純に「生まれてから死ぬ」という意味だけでなく、「魂の世界で意識を整えて、また生まれ変わる」という意味合いでもあります。この思想は仏教の輪廻転生に由来し、「はじまりはおわり、おわりははじまり」という「循環」と「諸行無常」の思想を象徴しています。

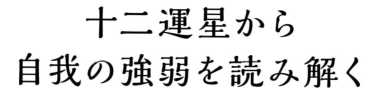

十二運星は「生まれてから死ぬまでのパワーの循環」を表す

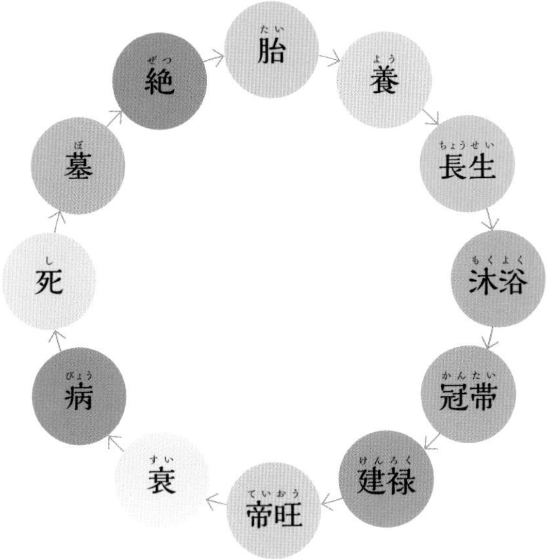

十二運星の意味

胎（たい）……………… 受胎を表します
養（よう）……………… 母胎から栄養をもらいながら育ちます
長生（ちょうせい）……… 誕生します
沐浴（もくよく）………… 産湯で洗われます
冠帯（かんたい）………… すくすくと成長します
建禄（けんろく）………… 社会人となります
帝旺（ていおう）………… 最盛期をむかえます
衰（すい）……………… 還暦をむかえます
病（びょう）…………… 病気にかかります
死（し）………………… 死にます（亡くなります）
墓（ぼ）………………… お墓に入ります
絶（ぜつ）……………… 魂の世界、あの世にいざなわれます

十二運星のパワーと象徴する言葉

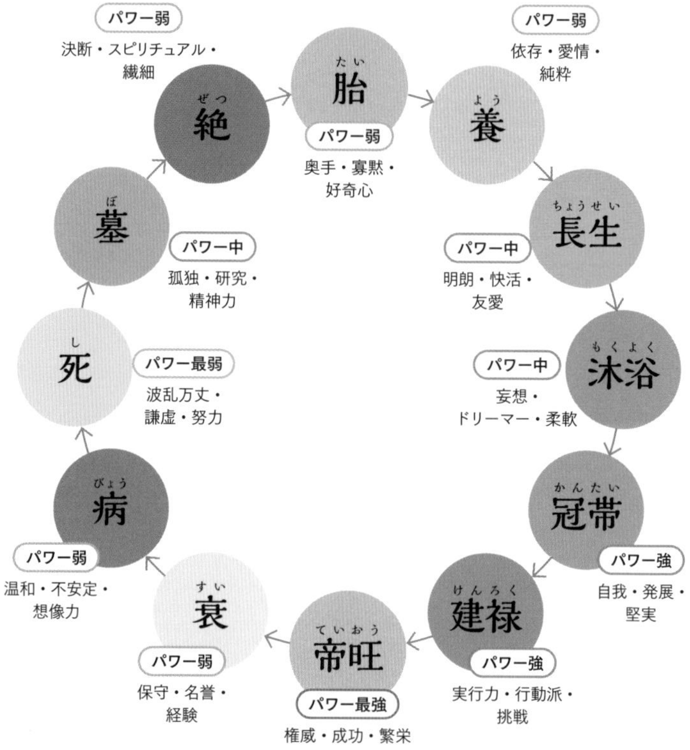

パワー

最強	強	中	弱	最弱
帝旺	冠帯	長生	胎 養	死
	建禄	沐浴	衰 病 絶	
		墓		

WORK 10

十二運星を導き出そう

四柱それぞれにどの十二運星が入っているのか、
パワーをどれぐらい宿しているのかを読み解きましょう。

1 日干と地支から十二運星を導き出す

日干を中心に、四柱の地支との組み合わせで、十二運星を導き出します。

	年柱	月柱	日柱	時柱
天干			日干	
地支	◎	◎	◎	◎
蔵干				
天干通変星				
地支通変星				
十二運星	◆	◆	◆	◆

例）1981年２月８日14時生まれの人

1. P.174の「十二運星早見表」の「丁」の横列から、年支「酉」を見つけ、上を見ると「長生」とあるので、年柱の十二運星は「長生」となる。
2. 「長生」のパワーは、P.170の「十二運星のパワー」を参照すると、「中」となる。
3. 同じようにして、日干「丁」と、月支「寅」、日支「巳」、時支「未」を組み合わせて、それぞれの十二運星を導き出し、パワーも調べて命式に書き込む。

	年柱	月柱	日柱	時柱
天干	辛	庚	丁	丁
地支	酉	寅	巳	未
蔵干	庚	戊	戊	丁
天干通変星	偏財	正財	※空欄※	比肩
地支通変星	正財	傷官	傷官	比肩
十二運星	長生	死	帝旺	冠帯
十二運星のパワー	中	最弱	最強	強

2 十二運星を読み解こう

1 四柱のパワーバランスをみる

強弱が偏らずにバランスよく入っていると吉ですが、すべて弱、もしくは中や強だから凶ということではありません。生まれつきパワーが弱くても努力をすれば実りますし、中くらいでも決断力を身につければ発展に向かいます。逆に、パワーが強くて自我が強烈でも、謙虚さを意識すれば世渡り上手になります。

2「日柱」の十二運星を含めた五行に注目する

四柱どれも大切ですが、初心者はまず「日柱」の十二運星に注目し、日柱の十二運星に当たる星のページ（P.176 ～ 181）を読みましょう。十二運星を導き出す際、日柱の天干を中心に見ました。日柱はあなた自身を表す部分でもありますから、自我の強弱がここでわかるのです。

3 最終的には四柱全体をみる

P.172の例の人の場合

①帝旺の「最強」と死の「最弱」をひとつずつもっていて、あとは「強」と「中」なので、どちらかと言えば、自我の強い人といえます。

②日柱は、干支が丁（火／陰）・巳（火／陰）で、通変星は傷官（火／陰）、そして、十二運星が帝旺（最強／陽）で、「火の陰陽」をもち合わせた人ということです。WORK 1 ～ 11 をまとめると、女性ならば強すぎて、結婚には離縁がつきものとよくいわれていますが、「相手を重んじる・自我をおさえる・謙虚になる」対策をすれば、凶作用が弱まります。男性ならば、これもまた自我が強く、ワンマンタイプで家庭よりも仕事優先となってしまいます。しかし、長所でもありますから、独自の世界観や才能を活かしダイナミックに行動することで成功します。

③年柱「長生」→明朗で快活な幼少期、または両親の教育によってそのような性格に育てられました。
月柱「死」→吉凶混合の波乱万丈な人生ですが、努力次第で実ります。
日柱「帝旺」→独自の世界観や才能を活かしダイナミックに行動することで成功します。
時柱「冠帯」→大器晩成型で体力もあり元気な老後です。子どもは自我が強いでしょう。

十二運星早見表

十二運星／日干	養	胎	絶	墓	死	病	衰	帝旺	建禄	冠帯	沐浴	長生
甲	戌	酉	申	未	午	巳	辰	卯	寅	丑	子	亥
乙	未	申	酉	戌	亥	子	丑	寅	卯	辰	巳	午
丙	丑	子	亥	戌	酉	申	未	午	巳	辰	卯	寅
丁	戌	亥	子	丑	寅	卯	辰	巳	午	未	申	酉
戊	丑	子	亥	戌	酉	申	未	午	巳	辰	卯	寅
己	戌	亥	子	丑	寅	卯	辰	巳	午	未	申	酉
庚	辰	卯	寅	丑	子	亥	戌	酉	申	未	午	巳
辛	丑	寅	卯	辰	巳	午	未	申	酉	戌	亥	子
壬	未	午	巳	辰	卯	寅	丑	子	亥	戌	酉	申
癸	辰	巳	午	未	申	酉	戌	亥	子	丑	寅	卯

◆ あなたの十二運星とパワーを導いてみましょう

	年柱	月柱	日柱	時柱	
天干					WORK 2で導いた八字を書き込む
地支					
蔵干					WORK 7で導いた字を書き込む
天干通変星					WORK 8、9で導いた蔵干と通変星を書き込む
地支通変星					
十二運星			2		
十二運星のパワー					1

1 四柱のパワーバランスをみる

わたしの十二運星のパワーは(　　　　　　)が多く、(　　　　　　)が少ないです。

2 「日柱」の十二運星を含めた五行に注目する

わたしの日干は(　　　　　)、日支は(　　　　　　　　)、
地支通変星は(　　　　　　　　　　)、十二運星は
(　　　　　　　　　　)です。
五行バランスでみると、(　　　　　　　　　　)が多いです。

3 最終的には四柱全体をみる

年柱の十二運星は(　　　　　)→(　　　　　　　　　　　　)です。
月柱の十二運星は(　　　　　)→(　　　　　　　　　　　　)です。
日柱の十二運星は(　　　　　)→(　　　　　　　　　　　　)です。
時柱の十二運星は(　　　　　)→(　　　　　　　　　　　　)です。

01

胎《たい》

はじめてのことにも動じず、恐れない人

パワー弱　奥手・寡黙・好奇心

受胎で宿った命は成長が約束されています。これから待ち受ける運命に対し希望をもって前進する力がありますが、まだ内面に秘めています。好奇心からさまざまなことに挑戦してみたいと思いますが、まだ生まれていない状態を表すことから、なかなか芽が出ないことに悩みます。もどかしさを感じ反発心が生まれやすいのですが、そこを抑え、準備や順序を重んじて行動すれば成長につながります。外面はおとなしく、気配り上手な人が多いでしょう。

02

養《よう》

周囲に助けられてコツコツ頑張れる人

パワー弱　依存・愛情・純粋

母親から養われている状態を表すことから、まだ自力では歩めません。しかし、着々と誕生に向かっています。心穏やかにひとつのことに集中できる人です。主体性がまだ弱く純粋で、物事を見たまま・聞いたまま受けとめます。マイペースなところがあり、決断に至るまで時間かかり腰が重い印象。この星をもっている人は母親との縁が強いか母方の家系を継ぐ傾向にあり、命式によっては両親との離縁、親元を早く離れたほうが成功することもあります。

03

長生《ちょうせい》

心が広く奉仕精神にあふれた人

パワー中　明朗・快活・友愛

誕生は最も陽気が強く、可能性を秘めています。天真爛漫でのびのびとした性格です。ご縁を着実に結び、人間関係も良好でしょう。人が良過ぎるのが難点で板挟みになることもしばしば。年柱にもっている人は長男長女関係なく、家業・家柄を継ぐ傾向にあります。これは「伝統・格式」が象徴としてあるので、両親からの期待や目上の人からの引き立てがあります。流派によって養を誕生、長生を成長期と捉えることがあります。

04

沐浴《もくよく》

純粋で柔軟性があり想像力や感受性も豊かな人

パワー中　妄想・ドリーマー・柔軟

産湯で清められている様子を表します。赤ん坊は喜怒哀楽の波が激しいことから、気分の浮き沈みがあるでしょう。情緒不安定になりやすく、ひとりで悩みを抱えやすいので、人に頼る・委ねることを意識してください。熱しやすく冷めやすい傾向にあり、持続性がないのが難点。器用貧乏にならないためにも、これだ！と思ったものを集中して突き詰めれば実ります。流派によって沐浴を思春期時期ととらえることがあります。

05

冠帯《かんたい》

自我が出つつも、人に親切で可愛がられる人

パワー強 自我・発展・堅実

成長期に入り、教養もしっかりと身についてくることから、礼節を重んじる人が多いでしょう。だんだんと自我が芽生え強まると、好き嫌いがハッキリし、もっともっとと背伸びしたい願望が高まります。よく見られたいことから外見に気を使いますが、内面がまだ同時に追いついていないような様子。それでも真っすぐで正直なので、周囲は優しく見守ってくれます。調子に乗ると人間関係で衝突が起きやすくなりますので、気をつけましょう。

06

建禄《けんろく》

目標に向かい進む現実派で着実派

パワー強 実行力・行動派・挑戦

成人し社会に出ていきます。自立して勢いが増しているので、何事にも積極的に頑張ります。完璧主義な傾向にあり、どんな環境でも臆することなく果敢に挑戦し、目標に向かって邁進します。それに周囲が圧倒されるので、羨望も嫉妬も買いやすいでしょう。あまり深く考えないで行動する人が多くいるので、慎重に計画性をもって実行していくことを意識して。もち前の力を信じて、人の意見に耳を貸すようにすると、運がさらに啓いていきます。

07

帝旺《ていおう》

人を力強く
引っ張るリーダー

パワー最強 権威・成功・繁栄

最盛期を迎えます。さまざまな苦楽を乗り越え、盛りを迎えるわけですから成功といえるでしょう。帝旺が日柱または月柱にある人は経営者の才もあります。仕事運は大吉ですが、強欲・強気が過ぎると、周りは離れていきます。女性が帝旺をもつと、男勝りで仕事は成功しますが、結婚は一生独身か離縁の傾向が高まります。男性は仕事も家庭も成功しますが、家庭をかえりみない可能性がありますので、相手の立場に立って考えるようにしましょう。

08

衰《すい》

安定志向で
おっとりとした人

パワー弱 保守・名誉・経験

栄枯盛衰ともいうように、盛りの後は衰退していきます。一見すると悪いように思えますが、落ち着きを迎えるということ。さまざまな経験を経た上で、世間や流行に流されない独自性を貫きます。頑固なところがありますので、意志を曲げません。そのため多少苦労性の人が多く、自分を後回しにしがち。保守的なのもいいのですが、たまには流されてみましょう。貫禄があるので、実年齢より年上に見られることがあります。

09

病《びょう》

繊細で慎重派で勤勉 神経質な一面もある人

パワー弱 温和・不安定・想像力

心身に変化が現れ、今までの膿を出す状態を表します。リスク回避能力が高く、すぐに相手を信用しません。変化がテーマとなりますので、転居・転職・再婚とも縁があります。変化を強く好む場合、普段は温和なのですが、短気で感情にムラが出やすい人も。ピリピリした気持ちが相手に伝わると、人間関係で摩擦が生まれ、長い付き合いをしにくくなるでしょう。潔癖症の人もいますので、相手にそれを押しつけないように気をつけて。

10

死《し》

相手の気持ちに敏感 思いやりのある人

パワー最弱 波乱万丈・謙虚・努力

寿命を迎えますが、「死して覚る」という言葉があるように、頭脳明晰で先を読む力があります。波乱万丈な人生を歩む人が多いですが、振れ幅が大きいことから得るものも大きくなります。献身的な努力家で、多くの人を助け導いていく指導者になるでしょう。かといっておこがましくなく、謙虚で品がある人です。人に尽くしてばかりいると、気苦労が多くなる一方ですから、ほどほどにしましょう。おしゃれな人が多いのも特徴です。

11

墓《ぼ》

精神力は随一で忍耐力もある人

パワー中　孤独・研究・精神力

死後は墓に入るわけですが、まだこの世とあの世の境で休眠している状態です。おとなしく見られますが、二面性をもっていて、どんな苦境でも耐え忍びながら、乗り越える賢さがあります。インドア派で部屋にこもって熱心に本を読み、勉強し研究することが好き。墓ですから、先祖や両親の墓守を任される人も多くなります。また、墓は財産や蓄財を意味することから、生涯お金に困ることのない星でもあります。遺産相続とも縁があるでしょう。

12

絶《ぜつ》

直感力と発想力が豊かな人

パワー弱　決断・スピリチュアル・繊細

土に還ることで、あの世で来世の準備をしている状態です。陰極まって陽に転じることから、寂しがり屋の楽天家です。矛盾した性質で不安定になりがちですから、ひとりでいるよりも、誰かと一緒にいたほうが運気は向上します。早婚がおすすめ。絶は断絶という言葉があるように、死別や両親との疎遠を経験する人も多いでしょう。出家して仏教の道や、神さまにお仕えする神職に向かう人もいます。目に見えない世界やスピリチュアルに非常に強い関心があります。

パワーの活かし方を示す身旺・身弱

日柱の天干から
エネルギーの強さ・弱さをみる

与えられた宿命や運命を活かすための参考となる指針に、「身《み》旺《おう》」と「身《み》弱《じゃく》」というものがあります。これは生まれつき宿っている生命エネルギーの強弱のこと。「身旺＝強」「身弱＝弱」と言い表します。生まれもった性質を示す日干を「自我」とみなし、それがどの程度、強められているか、弱められているかを判断します。身旺か身弱かというのは、体が強い・弱いという意味ではありません。自我が平均より強いか・弱いかという読み解きです。

命式にとても強い運をもっていても、身弱であれば、最大限に活かせない可能性があると考えますが、その一方で、我を張らずに謙虚でいれば運気を啓くことができるとも考えられます。身旺だから吉、身弱だから凶ということではなく、身弱も吉と転じる場合もあるということです。また、身旺でも凶を増強させる場合があります。

補完星の十二運星でも運気を活かせるか、活かしにくいかを読み解くことができますが、最終的に命式の全体をみる際に、この身旺・身弱は必ず判断します。身旺・身弱の判断や読み解き方は流派によって異なりますが、本書ではいくつかの判定表をP.184に掲載します。

身旺と身弱はタイプが異なる

身旺 →リーダータイプ

日干を強める天干地支が多い人。運が強く能動型だが、運勢の吉凶の落差が激しい。独立・自立心旺盛で、自我は強く勢いがある。自ら改革を進めていく人。堂々としていて、人の上に立つ人も多い。たくましく体力・気力も十分。

身弱 →サポータータイプ

日干を弱める天干地支が多い人。運が弱く受動型だが、運勢の吉凶の落差は小さく安定している。謙虚・献身的な姿勢で自我は抑え、周囲に気を配る傾向がある。人の力を借りて要領よく進める人で、「縁の下の力もち」として活躍する人が多い。

※「身中」といって身旺と身弱の中間で、バランスの良い「0」の場合もある。

ゆうはん'S ADVICE

身旺・身弱の判定方法は流派によって変わる

身旺・身弱で生まれつきの体の強さ・弱さを推し量る流派もあります。生まれつき宿っている生命エネルギーを推し量るのが身旺・身弱ですから、人生を活かすためにも体の強さ、弱さ、強靭、軟弱かを判断するのもいいと思います。なお、身旺・身弱を難しいと感じた方は、自分の生年月日を入力するだけで身旺・身弱を出してくれる無料のWebサイトを活用しても良いでしょう。

WORK 11

1 身旺・身弱を導き出そう

◆日柱の60干支から確認する

60干支のなかに「陽＋陽」または「陰＋陰」で組み合わせられた干支があります。それが命式にあれば、身旺・身弱の判定表を使わなくても、身旺が確定されます。その干支を「八専干支《はっせんかんし》」と言い、以下の８つがそれに当たります。これら８つの干支があなたの日柱に入っているか確認してみましょう。さらに、十二運星の「胎、養、長生、沐浴、冠帯、建禄、帝旺」が日柱にある場合は、かなり強いと判断できます。たとえば、例の人のように日柱が「丁巳」、十二運星に「帝王」が入っていた場合は、自我も運も個性も強烈に強いということです。

八専干支

丙午　壬子　甲寅　乙卯　丁巳　庚申　辛酉　癸亥

◆命式から身旺・身弱を判断してみよう

身旺・身弱判定表

日干	甲・乙	丙・丁	戊・己	庚・辛	壬・癸
①-1 月柱の地支(当旺※)	寅・卯	巳・午	丑・辰・未・戌	申・酉	亥・子
①-2 月柱の地支(次旺※)	亥・子	寅・卯	戊・己	丑・辰・未・戌	申・酉
② 年柱・日柱・時柱の地支	寅・卯	巳・午	丑・辰・未・戌	申・酉	亥・子
	亥・子	寅・卯	巳・午	丑・辰・未・戌	申・酉
③ 年柱・日柱・時柱の天干	甲・乙	丙・丁	戊・己	庚・辛	壬・癸
	壬・癸	甲・乙	丙・丁	戊・己	庚・辛

※自我の働きが強くもなく弱くもない中和状態から、当旺、次旺があると、自我を強める作用が働く。

身旺・見弱判定表であなたの命式の日柱の天干(日干)に、

- **①②③どれかが２つ以上ある場合**
- **①はないが、②③が３つ以上ある場合**

➡ **身旺** （それ以外は身弱）

例）1981年２月８日14時生まれの人

日干「丁」からみて、月柱の地支「寅」が①－２「次旺」で、時柱の天干「丁」が③に当たることから、「身旺」となる。

	年柱	月柱	日柱	時柱
天干	辛	庚	丁	③ 身旺 強める 丁
地支	酉	強める 身旺 寅 ①－2	己	未

2 あなたの命式の身旺・身弱を判定してみよう

	年柱	月柱	日柱	時柱
天干				
地支				

COLUMN 4

私と四柱推命 4

四柱推命の世界は壮大！

四柱推命には、四柱それぞれに天干地支が入り、通変星を含めてさまざまな角度から鑑定ができます。これはとても良いことと感じています。命式の粗探しではなく、導いた結果をそれぞれ補完できる視点を見つけられるからです。

本書は、初心者向けに四柱推命の土台となる思想と、自分の性質を知るという点に絞って解説しています。蔵干をひとつにしぼりましたが、宿った蔵干すべてから陰陽五行バランスを見るのも非常に面白いですし、ほかにも「喜神忌神の用神」「空亡《くうぼう》」「格局《かっきょく》」「特殊星」などの取り上げるべき項目はあります。しかし、情報が多いほど混乱しますし、四柱推命を嫌いになられては困ります…！

まずは自分自身の命式を知り、周囲の人の命式もみられるようになってから、次のステップとして、上記にあげた項目や、運勢（「流年」「大運」の暦という視点から推し量っていく見方）を学ぶことをおすすめします。COLUMN 2の「最初の井戸」を思い出し、八字をみることを徹底してみてください。

PART 6

実際の命式で複合的な読み方をマスター

最後に、ここまでの復習として、
自分の命式をまとめましょう。
また、2つの命式を実占例として解説します。
命式をたくさん読み解くほど、
理解が深まってきます。

自分の命式をまとめよう

PART 5まで、ひとつひとつ順を追って命式を読み取ってきました。
本章では、それらをまとめて命式の鑑定の総論としてみましょう

例）1981年2月8日14時生まれの人

	年柱	月柱	日柱	時柱
天干	辛	庚	丁	丁
地支	酉	寅	巳	未
蔵干	庚	戊	戊	丁
天干通変星	偏財	正財	※空欄※	比肩
地支通変星	正財	傷官	傷官	比肩
十二運星	長生	死	帝旺	冠帯
十二運星のエネルギー	中	最弱	最強	強

POINT

どこか一点だけをみるのではなく、全体図をイメージして俯瞰します。また、なるべく客観視して書き出してみましょう。できるだけ長所を書くのが大切です。短所は対策を補填することを念頭に書き出します。要約することが難しければ、日柱の干支×元命（中心星）を掛け合わせて、ひとつの文章にまとめてみるのもおすすめです。

生まれながらの気品と多くの人を惹きつける魅力をもっています。家柄がよく相続にも恵まれそうですが、両親の離縁を経験することがあるかも。

幼少期は、礼儀作法や教育面で厳しく育てられたようです。明朗でチャレンジ精神旺盛な子ども時代だったでしょう。

若い頃に苦労が多い傾向にあり、波乱万丈な人生を歩みますが、努力次第で大成する運をもっています。独自の世界観や才能を活かし、ダイナミックに行動すれば、その道のカリスマにもなれるでしょう。斬新なアイデアや創作で人を楽しませ、人に尽くすことが好きで、周りにはいつも人が集まってきます。

適職はデザイナー、アーティスト、作家など、皆の心を動かす作品や言葉を創出する仕事がいいでしょう。繊細で神経質な一面もありますので、ストレスを溜め込まないようにする工夫が必要です。

恋愛ではモテますが、意外と一途なタイプです。結婚後も、いい距離感で仕事とプライベートも両立できるでしょう。我を張り過ぎると離縁になりやすいので、異性関係においては特に「負けるが勝ち」を心しておくのが大切です。

子どもは聡明であなたに似ています。

老後は、適度な休養を意識すれば安泰でしょう。

◆ あなたの命式の総論ノート

生まれながらの性質、両親から継いだもの、自分自身のパーソナリティや才能、そして仕事や恋愛の傾向をつかみ、まとめていきます。

	年柱	月柱	日柱	時柱
天干				
地支				
蔵干				
天干通変星			※空欄※	
地支通変星				
十二運星				
十二運星のエネルギー				

鑑定例で復習

とある方の命式と鑑定例を紹介します。ここまでの学びの復習として一緒に読み解いてみましょう。一人目はＡさんと結婚相手の相性占いから結婚生活を円滑にする方法、二人目はＴさんと息子、２世代の命式から息子の才能や適職を知り、未来の教育指針の参考にする方法を探ります。

例１）Ａさん（女性）

Aさんは最近結婚が決まりました。そこで、「この人との結婚生活で幸せになれるか、うまくいくために心がけるといいことは何か？」を知りたいそうです。Aさんと相手の命式をみてみましょう。

Aさん(女性)

	年柱	月柱	日柱	時柱
天干	庚	甲	❶ 庚	辛
地支	午	申	午	巳
蔵干	丁	庚	丁	丙
天干通変星	比肩	偏財	※空欄※	敗財
地支通変星	偏官	正官	❷ 比肩	正官
十二運星	長生	沐浴	建禄	沐浴

結婚相手の人

日柱　丁卯 ❸

日柱の地支通変星　偏印 ❹

結婚生活は、自分の日柱からだいたいのことがわかりますが、相手の日柱もわかるとさらに具体的になります。本書では流年や大運は扱っていませんが、結婚した年の暦の巡りを読み解くこともあります。

☑ 相性のチェックポイント

❶ 日柱の干支

❷ 日柱の地支通変星

鑑定結果

日柱の干支❶をチェック

Aさんの日柱「庚午」❶は目標高く繊細で負けず嫌い、相手の日柱「丁卯」❸は温厚で礼儀正しいタイプです。日干が庚（陽／金）×丁（陰／火）ですから、互いに高め合える関係性で相性も良いです。Aさんがイライラしても、相手が「まあまあ」と癒やしてくれるので、それをバネにまた頑張れるカップルでしょう。

日柱の地支通変星❷をチェック

Aさんの「比肩」❷と相手の「偏印」❹は一見すると、真逆の性質をもっているように見えますが、純粋で真っすぐな性格の比肩が、マイペースで自由人なのんびり屋さんの偏印のサポートをするというイメージです。互いにないところを補い合えるカップルですから、長く一緒に過ごしても、「こんな考えもあるのね！」と新しい発見が常にあります。結婚生活をしていく中で試練があっても、互いに違う観点をもっていることで功を奏することがたくさんあるでしょう。

≪総論≫心がけること

Aさんが一緒に成長し合える相手、切磋琢磨し合える相手を強く望んだ場合、相手の気質ではやや物足りなさを感じるかもしれません。「もっとこうしてくれたらいいのに」と不平不満が出てくることもあるでしょう。結婚生活をうまくやっていくために、その点は互いの協力と歩み寄りでカバーできると思います。また、子どもが生まれると、互いのモチベーションに変化も生まれるのではないかと感じています。

例2）Tさんと息子の命式

親子2世代をみることによって、より引き継いでいる性質や流れに具体性がでてきます。

Tさん（母親）

	年柱	月柱	日柱	時柱
天干	癸	甲	癸	❶ 丁
地支	亥	寅	酉	巳
蔵干	甲	丙	庚	庚
天干通変星	比肩	傷官	※空欄※	偏財
地支通変星	傷官	正財	印綬	❺ 印綬
十二運星	帝旺	沐浴	病	胎

息子

	年柱	月柱	日柱	時柱
天干	❷ 壬	❸ 戊	乙	丙
地支	寅	申	未	戌
蔵干	戊	戊	丁	辛
天干通変星	❺ 印綬	正財	※空欄※	傷官
地支通変星	正財	❹ 正財	食神	偏官
十二運星	帝旺	胎	養	墓

☑ 親のチェックポイント

Tさんにとっての子どもということで、時柱の干支「丁巳」❶を筆頭に総合的に読み解く。

☑ 子どものチェックポイント

- 両親から受け継いだ影響を示す年柱の干支「壬寅」❷を筆頭に読み解く。
- 本人の才能や仕事の傾向を月柱「戊申」❸をはじめ、元命の「正財」❹も加えて読み解く。

鑑定結果

母親の時柱「丁巳」❶をチェック

時柱は母親自身の晩年も表しますが、子どもにおきかえて読んだ場合、「表面はクールでも内面は熱い情熱を燃やすアーティスト気質」な性格です。将来の仕事は「作家、音楽・芸術に関する仕事、デザイナー、相談業」などが合っています。母親の時柱の地支通変星と、子どもの年柱の天干通変星に「印綬」❺があることから、親の賢さを引き継ぎ、非常に頭のいい子と見立てることもできます。

子どもの年柱「壬寅」❷をチェック

年柱「壬寅」から、幼少期はたくさん勉強して賢くなってほしいという親の期待が表れています。壬寅は几帳面さと繊細さを合わせもっていて、干支は違いますが、母親の時柱「丁巳」❶の繊細さが重なっているようです。そのため、Tさんの息子は周囲への配慮もできる繊細で賢くていい子と読めます。ただ、見えないところでストレスを溜めやすいので、息抜きをさせてあげるようにしましょう。

子どもの元命「正財」❹をチェック

才能と仕事は元命「正財」が最も強く影響します。真面目で勤勉、社会性をもち、社会に認めてもらうための努力をしっかりとやります。「財星」はお金と相性が良く、「食うには困らない」人生を歩めるでしょう。将来の適職は元命にある「金融関係や管理職」、月柱の干支戊申❸の「医者、航空関係、学者・博士、研究職、専門職」などが合っています。母親の時柱の丁巳❶の感受性や繊細さ、真面目な勤勉さが追加されることから仕事の選択肢は広そう。文系か理系かでいえば、「文系」よりで、さらに「芸術系」が足されるイメージです。金銭感覚は良いようです。将来が楽しみですね。

≪総論≫教育ポイント

子ども本人は努力家ですから、目的や目標が定まれば、厳しく教育しなくても自主的にやれる子どもと感じます。子どもを親の思い通りにコントロールしようと思わないように。早いうちに、得意分野が自覚できると、将来の方向性がより明確になってくるでしょう。

天干キーワード一覧

甲（きのえ）	積極的、向上心が強い、常に成長や発展をもとめて努力し続ける、素直、曲がったことが嫌い、純朴な心、決めたら一直線、自分にも相手にも嘘をつかない、さっぱりとした性格、表裏がない、好き嫌いがはっきりと出てしまう、誤解を招きやすい、挫折に弱い、苦労が多いほうが成長は望める
乙（きのと）	柔軟性がある、健気、頑張り屋さん、魅力的、周囲を楽しませる、協調性がある、強靭、負けず嫌い、頑固、粘り強い、縁の下の力もち、依存心が強い、しつこい、物事を深く考えない、気持ちの切り替えが早い、逆境に強い
丙（ひのえ）	明るい、楽天的、気持ちの切り替えが早い、物事を難しくとらえない、こだわりが少ない、単純明快、付き合いやすい人柄、要領が良い、フットワークが軽い、ポジティブ、華やかさがある、人気者、人が集まるにぎやかなところが大好き、突っ走ってしまう、さっぱりした性格
丁（ひのと）	ミステリアス、繊細、控えめ、慎重、内側に情熱を秘めている、集中力がある、温厚、ギャップがある、魅力的、二面性がある、温厚そうに見える、見えないところでひたむきな努力をする、情熱を燃やす、意欲的に才能を活かす
戊（つちのえ）	腰が重い、信念が堅い、忍耐強い、カラッとした楽観主義、安定志向、頼られる、信頼性が高い、安心感を与える、上から目線、偉そうにしている、マウントをとりがち、「去る者は追わず、来る者は拒まず」の姿勢を保つ、融通が利かない、堅物
己（つちのと）	愛情深い、優しい、努力家、多芸多才、順応性が非常に高い、適応力が高い、納得いかないことは受け入れない、潔癖、一途、相手に同等の見返りを求める、重たい、穏やか、マイペース、一度決めたことは最後までやり抜く、おせっかいなところがある
庚（かのえ）	人一倍負けず嫌い、常にストイックに自分を磨く、鋭い感性と洞察力がある、即断即決できる意志の強さ、忠実、正義感が強い、主導権を握りたくなる、困っている人がいたら助ける、恩義や上下関係を常に意識、中途半端でマイペースな人は嫌い、好き嫌いが過ぎる、自分の意見を押し通しがち
辛（かのと）	きらきらと輝く、生まれながらの気品、美意識が高い、多くの人を惹きつける魅力、独特な個性と感性がある、常識にとらわれない新しい発想や企画を生み出す、きめ細やか、否定されることが苦手、些細なことで傷つきやすい、自尊心が強い、自分を引き立てる人だけを近くに置きがち
壬（みずのえ）	頭の回転が早い、柔軟性がある、協調性がある、思いやりがある、人の心に寄り添う、すぐに行動する実行力がある、感情の激しさ、刺激を強く求める、環境によって左右されやすい、束縛は苦手、勘が鋭い、物事によっては上手に受け流せる、没頭していると周囲が見えない
癸（みずのと）	正直者、道徳心がある、勤勉、穏やか、うまくいかないと悲観的になる、感受性が豊か、芸術・音楽面で才能を発揮する、イマジネーションが過ぎると妄想過多、精神を患いやすい、傷つくことが怖い、自分より他者を優先してしまう、自己犠牲型が多い、内面に悩みや不満を溜めやすい

地支キーワード一覧

子（ね）	用心深い、厳格、冷静、着実、クール、忍耐強い、温厚、ひたむきな努力家、頭脳明晰、感が鋭い、几帳面、純粋
丑（うし）	忍耐力がある、粘り強い、ひたむきな努力家、おとなしめ、クールな印象、結果を急がない、水面下で頑張る、精神力が強い
寅（とら）	向上心が強い、負けず嫌い、行動力がある、決断力が旺盛、理想や目標に向かい邁進するパワーがある、主導権を取りたがる
卯（う）	公平に優しく接する、頼られることが多い、積極的、柔軟性がある、思い通りにしたいという気持ちが強い、寛容そう、わがまま
辰（たつ）	信念が堅い、威厳がある、面倒見が良い、自己主張が強い、怒らせると大変、無駄なことはしない、諦めが早い、神秘的、モテる
巳（み）	ミステリアス、品がある、魅力的、存在感がある、目立つ、内側に情熱を秘めている、執着心が強い
午（うま）	大胆、勇気がある、好奇心旺盛、楽しい、明るい、開拓者、存在感がある、優雅、目立つ、好き嫌いがはっきりしている、嘘がつけない
未（ひつじ）	心が広い、柔軟、カラッとした性格、争いは好まない、平和主義、包容力がある、人情家。安定志向型、無理はしない、消極的
申（さる）	頭脳明晰、内側に改革心を秘めている、計画的、計算高い、器用、職人気質、陽気、温厚、思い切った行動に出る
酉（とり）	頭の回転が早い、英明、早とちり、おっちょこちょい、信念が強い、発想力が豊か、想像力が豊か、個性的、独創的、芸術家気質
戌（いぬ）	不安定、とらえどころのない性質、誠実、義理人情を重んじる、頑固、我慢強い、持久力が随一
亥（い）	活発、世渡り上手、純粋、傷つきやすい、繊細、柔軟性がある、表現力がある、たくましい

60干支キーワード・向いている職業(ジャンル) 一覧

◎は向いている職業やジャンル

1 **甲子** (きのえね)	向上心が強い、即断即決する、知性豊か、頭の回転が速い、直感に従う、独立心旺盛、意志が強い、周囲のことをあまり考えない、曲がったことが嫌い、強い正義感、繊細、長く根にもつ、相手を振り回しがち、学問・語学・芸事に才がある、ロマンチスト、純粋、慎重派、楽天家 ◎専門職、音楽や芸術に関する仕事、ファッションデザイナー、モデル
2 **乙丑** (きのとうし)	地道、大器晩成、穏やか、おとなしい、芯が強い、気配りする、好き嫌いがはっきりしている、コレクター・オタク気質、知的、人のサポートをすることが得意、忍耐強い、温厚、意思が強い、石橋を叩いて渡る慎重派、新しい環境になじむのが苦手、堅実、勉強熱心 ◎会社員、事務職、教育関係、トレーナー、造園業
3 **丙寅** (ひのえとら)	陽気、わくわくすることが大好き、好きなことに情熱を注ぐ、嫌いなことには一切興味がない、表裏のない性格、一緒にいると楽しいと感じさせる、人間関係のバランスが上手、素直、従順、まとめ役、太陽のように明るい、前向き、人気者、非常にプライドが高い ◎サービス業、教育関係、コーチ業、アパレル関係
4 **丁卯** (ひとのう)	物腰がソフト、人当たりが良い、勘が鋭い、頭脳明晰、クール、優しい、知的好奇心のおもむくままに進む、個性的、自分の世界観が強い、礼儀正しい、分析力に長けている、協調性がある、社交家、繊細、優しい、大胆な一面がある、色気がある、好奇心旺盛、熱しやすく冷めやすい ◎研究職、税理士、設計士、デザイナー、美容関係、秘書
5 **戊辰** (つちのえたつ)	リーダー気質、物おじしない、我が道を貫く、自由人、自信家、偏屈、精神力が強い、たくましい、頑固、親分肌、推進力がある、周囲を引っ張っていく力がある、他人に厳しい一面がある、自分に甘くしない、色気がある、存在感がある、堂々としている、短気なときがある ◎サービス業、美容関係、エステティシャン、ネイリスト
6 **己巳** (つちのとみ)	多芸多才、器用、頑固、束縛が嫌い、集中して周りが見えなくなる、譲らない自我がある、プライド高い、負けず嫌い、逆境に強い、ひたむきな努力家、面倒見が良い、要領がいい、立ち回りが上手、自分の魅せ方が上手、愛情深い、親しみやすい風貌、家庭的な面もある ◎管理職、研究職、分析関係、医療従事者、葬儀関係
7 **庚午** (かのえうま)	努力家、繊細な神経、直感が冴えている、敏感、気遣い上手、負けず嫌い、攻撃的、まっすぐ、明るくさっぱりしている、単純、ぶれない強さがある、好奇心が強い、迷いが多い、エネルギッシュ、とがって目立つ、刺激を常に求める、改革精神がある ◎営業職、管理職、警察官、弁護士、法務関係

8 辛未 （かのとひつじ）	情報に敏感、知性豊か、物知り、素朴、控えめ、情熱的、わがまま、博識、引っ込み思案、無口、大人しい、自己主張の少ないタイプ、物事の判断力が高い、情に厚い、温厚、頑固、発想力が豊か、商才がある、かなり心配性、お世話好き、ファンタジーな世界観が好き ◎サービス業、ボランティア関係、福祉・介護業、文筆業
9 壬申 （みずのえさる）	秀麗、華やか、好奇心旺盛、流行に敏感、お喋りが大好き、人当たりが良い、愛嬌がある、神経質、潔癖症、学習意欲・知識欲が高い、情報をまとめるのが苦手、洞察力に優れている、ムードメーカー、お調子者、一か所にとどまらない、包容力がある、主張が強い傾向 ◎企画・開発業、営業職、エンジニア、マスメディア、サービス業
10 癸酉 （みずのととり）	気配り上手、親切、苦労人、忍耐強い、洞察力に優れている、想像力に長けている、責任感が強い、多才、感性が鋭い、策略家、世渡り上手、行動力がある、目的を貫徹する意識が強い、親切、世話好き、気分屋、バランス感覚に優れている、人当たりが非常に良い ◎商品企画、プランナー、芸術・芸能関係、推理作家、弁護士
11 甲戌 （きのえいぬ）	思いやりがある、節約家、人間味がある、温かい、保守的、合理主義、無駄が嫌い、ケチ、好き嫌いが激しい、本音を隠しがち、世話好き、理想を追い求める完璧主義者、プライドが高い、多趣味多才、交際範囲が広い、無口、大人しい、慈悲深い、面倒見が良い ◎経営者、管理職、伝統に関わる仕事・職人、造園業、福祉・介護職
12 乙亥 （きのとい）	困難に負けない、一度決めたことは揺るがない、柔軟性がない、先を読み取る力がある、堅実、現実主義、頭が良い、集中力がある、機転が利く、取り越し苦労をしやすい、センスが良い、注目されることが多い、ちょっとしたことで落ち込みやすい、忍耐力がある、好き嫌いが激しい、頑な ◎企画・開発業、薬剤師、公務員、土木関係、プロデューサー
13 丙子 （ひのえね）	感性豊か、奉仕精神旺盛、聡明、自分よりも相手を重んじる、人のため尽くす、自分のことを後回しにしがち、大胆さと繊細さの二面性をもつ、情熱と冷静さをもつ、実直、前向き、強引、融通が利かない、客観的にみれる、興味があることには細かな配慮がきく ◎俳優、音楽や芸術に関する仕事、ファッションデザイナー、モデル
14 丁丑 （ひのとうし）	温厚、聞き上手、内面にほのかな情熱を秘めている、感情を押し殺す、ストレスを溜めやすい、人の痛みがよくわかる、夢見がち、マイペース、のんびり屋、控え目、落ち着いている、引っ込み思案、堅実、人に合わせることが得意、臨機応変、独創的、豊かな感受性 ◎研究職、事務職、エンジニア、プログラマー、広告代理店、相談業
15 戊寅 （つちのえとら）	明るい、さっぱりとした人柄、機敏、向上心がある、プライドが高い、リーダーの資質がある、貯金が苦手、浪費家、サバサバしている、楽観的、人の見えないところで努力をするタイプ、素直、品がある、お世辞を言えないタイプ、精神的に強い、器が大きい ◎営業職、専門職、コンサルティング業、リサイクル業

16 **己卯** （つちのとう）	細かい点に気がつく、サポート役、優しい、献身的、正義感が強い、神経質、礼節がある、約束を守り抜く、気遣いに長けている、相手に尽くし過ぎる、自分の信念をしっかりもっている、精神が強い、協調性がある、争いが嫌い、溜め込みやすい、平和主義 ◎企画・開発業、マスメディア、エンジニア
17 **庚辰** （かのえたつ）	面倒見が良い、統率力がある、鋼の意志をもつ、着実、賢く立ち回れる、ただいるだけで目立つ、言葉に角が立つ、偏屈、行儀が良い、物静か、品がある、争いごとを嫌う、人の評価を気にする、慎重派、プライドが高い、信念がある、改革派、冷静沈着な面もある ◎公務員、管理職、経営者、リーダー職
18 **辛巳** （かのとみ）	ミステリアス、妖艶、明るい、サバサバとした性格、謎めいた魅力がある、勤勉、ストイック、ファッションやメイクなどおしゃれが好き、感情の浮き沈みが激しい、イライラしがち、気まぐれ、優柔不断、繊細、華やか、品がある、洗練された美しさをもつ、体力がない ◎専門職、技術職、金融関係、自動車関係、美容関係
19 **壬午** （みずのえうま）	自然と目立つ、夢見がち、飾り気がない、目立ちたくない、能天気、想像力が豊か、仕事を優先しがち、多芸多才、幅広い視野をもつ、大胆な行動に出るところがある、瞬発力がある、行動力がある、霊感が強い、危機察知力に長けている、リーダーシップがある ◎研究職、自由業・フリーランス、スポーツ関係、エンターテイメント系
20 **癸未** （みずのとひつじ）	親切、疑い深い、恨みが強い、ずっと根にもつ、トラブル嫌い、目立つことは苦手、相手に合わせる、サポートが得意、感受性豊か、ソフトな印象、慎重、慈悲の心にあふれている、色気がある、チャーミング、穏やか、面倒見が良い、誤解をされがち ◎事務職、サポート業、教育関係、水産業、接客業
21 **甲申** （きのえさる）	気まぐれ屋、知的、記憶力が良い、頭が切れる、理屈が多い、うんちく屋、思い立ったら即行動、移動が多い、一定しない気質、どんなことも恐れない、真面目、信念が堅い、才能豊か、マルチな才能をもつ、頭脳明晰、頭が良い、自由人、曲がったことは嫌い ◎サービス業、芸人、職人、接客業全般
22 **乙酉** （きのととり）	安心感がある、穏やか、サポートすることに長けている、自己犠牲型、献身的、頑張り屋さん、無理をし過ぎ、本音を隠しがち、相手に尽くし過ぎる、親切、ソフトな雰囲気をもつ、自我が強い、向上心がある、素直、裏表がない、感性が鋭い、人のプライバシーに踏み込まない、人との距離感の取り方が上手、光り輝くオーラをもっている ◎研究職、医療従事者、カウンセラー、お花や植物に関係すること
23 **丙戌** （ひのえいぬ）	のんびり屋、内面に野心を秘めている、個性豊か、周囲をほっとさせる、商才がある、夢見がち、理想が高い、ひとり時間が好き、社交的、圧倒的な存在感がある、カリスマ的な魅力がある、協調性がある、グループ行動が好き、活気が好き、華やかで煌びやかな世界が好き ◎保育士、料理関係、自由業・フリーランス

24 **丁亥** （ひのとい）	楽天家、切り替えが早い、冷静、動じないタイプ、物事をフラットに見渡せる、几帳面、感性豊か、細やか、職を転々とする、ふらふらしがち、大器晩成、束縛を嫌う、鋭い感受性をもつ、気分屋、考え方が定まりにくい、真っすぐ、マルチな方面で才能を発揮できるタイプ、気持ちの浮き沈みが激しい ◎薬剤師、相談業、カウンセラー、娯楽関係、カメラマン
25 **戊子** （つちのえね）	大物の風格がある、正義感が強い、冗談がきかない、歯に衣着せぬ発言をする、気が小さい、遠慮のない物言いをしがち、自分に正直、直観力に優れている、現実主義、真面目な努力家、面倒見が良い、気分にムラがある ◎芸人、声優、モデル、インフルエンサー、公務員、管理職
26 **己丑** （つちのとうし）	野心家、本音と建て前を使い分ける二面性がある、外面が良い、愛想が良い、温厚、面倒見がいい、内面に激しい想いを秘めている、欲深い、賢い、計算が早い、自由人、影の努力家、飄々として見える、堅実派、コツコツやることが得意、親しみやすい風貌、縁の下の力持ち ◎会社員、事務職、総務や経理、土木関係、FP や会計士・税理士
27 **庚寅** （かのえとら）	教養がある、無駄が嫌い、負けず嫌い、姑息なことはしない、小さなことにこだわらない、大らか、情にもろい、思いついたら即行動、周囲の話を聞かない、器用貧乏、天邪鬼、高い理想をもつ、夢やロマンを追い求める、理想へのあこがれが強い、果敢に挑戦するチャレンジャー、マメ、細やかな気遣いができる、誤解を受けやすい、義理人情に厚い、とことん前に進む、進化することをやめない、強いバイタリティ、困っている人を助けようと尽くす ◎社長、経営者、投資家、金融業、税理士
28 **辛卯** （かのとう）	気品がある、礼儀正しい、人あたりが良い、人を喜ばせることが好き、交友関係が広い、気分や行動にムラがある、情緒不安定、美しいもの・きらきらとしたもの・可愛いものが好き、繊細、控えめ、品が良い、オーラがある、愛情深い、心豊か、穏やか、親切を押しつけがち ◎保育士、ボランティア関係、教育関係、福祉・介護業、天然石や宝石に携わる仕事、デザイナー
29 **壬辰** （みずのえたつ）	器が大きい、頼れる、物腰が柔らかい、堂々としている、寛大、面倒見が良い、相談事・交渉事に長けている、情にもろい、古風、穏やか、闘争心が強い、勝負にこだわる、プライドが高い、感情的、頭の回転が速い、努力家、勉強熱心、ユニークな発想ができる、苦労を背負いやすい気質 ◎学者・博士、研究職、医療従事者、薬剤師
30 **癸巳** （みずのとみ）	柔軟性がある、さっぱりとしている、素直、飾らない、自然体、洞察力がある、したたか、要領がいい、生まれつき心身が弱い、気が多い、浮気性、飲み込みが早い、同じことを続けるのが苦手、興味あることは継続できる、礼儀・マナー・道徳を重んじる ◎自由業・フリーランス、音楽・芸術に関する仕事、デザイナー
31 **甲午** （きのえうま）	明るい、強靭、完璧主義者、強面、気さく、飾らない、話し上手、快活、親しみやすい、嘘は嫌い、調子に乗りやすい、純粋、見返りを求めない、奉仕精神が強い、リーダー気質、いつも人の輪が絶えない、役に立ちたい、正義感が強い、いつも休む暇なく動いている（働いている） ◎医療従事者、ボランティア関係、秘書・補佐、薬剤師

32 乙未 （きのとひつじ）	交際・交渉上手、明朗、華やか、情熱家、努力家、温和、忍耐強い、疲れやすい、意固地、周囲を疲れさせてしまう、人に頼ることが苦手、地味、弱々しさがある、しぶとい、頑張り屋、おっとりしている、合理的、柔軟性あり、分け隔てなく付き合える ◎貿易業、海外に関する業務、マスメディア、建築業
33 丙申 （ひのえさる）	冒険心がある、陽気、情熱家、独自の才能がある、新しいこと・刺激的なことが好き、無謀、チャレンジ精神がある、せっかち、海外と縁がある、渡り上手、計算高い、想像力豊か、固定観念にとらわれない、しなやか、天真爛漫、周囲を勇気づける、遊ぶことが好き ◎サービス業、営業職、広告代理店、娯楽関係、ジャーナリスト、専門職
34 丁酉 （ひのととり）	内面に情熱を秘めている、平和主義者、優しい、癒やしの雰囲気がある、表面は冷静だが内面は情熱家、上昇志向が強い、カリスマ性がある、反骨精神、賢い、計算高い、思い立ったら即行動派、アグレッシブ、周りの人の感情に左右されやすい ◎経営者、投資家、不動産、コンサルティング業、フォトグラファー
35 戊戌 （つちのえいぬ）	腹がすわっている、しっかり者、大らか、勤勉、地道な努力家、大器晩成型、威張りがち、質素倹約タイプ、文才がある、弁論能力が高い、負けず嫌い、プライドが高い、精神力が強い、自分の意思をしっかりもっている、コツコツ頑張る、努力家、堅実、面倒見が良い、人に頼られることに喜びを感じる ◎作家、コメンテーター、土木関係、職人、製造業、設計士、葬儀関係
36 己亥 （つちのとい）	人と違う着眼点がある、知恵者、真面目、知性がある、クール、言葉がきつい、取っつきにくい、言葉足らず、奥ゆかしい、自己主張しない、波風を立てることを嫌う、強い依存心とこだわりを秘めている、プライドが高い、自我が強い ◎保育士、看護師、福祉・介護業、栄養士
37 庚子 （かのえね）	頑固、柔軟性がある、面倒くさいこと・複雑な状況が嫌い、頭脳明晰、勉強熱心、感性豊か、勘が鋭い、好き嫌いがはっきりしている、気分にムラがる、立ち直るのに時間がかかる、苦労を抱えやすい、意志が強い、ブレない、誤解を生みやすい、集中力がある、目立ちたがり屋な側面あり ◎俳優、演出家、脚本家、経営者、インフルエンサー
38 辛丑 （かのとうし）	純真、頑固、天真爛漫、「去る者は追わず来る者は拒まず」「なるようになる」精神、ポジティブ、無邪気、我欲を押し通しがち、わがまま、気品がある、穏やか、大器晩成型、温厚、腰が低い、人当たりが良い、保守的、約束は必ず守る、信頼に厚い、プライドは少々高め ◎公務員、専門職、総務・経理、秘書・補佐
39 壬寅 （みずのえとら）	几帳面、繊細、勉強家、心優しい、穏やか、柔軟性がある、細やかな気配りができる、細密な業務に長けている、配慮上手、八方美人、ストレスが溜まりやすい、言葉が率直、筋を通す有言実行タイプ、多くの才能に恵まれている、マルチタスク、周囲から嫉妬されがち、ピュア、素直、駆け引きが苦手 ◎企画・商品開発、WEB デザイナー、映像や音響関係

40 **癸卯** （みずのとう）	純朴、献身的、優しい、責任感が強い、手際が良い、「縁の下の力持ち」タイプ、感受性が強い、相手の気持ちがよくわかる、お節介、神経質、細かいことに目が向く、現実的、堅実、温和、物腰が柔らかい、社交性がある、優しい、気遣い上手、冷静、順応性が高い、責任感が強い、几帳面、家族思い ◎清掃・クリーニング関係、飲食関係、インテリアコーディネーター
41 **甲辰** （きのえたつ）	理想が高い、努力家、素直、気さく、ビッグマウスと思われがち、ヒステリー気質、上から目線になりがち、理想の高い勉強家、強い向上心、妥協を許さない、何事も全力で取り組むタイプ、疲れを溜めこみやすい、曲がったことは嫌い、正義感が強い、気分にムラがある ◎国家公務員、政治家、パイロット、自由業・フリーランス、宗教家、カウンセラー、娯楽関係
42 **乙巳** （きのとみ）	粘り強い、頑張り屋、明るい、元気が良い、周囲を和ませる、感性豊か、表現力・想像力が優れている、感情の起伏が激しい、周囲を振り回しがち、海外との縁がある、前向き、活動的、何事もスピーディーに動く、向上心がある、情熱家、衝動的な行動をしやすい ◎弁護士、税理士、総務・経理、美容関係、フラワーアレンジメント
43 **丙午** （ひのえうま）	大らか、細かなことは気にしない、周囲のために尽くす、質素倹約、自尊心が高い、相手の話は聞かない、運が良い、世渡り上手、偉そうに見られる、逆境に負けない芯の強さがある、パワフルな行動力がある、サッパリとした気性、他人に対して厳しいところがある ◎芸人・芸能人、作家、画家、音楽・芸術に関する仕事
44 **丁未** （ひのとひつじ）	人を楽しませることが好き、社交家、聡明、弁が立つ、発想力豊か、思慮深い、大器晩成型、妥協をしない、着実、知的で理論派、話し合いが好き、大人しそうに見えるが意志は強い、かなりの不安症・心配性傾向あり、神経質さが過ぎると情緒不安定になりがち、明朗、ポジティブ、波乱万丈 ◎漫画家、芸術家、学芸員、デザイナー、ネイリスト
45 **戊申** （つちのえさる）	マイペース、のんびり屋、素直、明るい、周囲を楽しませる、読書や研究が好き、物思いに耽りがち、手先が器用、頭脳明晰、自分本位になりがち、独りよがりになり過ぎ、マザコン・ファザコン、懐が深い、子どもっぽい、正義感が強い、反骨精神がある、倫理的、現実的、夢を語るロマンチスト ◎医者、航空関係、学者・博士、研究職、専門職
46 **己酉** （つちのととり）	冷静沈着、現実思考型、社交家、雄弁、分け隔てなく接する、優しい、人当たりが良い、文系理系どちらも得意、開拓精神が旺盛、金運が良い、ストイックになり過ぎる、自分の意見や気持ちをハッキリ伝える、胃に疲れが溜まりやすい、過労に気をつける、縁の下の力持ち ◎公務員、消防士、警察官、教育関係
47 **庚戌** （かのえいぬ）	意志が強い、負けず嫌い、大人しそう、正義感が強い、礼儀を重んじる、筋が通らないことは嫌い、真面目、着実、保守的、攻撃的、引っ込み思案、内面に熱い闘争心をもっている、物静か、途中で投げ出すことはしない、融通が利かない、ストレスを溜めやすい、誠実な人柄 ◎経営者、芸人、ファッションデザイナー、俳優

48 辛亥 （かのとい）	不思議な魅力がある、スター性がある、表裏がない、素直、堂々とした威厳がある、人に従って生きることが苦手、霊感が強い、敏感、発想力豊か、芸術的なセンスがある、おしゃれ、人目を惹く、浪費癖がある、自信があり過ぎる、目立つ、行動力抜群、集中力がある ◎カウンセラー、占い師、美容関係、エステティシャン、モデル、スポーツ関係
49 壬子 （みずのえね）	独立精神旺盛、わが道を行くタイプ、クール、威厳を感じさせる、大らかな包容力をもつ、周囲を巻き込みがち、斬新な発想力がある、経営者の器、責任感が強い、親分・姉御気質、ワンマンになりがち、細かなところにまでよく気がつく、広い視野をもつ ◎営業職、貿易業、海外に関すること、生産・製造業
50 癸丑 （みずのとうし）	強い意志がある、勤勉家、外柔内剛型、根は頑固、保守的。大人しい、「変わり者」とみられがち、直感と閃きに優れている、影で努力をするタイプ、真理や哲学の思想に耽りがち、物腰柔らか、行動力がある、自分に厳しい、努力家、勉強家、自分のペースを守る、信念を貫き通す ◎サービス業、相談業、宗教家、WEB デザイナー
51 甲寅 （きのえとら）	着実、現実思考型、ポジティブ、いつも明るい、素直、堂々としている、知的、安心感がある、信頼性がある、人情深い、相手に小言を言いがち、真面目、完璧主義者、曲がったことが嫌い、人に頼ることが苦手、自意識が強い、頑固、周囲と合わせる力がある、人の思いつかないアイデア能力がある ◎マスメディア、広告代理店、プロモーション関係、自由業・フリーランス
52 乙卯 （きのとう）	純粋、繊細、若々しい、芯がしっかりしている、楽しいことや情報に敏感、ストイック、打たれ弱い、甘えん坊、控え目、受け身、温厚、協調性が高い、芯が強い、一度決めたことはやり遂げる忍耐強さがある、コツコツと努力するタイプ、ムードメーカー、柔軟 ◎プログラマー、映像や音響関係、漫画家、画家、華道家
53 丙辰 （ひのえたつ）	いつまでも子ども心を忘れない、自由人、開放的、束縛が嫌い、いつも好きなことをしている、感性が鋭い、頭の回転が速い、知性豊か、熱しやすく冷めやすい、自分を表現することが好き、年を重ねても若々しい、社交的、流行に敏感、行動力がある、周りへの影響力が強い ◎天文に関する分野、音楽・芸術に関する仕事、広告代理店、マスメディア
54 丁巳 （ひのとみ）	カリスマ性がある、穏やか、激しい情熱をもつ、親しみやすい人柄、分け隔てなく接する、理想が高い、集中力に優れている、チャレンジ精神旺盛、聡明、研ぎ澄まされた感性、アイデア精神旺盛、アーティスト気質、神経質、短気、孤高に寄り過ぎがち、器用貧乏、クール、温厚、思いやりや温かみがある、人当たりが良い、見えないところでの努力を重ねる ◎作家・漫画家、音楽・芸術に関する仕事、デザイナー、相談業

55 戊午 （つちのえうま）	度量が大きい、情熱家、現実的、信念が強い、信頼が厚い、「怒らせたら怖い」「話しかけにくい」と思われがち、理想が高い、「上から目線」になりがち、説得力のある物言い、大らか、穏やか、熱い闘争心をもつ、頑固、努力家、勉強家、難題を大胆に超えていく力がある ◎自由業・フリーランス、土木関係、不動産関係、畜産関係
56 己未 （つちのとひつじ）	明るい、さっぱりとしている、大人しい、誰に対しても親切、共同•協力が好き、仲間たちとわいわいすることが好き、真面目、努力家、頭が良い、知的で理論派、理屈屋、現実的、責任感が強い、我慢強い、人に頼ることが苦手、愛情深い、情にもろいので騙されないように ◎派遣や人事関係、相談業、カウンセラー、秘書・補佐
57 庚申 （かのえさる）	義理堅い、アイデア精神旺盛、クール、感情豊か、人徳がある、一途、ストレートな性格、優れた直観力がある、独立心旺盛、一本気、周りが見えずに暴走しがち、向かい風でも諦めない、自分の道を貫く行動力がある、粘り強い、自己主張は強い、皆を楽しませたい ◎会社員、リーダー業、管理職、金融関係
58 辛酉 （かのととり）	洗練された雰囲気がある、華やか、上品、教養がある、プライドが高い、意固地、「お高くとまっている」と見られがち、冷静、柔軟性がある、頭脳明晰、センスが良い、面倒見が良い、信頼性が厚い、純粋な感覚をもつ、他の人から理解されにくい、完璧主義、器量が良い、家柄が良い、美形、モテる、浮世離れしている、教育熱心、親切、世話好き ◎経営者、教育関係、マスメディア、娯楽関係
59 壬戌 （みずのえいぬ）	心が広い、純粋、真面目、面倒見が良い、サポートが得意、若い頃に苦労が多い、大器晩成型、自分で抱えがち、器が大きい、多才、行動力がある、穏やか、人当たりが良い、実直、マイペース、無頓着、礼儀・マナー・道徳心がある、どこにいっても通用する、信頼が厚い ◎会社員、総務・経理、学者・博士、研究職、交渉関係の仕事
60 癸亥 （みずのとい）	二面性がある、クール、快活、自分を高めるための努力は惜しまない、計画性がある、頭の回転が速い、洞察力がある、環境適応能力が抜群、感情の起伏が激しい、思い込みが激しい、純粋、一途、心配性、周囲に適応して生きていくタイプ、高いポテンシャルを秘めている ◎専門職、教育関係、技術職、ライター・文筆業

用語辞典

四柱推命でよく使う言葉を
一覧にまとめました。

干合《かんごう》

陽の天干と陰の天干が合わさり、五行の星を生じること。
甲(陽)＋ 己(陰)＝ 土
乙(陰)＋ 庚(陽)＝ 木
丙(陽)＋ 辛(陰)＝ 火
戊(陽)＋ 癸(陰)＝ 水
丁(陰)＋ 壬(陽)＝ 金

干支《かんし》

十干(天干)と十二支(地支)の組み合わせ。60種類あり60干支ともいう。

空亡《くうぼう》

空を亡くすと書いて、天のパワーを授かれない状態を表す。別名：天中殺《てんちゅうさつ》、大殺界《だいさっかい》など。

元命《げんめい》

月柱の地支通変星のこと。中心星または宿命星ともいう。あなたの運命の中心となる星を表している。

三刑《さんけい》

地支を剋《こく》する3つの関係。「寅×巳×申、丑×未×戌、子×卯」。

三合《さんごう》

十二支(地)の陽・陰同士が3つずつ合わさり、強力な五行の星を生じること。
亥(陰)＋ 卯(陰)＋ 未(陰)＝ 木
寅(陽)＋ 午(陽)＋ 戌(陽)＝ 火
巳(陰)＋ 酉(陰)＋ 丑(陰)＝ 金
申(陽)＋ 子(陽)＋ 辰(陽)＝ 水

自刑《じけい》

十二支（地支）の組み合わせのうち「辰×辰、午×午、酉×酉、亥×亥」が命式の中で重なり合うと、自らを剋すことから悪い方向へと進みがちで、不注意が多くなる。

支合《しごう》

十二支（地支）の組み合わせによって、互いに良い影響を及ぼすこと。
子＋丑＝水
亥＋寅＝木
戌＋卯＝木・土
酉＋辰＝土・金
申＋巳＝金
未＋午＝火

七冲《しちちゅう》

冲《ちゅう》、または相冲と呼ぶことも。十二支（地支)の真向かいにある相対する組合せ「申×寅、巳×亥、子×午、卯×酉、丑×未、辰×戌」を示す。互いに衝突、分離、変化が生じる関係を表す。

十干《じっかん》

別名、天干。天の気を10の干で表している。「甲《きのえ》・乙《きのと》・丙《ひのえ》・丁《ひのと》・戊《つちのえ》・己《つちのと》・庚《かのえ》・辛《かのと》・壬《みずのえ》・癸《みずのと》」の10種類。

十《じゅう》二《に》運《うん》星《せい》

命式を補完する「胎《たい》・養《よう》・長生《ちょうせい》・沐浴《もくよく》・冠《かん》帯《たい》・建禄《けんろく》・帝旺《ていおう》・衰《すい》・病《びょう》・死《し》・墓《ぼ》・絶《ぜつ》」のこと。

十《じゅう》二《に》支《し》

別名、地支。地の気を12支で表している。「子《ね》・丑《うし》・寅《とら》・卯《う》・辰《たつ》・巳《み》・午《うま》・未《ひつじ》・申《さる》・酉《とり》・戌《いぬ》・亥《い》」の12種類。

節《せつ》入《いり》日《び》

暦上の各月のはじまりの日。2月4日の立春から節入り日とし、1年を24等分した日を表す。

蔵《ぞう》干《かん》

地に蔵する（地支に隠された）干という意味。十二支（地支）から導き出す。

大《だい》運《うん》

10年単位の運勢の流れ（後天運）を表す。流派によって8年9カ月、9年2カ月などの単位の場合もある。

地《ち》支《し》→十二支

通《つう》変《へん》星《せい》

通変星は10種の星「比肩《ひけん》・劫財《ごうざい》・食神《しょくしん》・傷《しょう》官《かん》・偏財《へんざい》・正財《せいざい》・偏官《へんかん》・正官《せいかん》・偏印《へんいん》・印《いん》綬《じゅ》」のこと。本書では日干から四柱の天干をみたときに導き出した星を「天干通変星」、日干から四柱の蔵干をみたときに導き出した星を「蔵干通変星」とする。

天《てん》干《かん》→十干

天《てん》干《かん》地《ち》支《し》→干支

天《てん》中《ちゅう》殺《さつ》→空亡

年《ねん》運《うん》

毎年巡ってくる、その年の暦がもつ運命を表す。

八字《パーツー》

四柱に配置された天干地支（十干十二支）の八字を示す。

方《ほう》合《ごう》

東西南北の三支がそろうこと。「亥＋子＋丑、寅＋卯＋辰、巳＋午＋未、申＋酉＋戌」を指す。三合よりも方合のほうが結びつきは強くなり、互いの五行の力を強める。

身《み》旺《おう》

生命パワーや自我の強さを表す。

身《み》弱《じゃく》

生命パワーや自我の弱さを表す。

命《めい》式《しき》

あなたの生年月日時や出生地から導き出した宿命・運命図のこと。

立《りっ》春《しゅん》

年によって前後するが、東洋占術では、2月4日の立春から新年がはじまるとされている。

六《ろく》害《がい》

地支同士が互いに分離し、不和を生じさせる命式の組み合わせで、五行に凶作用が働く。「酉×戌、午×丑、申×亥、巳×寅、未×子、辰×卯」を示す。

四柱推命Q＆A

ここまで四柱推命の学びを深めてきました。
このページでは四柱推命について、よくある疑問と、
その解答をまとめました。

Q1

占いの結果にしっくりきません（矛盾している気がします）。どのように解釈したらいいでしょうか。

A 受け入れることから変わる

占いが先にあってはならないし、占いがすべてではありません。「傾向を知る」程度に扱ってください。ただ、宇宙や地球の成り立ちもまた、矛盾＝相反するもの同士が結びつく流れになっています。あなたにもそれが宿っているのです。世の中には不平等で不条理で矛盾していることがあるように、私たちの人生もそのような仕組みで成り立っています。占いはそれを知って、受け入れようと導いているのではないでしょうか。

Q2

自分の命式があまりいいとは思えませんでした。どうすれば、良い人生を歩めるでしょうか。

A 良いは悪い、悪いは良い

命式を良い悪いで判断してはいけませんが、どうしても悪い点に目がいきがちです。たとえば優しい人＝長所とみますが、優しい人の短所はなんでしょう？ 正解は優しい＝優柔不断です。つまり長所と短所は常に背中合わせ。

大切なのは、どういう場面でどう活かすか、です。その視点をもつと命名のみえ方は変わります。本書は凶星といわれている通変星の長所もしっかりと書いています。短所は長所にもなり、長所は短所にもなるのです。

Q3

誰かを占ってあげる際の注意などはありますか？

A 勇気づける言葉遣いを

「断言」「否定」「脅す」をしないことです。これらにつながる誘導を占いではしがちです。四柱推命も空亡の概念で恐ろしい占いと思われています。そのときこそ「本来の井戸の源流」（COLUMN 2）を知ってもらう必要があります。「可能性を見出す」「希望をもたせる」「成長につながる言葉で伝える」。このようにしてみてください。皆、悩みを抱えて生きていきますから、恐れさせる占いであっては本末転倒です。

Q4

多くの要素を積み重ねてみていくのが難しいです。全体としての解釈がうまくできるようになるためには、どうすればいいですか？

A まずは3つに注目

初心者のうちは情報量が多くて視点が散らばり、迷いがちです。それは当たり前なのでご安心を。まずは3つの視点だけで鑑定してみましょう。「日干」「日柱の干支」「月柱の地支通変星」の3つです（P.141 参照）。この3つだけでも大まかな傾向はわかります。全体・総論を組み立てるためには、それぞれの要素を文章にする力がまた必要となりますので、語彙力も磨いていきましょう。

Q5

自分に向いている職業を知るには、命式のどこを優先してみればいいでしょうか？

A おすすめは年柱と月柱

年柱は先祖や両親から受け継いだもの、あなたにとって最初の井戸（宿命）です。家系図とも四柱推命は関係してくるのですが、家系に公務員が多い場合、その道に進む可能性が高いでしょう。なぜなら、その人たちが作る環境の影響を幼少期に強く受けるからです。

年柱の次に、月柱で才能や仕事運をみましょう。また月柱の地支、月柱の地支通変星（元命）をチェックしてみてください。向いている職業もわかるでしょう。

巻末資料

干支表

命式を導き出すために
必要な干支を記した暦です。
1948(昭和23)年から
2031(令和13)年までを
掲載しています。

◆ サマータイムの実施期間

本書は初心者向けのため、サマータイム（日照時間の長い期間に採用された夏時間のこと）は考慮せず、命式を出す方法を解説しましたが、右のサマータイム期間に生まれた人は、出生時刻から1時間マイナスしましょう。

昭和23年5月2日午前1時～9月12日午前0時
昭和24年4月3日午前1時～9月11日午前0時
昭和25年5月7日午前1時～9月10日午前0時
昭和26年5月6日午前1時～9月9日午前0時

◆ 干支表の見方

A B C D E F

1948年〈昭和23年〉◆戊子

月	2月	3月	4月	5月	6月	7月	8月	9月	10月	11月	12月	1月
干支	甲寅	乙卯	丙辰	丁巳	戊午	己未	庚申	辛酉	壬戌	癸亥	甲子	乙丑
節入	5日	5日	5日	5日	6日	7日	8日	8日	8日	7日	7日	6日
時刻	6:43	0:58	6:10	23:53	4:21	14:44	0:27	3:06	18:21	21:07	13:38	0:42
1日	丙辰	乙酉	丙辰	丙戌	丁巳	丁亥	戊午	己丑	己未	庚寅	庚申	辛卯
2日	丁巳	丙戌	丁巳	丁亥	戊午	戊子	己未	庚寅	庚申	辛卯	辛酉	壬辰
3日	戊午	丁亥	戊午	戊子	己未	己丑	庚申	辛卯	辛酉	壬辰	壬戌	癸巳
4日	己未	戊子	己未	己丑	庚申	庚寅	辛酉	壬辰	壬戌	癸巳	癸亥	甲午
5日	**庚申**	己丑	**庚申**	**庚寅**	辛酉	辛卯	壬戌	癸巳	癸亥	甲午	甲子	乙未
6日	辛酉	**庚寅**	辛酉	辛卯	**壬戌**	壬辰	癸亥	甲午	甲子	乙未	乙丑	**丙申**
7日	壬戌	辛卯	壬戌	壬辰	癸亥	**癸巳**	甲子	乙未	乙丑	**丙申**	**丙寅**	丁酉
8日	癸亥	壬辰	癸亥	癸巳	甲子	甲午	**乙丑**	**丙申**	**丙寅**	丁酉	丁卯	戊戌
9日	甲子	癸巳	甲子	甲午	乙丑	乙未	丙寅	丁酉	丁卯	戊戌	戊辰	己亥
10日	乙丑	甲午	乙丑	乙未	丙寅	丙申	丁卯	戊戌	戊辰	己亥	己巳	庚子
11日	丙寅	乙未	丙寅	丙申	丁卯	丁酉	戊辰	己亥	己巳	庚子	庚午	辛丑
12日	丁卯	丙申	丁卯	丁酉	戊辰	戊戌	己巳	庚子	庚午	辛丑	辛未	壬寅
13日	戊辰	丁酉	戊辰	戊戌	己巳	己亥	庚午	辛丑	辛未	壬寅	壬申	癸卯
14日	己巳	戊戌	己巳	己亥	庚午	庚子	辛未	壬寅	壬申	癸卯	癸酉	甲辰
15日	庚午	己亥	庚午	庚子	辛未	辛丑	壬申	癸卯	癸酉	甲辰	甲戌	乙巳
16日	辛未	庚子	辛未	辛丑	壬申	壬寅	癸酉	甲辰	甲戌	乙巳	乙亥	丙午
17日	壬申	辛丑	壬申	壬寅	癸酉	癸卯	甲戌	乙巳	乙亥	丙午	丙子	丁未
18日	癸酉	壬寅	癸酉	癸卯	甲戌	甲辰	乙亥	丙午	丙子	丁未	丁丑	戊申
19日	甲戌	癸卯	甲戌	甲辰	乙亥	乙巳	丙子	丁未	丁丑	戊申	戊寅	己酉
20日	乙亥	甲辰	乙亥	乙巳	丙子	丙午	丁丑	戊申	戊寅	己酉	己卯	庚戌
21日	丙子	乙巳	丙子	丙午	丁丑	丁未	戊寅	己酉	己卯	庚戌	庚辰	辛亥
22日	丁丑	丙午	丁丑	丁未	戊寅	戊申	己卯	庚戌	庚辰	辛亥	辛巳	壬子
23日	戊寅	丁未	戊寅	戊申	己卯	己酉	庚辰	辛亥	辛巳	壬子	壬午	癸丑
24日	己卯	戊申	己卯	己酉	庚辰	庚戌	辛巳	壬子	壬午	癸丑	癸未	甲寅
25日	庚辰	己酉	庚辰	庚戌	辛巳	辛亥	壬午	癸丑	癸未	甲寅	甲申	乙卯
26日	辛巳	庚戌	辛巳	辛亥	壬午	壬子	癸未	甲寅	甲申	乙卯	乙酉	丙辰
27日	壬午	辛亥	壬午	壬子	癸未	癸丑	甲申	乙卯	乙酉	丙辰	丙戌	丁巳
28日	癸未	壬子	癸未	癸丑	甲申	甲寅	乙酉	丙辰	丙戌	丁巳	丁亥	戊午
29日	甲申	癸丑	甲申	甲寅	乙酉	乙卯	丙戌	丁巳	丁亥	戊午	戊子	己未
30日		甲寅	乙酉	乙卯	丙戌	丙辰	丁亥	戊午	戊子	己未	己丑	庚申
31日		乙卯		丙辰		丁巳	戊子		己丑		庚寅	辛酉

A
生まれた年と年干支。ただし、1年のはじまり（立春）より前に生まれた人は、前年の年干支になる。

B
月の節入日（月の変わり目）。2月の節入日は立春で、年の変わり目にも当たる。2月の節入日前に生まれた人は、前年の年干支になる。

C
生まれた月。

D
生まれた月の下にある干支が月干支。ただし、その月の節入日より前に生まれた人は、前月の月干支になる。

E
節入時刻。生まれた日が節入日で、生まれた時刻が節入時刻より前の人は、月干支は前月のもの、日の干支はその月の日干支となる。

F
日柱の干支。生まれた月と日の交わるところが日柱の干支となる。

1948年〈昭和23年〉◆戊子

月	2月	3月	4月	5月	6月	7月	8月	9月	10月	11月	12月	1月
干支	甲寅	乙卯	丙辰	丁巳	戊午	己未	庚申	辛酉	壬戌	癸亥	甲子	乙丑
節入	5日	6日	5日	5日	6日	7日	8日	8日	8日	7日	7日	6日
時刻	6:43	0:58	6:10	23:53	4:21	14:44	0:27	3:06	18:21	21:07	13:38	0:42
1日	丙辰	乙酉	丙辰	丙戌	丁巳	丁亥	戊午	己丑	己未	庚寅	庚申	辛卯
2日	丁巳	丙戌	丁巳	丁亥	戊午	戊子	己未	庚寅	庚申	辛卯	辛酉	壬辰
3日	戊午	丁亥	戊午	戊子	己未	己丑	庚申	辛卯	辛酉	壬辰	壬戌	癸巳
4日	己未	戊子	己未	己丑	庚申	庚寅	辛酉	壬辰	壬戌	癸巳	癸亥	甲午
5日	**庚申**	己丑	**庚申**	**庚寅**	辛酉	辛卯	壬戌	癸巳	癸亥	甲午	甲子	乙未
6日	辛酉	**庚寅**	辛酉	辛卯	**壬戌**	壬辰	癸亥	甲午	甲子	乙未	乙丑	**丙申**
7日	壬戌	辛卯	壬戌	壬辰	癸亥	**癸巳**	甲子	乙未	乙丑	**丙申**	**丙寅**	丁酉
8日	癸亥	壬辰	癸亥	癸巳	甲子	甲午	**乙丑**	**丙申**	**丙寅**	丁酉	丁卯	戊戌
9日	甲子	癸巳	甲子	甲午	乙丑	乙未	丙寅	丁酉	丁卯	戊戌	戊辰	己亥
10日	乙丑	甲午	乙丑	乙未	丙寅	丙申	丁卯	戊戌	戊辰	己亥	己巳	庚子
11日	丙寅	乙未	丙寅	丙申	丁卯	丁酉	戊辰	己亥	己巳	庚子	庚午	辛丑
12日	丁卯	丙申	丁卯	丁酉	戊辰	戊戌	己巳	庚子	庚午	辛丑	辛未	壬寅
13日	戊辰	丁酉	戊辰	戊戌	己巳	己亥	庚午	辛丑	辛未	壬寅	壬申	癸卯
14日	己巳	戊戌	己巳	己亥	庚午	庚子	辛未	壬寅	壬申	癸卯	癸酉	甲辰
15日	庚午	己亥	庚午	庚子	辛未	辛丑	壬申	癸卯	癸酉	甲辰	甲戌	乙巳
16日	辛未	庚子	辛未	辛丑	壬申	壬寅	癸酉	甲辰	甲戌	乙巳	乙亥	丙午
17日	壬申	辛丑	壬申	壬寅	癸酉	癸卯	甲戌	乙巳	乙亥	丙午	丙子	丁未
18日	癸酉	壬寅	癸酉	癸卯	甲戌	甲辰	乙亥	丙午	丙子	丁未	丁丑	戊申
19日	甲戌	癸卯	甲戌	甲辰	乙亥	乙巳	丙子	丁未	丁丑	戊申	戊寅	己酉
20日	乙亥	甲辰	乙亥	乙巳	丙子	丙午	丁丑	戊申	戊寅	己酉	己卯	庚戌
21日	丙子	乙巳	丙子	丙午	丁丑	丁未	戊寅	己酉	己卯	庚戌	庚辰	辛亥
22日	丁丑	丙午	丁丑	丁未	戊寅	戊申	己卯	庚戌	庚辰	辛亥	辛巳	壬子
23日	戊寅	丁未	戊寅	戊申	己卯	己酉	庚辰	辛亥	辛巳	壬子	壬午	癸丑
24日	己卯	戊申	己卯	己酉	庚辰	庚戌	辛巳	壬子	壬午	癸丑	癸未	甲寅
25日	庚辰	己酉	庚辰	庚戌	辛巳	辛亥	壬午	癸丑	癸未	甲寅	甲申	乙卯
26日	辛巳	庚戌	辛巳	辛亥	壬午	壬子	癸未	甲寅	甲申	乙卯	乙酉	丙辰
27日	壬午	辛亥	壬午	壬子	癸未	癸丑	甲申	乙卯	乙酉	丙辰	丙戌	丁巳
28日	癸未	壬子	癸未	癸丑	甲申	甲寅	乙酉	丙辰	丙戌	丁巳	丁亥	戊午
29日	甲申	癸丑	甲申	甲寅	乙酉	乙卯	丙戌	丁巳	丁亥	戊午	戊子	己未
30日		甲寅	乙酉	乙卯	丙戌	丙辰	丁亥	戊午	戊子	己未	己丑	庚申
31日		乙卯		丙辰		丁巳	戊子		己丑		庚寅	辛酉

1949年〈昭和24年〉◆己丑

月	2月	3月	4月	5月	6月	7月	8月	9月	10月	11月	12月	1月
干支	丙寅	丁卯	戊辰	己巳	庚午	辛未	壬申	癸酉	甲戌	乙亥	丙子	丁丑
節入	4日	6日	5日	6日	6日	7日	8日	8日	9日	8日	7日	6日
時刻	12:24	6:40	11:52	5:37	10:07	20:32	6:16	8:55	0:12	3:01	19:34	6:40
1日	壬戌	庚寅	辛酉	辛卯	壬戌	壬辰	癸亥	甲午	甲子	乙未	乙丑	丙申
2日	癸亥	辛卯	壬戌	壬辰	癸亥	癸巳	甲子	乙未	乙丑	丙申	丙寅	丁酉
3日	甲子	壬辰	癸亥	癸巳	甲子	甲午	乙丑	丙申	丙寅	丁酉	丁卯	戊戌
4日	**乙丑**	癸巳	甲子	甲午	乙丑	乙未	丙寅	丁酉	丁卯	戊戌	戊辰	己亥
5日	丙寅	甲午	**乙丑**	乙未	丙寅	丙申	丁卯	戊戌	戊辰	己亥	己巳	庚子
6日	丁卯	**乙未**	丙寅	**丙申**	**丁卯**	丁酉	戊辰	己亥	己巳	庚子	庚午	**辛丑**
7日	戊辰	丙申	丁卯	丁酉	戊辰	**戊戌**	己巳	庚子	庚午	辛丑	**辛未**	壬寅
8日	己巳	丁酉	戊辰	戊戌	己巳	己亥	**庚午**	**辛丑**	辛未	**壬寅**	壬申	癸卯
9日	庚午	戊戌	己巳	己亥	庚午	庚子	辛未	壬寅	**壬申**	癸卯	癸酉	甲辰
10日	辛未	己亥	庚午	庚子	辛未	辛丑	壬申	癸卯	癸酉	甲辰	甲戌	乙巳
11日	壬申	庚子	辛未	辛丑	壬申	壬寅	癸酉	甲辰	甲戌	乙巳	乙亥	丙午
12日	癸酉	辛丑	壬申	壬寅	癸酉	癸卯	甲戌	乙巳	乙亥	丙午	丙子	丁未
13日	甲戌	壬寅	癸酉	癸卯	甲戌	甲辰	乙亥	丙午	丙子	丁未	丁丑	戊申
14日	乙亥	癸卯	甲戌	甲辰	乙亥	乙巳	丙子	丁未	丁丑	戊申	戊寅	己酉
15日	丙子	甲辰	乙亥	乙巳	丙子	丙午	丁丑	戊申	戊寅	己酉	己卯	庚戌
16日	丁丑	乙巳	丙子	丙午	丁丑	丁未	戊寅	己酉	己卯	庚戌	庚辰	辛亥
17日	戊寅	丙午	丁丑	丁未	戊寅	戊申	己卯	庚戌	庚辰	辛亥	辛巳	壬子
18日	己卯	丁未	戊寅	戊申	己卯	己酉	庚辰	辛亥	辛巳	壬子	壬午	癸丑
19日	庚辰	戊申	己卯	己酉	庚辰	庚戌	辛巳	壬子	壬午	癸丑	癸未	甲寅
20日	辛巳	己酉	庚辰	庚戌	辛巳	辛亥	壬午	癸丑	癸未	甲寅	甲申	乙卯
21日	壬午	庚戌	辛巳	辛亥	壬午	壬子	癸未	甲寅	甲申	乙卯	乙酉	丙辰
22日	癸未	辛亥	壬午	壬子	癸未	癸丑	甲申	乙卯	乙酉	丙辰	丙戌	丁巳
23日	甲申	壬子	癸未	癸丑	甲申	甲寅	乙酉	丙辰	丙戌	丁巳	丁亥	戊午
24日	乙酉	癸丑	甲申	甲寅	乙酉	乙卯	丙戌	丁巳	丁亥	戊午	戊子	己未
25日	丙戌	甲寅	乙酉	乙卯	丙戌	丙辰	丁亥	戊午	戊子	己未	己丑	庚申
26日	丁亥	乙卯	丙戌	丙辰	丁亥	丁巳	戊子	己未	己丑	庚申	庚寅	辛酉
27日	戊子	丙辰	丁亥	丁巳	戊子	戊午	己丑	庚申	庚寅	辛酉	辛卯	壬戌
28日	己丑	丁巳	戊子	戊午	己丑	己未	庚寅	辛酉	辛卯	壬戌	壬辰	癸亥
29日		戊午	己丑	己未	庚寅	庚申	辛卯	壬戌	壬辰	癸亥	癸巳	甲子
30日		己未	庚寅	庚申	辛卯	辛酉	壬辰	癸亥	癸巳	甲子	甲午	乙丑
31日		庚申		辛酉		壬戌	癸巳		甲午		乙未	丙寅

1950年〈昭和25年〉◆庚寅

月	2月	3月	4月	5月	6月	7月	8月	9月	10月	11月	12月	1月
干支	戊寅	己卯	庚辰	辛巳	壬午	癸未	甲申	乙酉	丙戌	丁亥	戊子	己丑
節入	4日	6日	5日	6日	6日	8日	8日	8日	9日	8日	8日	6日
時刻	18:21	12:36	17:45	11:25	15:51	2:14	11:56	14:34	5:52	8:44	1:22	12:31
1日	丁卯	乙未	丙寅	丙申	丁卯	丁酉	戊辰	己亥	己巳	庚子	庚午	辛丑
2日	戊辰	丙申	丁卯	丁酉	戊辰	戊戌	己巳	庚子	庚午	辛丑	辛未	壬寅
3日	己巳	丁酉	戊辰	戊戌	己巳	己亥	庚午	辛丑	辛未	壬寅	壬申	癸卯
4日	庚午	戊戌	己巳	己亥	庚午	庚子	辛未	壬寅	壬申	癸卯	癸酉	甲辰
5日	辛未	己亥	庚午	庚子	辛未	辛丑	壬申	癸卯	癸酉	甲辰	甲戌	乙巳
6日	壬申	庚子	辛未	辛丑	壬申	壬寅	癸酉	甲辰	甲戌	乙巳	乙亥	丙午
7日	癸酉	辛丑	壬申	壬寅	癸酉	癸卯	甲戌	乙巳	乙亥	丙午	丙子	丁未
8日	甲戌	壬寅	癸酉	癸卯	甲戌	甲辰	乙亥	丙午	丙子	丁未	丁丑	戊申
9日	乙亥	癸卯	甲戌	甲辰	乙亥	乙巳	丙子	丁未	丁丑	戊申	戊寅	己酉
10日	丙子	甲辰	乙亥	乙巳	丙子	丙午	丁丑	戊申	戊寅	己酉	己卯	庚戌
11日	丁丑	乙巳	丙子	丙午	丁丑	丁未	戊寅	己酉	己卯	庚戌	庚辰	辛亥
12日	戊寅	丙午	丁丑	丁未	戊寅	戊申	己卯	庚戌	庚辰	辛亥	辛巳	壬子
13日	己卯	丁未	戊寅	戊申	己卯	己酉	庚辰	辛亥	辛巳	壬子	壬午	癸丑
14日	庚辰	戊申	己卯	己酉	庚辰	庚戌	辛巳	壬子	壬午	癸丑	癸未	甲寅
15日	辛巳	己酉	庚辰	庚戌	辛巳	辛亥	壬午	癸丑	癸未	甲寅	甲申	乙卯
16日	壬午	庚戌	辛巳	辛亥	壬午	壬子	癸未	甲寅	甲申	乙卯	乙酉	丙辰
17日	癸未	辛亥	壬午	壬子	癸未	癸丑	甲申	乙卯	乙酉	丙辰	丙戌	丁巳
18日	甲申	壬子	癸未	癸丑	甲申	甲寅	乙酉	丙辰	丙戌	丁巳	丁亥	戊午
19日	乙酉	癸丑	甲申	甲寅	乙酉	乙卯	丙戌	丁巳	丁亥	戊午	戊子	己未
20日	丙戌	甲寅	乙酉	乙卯	丙戌	丙辰	丁亥	戊午	戊子	己未	己丑	庚申
21日	丁亥	乙卯	丙戌	丙辰	丁亥	丁巳	戊子	己未	己丑	庚申	庚寅	辛酉
22日	戊子	丙辰	丁亥	丁巳	戊子	戊午	己丑	庚申	庚寅	辛酉	辛卯	壬戌
23日	己丑	丁巳	戊子	戊午	己丑	己未	庚寅	辛酉	辛卯	壬戌	壬辰	癸亥
24日	庚寅	戊午	己丑	己未	庚寅	庚申	辛卯	壬戌	壬辰	癸亥	癸巳	甲子
25日	辛卯	己未	庚寅	庚申	辛卯	辛酉	壬辰	癸亥	癸巳	甲子	甲午	乙丑
26日	壬辰	庚申	辛卯	辛酉	壬辰	壬戌	癸巳	甲子	甲午	乙丑	乙未	丙寅
27日	癸巳	辛酉	壬辰	壬戌	癸巳	癸亥	甲午	乙丑	乙未	丙寅	丙申	丁卯
28日	甲午	壬戌	癸巳	癸亥	甲午	甲子	乙未	丙寅	丙申	丁卯	丁酉	戊辰
29日		癸亥	甲午	甲子	乙未	乙丑	丙申	丁卯	丁酉	戊辰	戊戌	己巳
30日		甲子	乙未	乙丑	丙申	丙寅	丁酉	戊辰	戊戌	己巳	己亥	庚午
31日		乙丑		丙寅		丁卯	戊戌		己亥		庚子	辛未

1951年〈昭和26年〉◆辛卯

月	2月	3月	4月	5月	6月	7月	8月	9月	10月	11月	12月	1月
干支	庚寅	辛卯	壬辰	癸巳	甲午	乙未	丙申	丁酉	戊戌	己亥	庚子	辛丑
節入	5日	6日	5日	6日	6日	8日	8日	8日	9日	8日	8日	6日
時刻	0:14	18:27	23:33	17:10	21:33	7:54	17:38	20:19	11:37	14:27	7:03	18:10
1日	壬申	庚子	辛未	辛丑	壬申	壬寅	癸酉	甲辰	甲戌	乙巳	乙亥	丙午
2日	癸酉	辛丑	壬申	壬寅	癸酉	癸卯	甲戌	乙巳	乙亥	丙午	丙子	丁未
3日	甲戌	壬寅	癸酉	癸卯	甲戌	甲辰	乙亥	丙午	丙子	丁未	丁丑	戊申
4日	乙亥	癸卯	甲戌	甲辰	乙亥	乙巳	丙子	丁未	丁丑	戊申	戊寅	己酉
5日	丙子	甲辰	乙亥	乙巳	丙子	丙午	丁丑	戊申	戊寅	己酉	己卯	庚戌
6日	丁丑	乙巳	丙子	丙午	丁丑	丁未	戊寅	己酉	己卯	庚戌	庚辰	辛亥
7日	戊寅	丙午	丁丑	丁未	戊寅	戊申	己卯	庚戌	庚辰	辛亥	辛巳	壬子
8日	己卯	丁未	戊寅	戊申	己卯	己酉	庚辰	辛亥	辛巳	壬子	壬午	癸丑
9日	庚辰	戊申	己卯	己酉	庚辰	庚戌	辛巳	壬子	壬午	癸丑	癸未	甲寅
10日	辛巳	己酉	庚辰	庚戌	辛巳	辛亥	壬午	癸丑	癸未	甲寅	甲申	乙卯
11日	壬午	庚戌	辛巳	辛亥	壬午	壬子	癸未	甲寅	甲申	乙卯	乙酉	丙辰
12日	癸未	辛亥	壬午	壬子	癸未	癸丑	甲申	乙卯	乙酉	丙辰	丙戌	丁巳
13日	甲申	壬子	癸未	癸丑	甲申	甲寅	乙酉	丙辰	丙戌	丁巳	丁亥	戊午
14日	乙酉	癸丑	甲申	甲寅	乙酉	乙卯	丙戌	丁巳	丁亥	戊午	戊子	己未
15日	丙戌	甲寅	乙酉	乙卯	丙戌	丙辰	丁亥	戊午	戊子	己未	己丑	庚申
16日	丁亥	乙卯	丙戌	丙辰	丁亥	丁巳	戊子	己未	己丑	庚申	庚寅	辛酉
17日	戊子	丙辰	丁亥	丁巳	戊子	戊午	己丑	庚申	庚寅	辛酉	辛卯	壬戌
18日	己丑	丁巳	戊子	戊午	己丑	己未	庚寅	辛酉	辛卯	壬戌	壬辰	癸亥
19日	庚寅	戊午	己丑	己未	庚寅	庚申	辛卯	壬戌	壬辰	癸亥	癸巳	甲子
20日	辛卯	己未	庚寅	庚申	辛卯	辛酉	壬辰	癸亥	癸巳	甲子	甲午	乙丑
21日	壬辰	庚申	辛卯	辛酉	壬辰	壬戌	癸巳	甲子	甲午	乙丑	乙未	丙寅
22日	癸巳	辛酉	壬辰	壬戌	癸巳	癸亥	甲午	乙丑	乙未	丙寅	丙申	丁卯
23日	甲午	壬戌	癸巳	癸亥	甲午	甲子	乙未	丙寅	丙申	丁卯	丁酉	戊辰
24日	乙未	癸亥	甲午	甲子	乙未	乙丑	丙申	丁卯	丁酉	戊辰	戊戌	己巳
25日	丙申	甲子	乙未	乙丑	丙申	丙寅	丁酉	戊辰	戊戌	己巳	己亥	庚午
26日	丁酉	乙丑	丙申	丙寅	丁酉	丁卯	戊戌	己巳	己亥	庚午	庚子	辛未
27日	戊戌	丙寅	丁酉	丁卯	戊戌	戊辰	己亥	庚午	庚子	辛未	辛丑	壬申
28日	己亥	丁卯	戊戌	戊辰	己亥	己巳	庚子	辛未	辛丑	壬申	壬寅	癸酉
29日		戊辰	己亥	己巳	庚子	庚午	辛丑	壬申	壬寅	癸酉	癸卯	甲戌
30日		己巳	庚子	庚午	辛丑	辛未	壬寅	癸酉	癸卯	甲戌	甲辰	乙亥
31日		庚午		辛未		壬申	癸卯		甲辰		乙巳	丙子

1952年〈昭和27年〉◆壬辰

月	2月	3月	4月	5月	6月	7月	8月	9月	10月	11月	12月	1月
干支	壬寅	癸卯	甲辰	乙巳	丙午	丁未	戊申	己酉	庚戌	辛亥	壬子	癸丑
節入	5日	6日	5日	5日	6日	7日	7日	8日	8日	7日	7日	6日
時刻	5:54	0:08	5:16	22:54	3:21	13:45	23:32	2:14	17:33	20:22	12:56	0:03
1日	丁丑	丙午	丁丑	丁未	戊寅	戊申	己卯	庚戌	庚辰	辛亥	辛巳	壬子
2日	戊寅	丁未	戊寅	戊申	己卯	己酉	庚辰	辛亥	辛巳	壬子	壬午	癸丑
3日	己卯	戊申	己卯	己酉	庚辰	庚戌	辛巳	壬子	壬午	癸丑	癸未	甲寅
4日	庚辰	己酉	庚辰	庚戌	辛巳	辛亥	壬午	癸丑	癸未	甲寅	甲申	乙卯
5日	**辛巳**	庚戌	**辛巳**	**辛亥**	壬午	壬子	癸未	甲寅	甲申	乙卯	乙酉	丙辰
6日	壬午	**辛亥**	壬午	壬子	**癸未**	癸丑	甲申	乙卯	乙酉	丙辰	丙戌	**丁巳**
7日	癸未	壬子	癸未	癸丑	甲申	**甲寅**	**乙酉**	丙辰	丙戌	**丁巳**	**丁亥**	戊午
8日	甲申	癸丑	甲申	甲寅	乙酉	乙卯	丙戌	**丁巳**	**丁亥**	戊午	戊子	己未
9日	乙酉	甲寅	乙酉	乙卯	丙戌	丙辰	丁亥	戊午	戊子	己未	己丑	庚申
10日	丙戌	乙卯	丙戌	丙辰	丁亥	丁巳	戊子	己未	己丑	庚申	庚寅	辛酉
11日	丁亥	丙辰	丁亥	丁巳	戊子	戊午	己丑	庚申	庚寅	辛酉	辛卯	壬戌
12日	戊子	丁巳	戊子	戊午	己丑	己未	庚寅	辛酉	辛卯	壬戌	壬辰	癸亥
13日	己丑	戊午	己丑	己未	庚寅	庚申	辛卯	壬戌	壬辰	癸亥	癸巳	甲子
14日	庚寅	己未	庚寅	庚申	辛卯	辛酉	壬辰	癸亥	癸巳	甲子	甲午	乙丑
15日	辛卯	庚申	辛卯	辛酉	壬辰	壬戌	癸巳	甲子	甲午	乙丑	乙未	丙寅
16日	壬辰	辛酉	壬辰	壬戌	癸巳	癸亥	甲午	乙丑	乙未	丙寅	丙申	丁卯
17日	癸巳	壬戌	癸巳	癸亥	甲午	甲子	乙未	丙寅	丙申	丁卯	丁酉	戊辰
18日	甲午	癸亥	甲午	甲子	乙未	乙丑	丙申	丁卯	丁酉	戊辰	戊戌	己巳
19日	乙未	甲子	乙未	乙丑	丙申	丙寅	丁酉	戊辰	戊戌	己巳	己亥	庚午
20日	丙申	乙丑	丙申	丙寅	丁酉	丁卯	戊戌	己巳	己亥	庚午	庚子	辛未
21日	丁酉	丙寅	丁酉	丁卯	戊戌	戊辰	己亥	庚午	庚子	辛未	辛丑	壬申
22日	戊戌	丁卯	戊戌	戊辰	己亥	己巳	庚子	辛未	辛丑	壬申	壬寅	癸酉
23日	己亥	戊辰	己亥	己巳	庚子	庚午	辛丑	壬申	壬寅	癸酉	癸卯	甲戌
24日	庚子	己巳	庚子	庚午	辛丑	辛未	壬寅	癸酉	癸卯	甲戌	甲辰	乙亥
25日	辛丑	庚午	辛丑	辛未	壬寅	壬申	癸卯	甲戌	甲辰	乙亥	乙巳	丙子
26日	壬寅	辛未	壬寅	壬申	癸卯	癸酉	甲辰	乙亥	乙巳	丙子	丙午	丁丑
27日	癸卯	壬申	癸卯	癸酉	甲辰	甲戌	乙巳	丙子	丙午	丁丑	丁未	戊寅
28日	甲辰	癸酉	甲辰	甲戌	乙巳	乙亥	丙午	丁丑	丁未	戊寅	戊申	己卯
29日	乙巳	甲戌	乙巳	乙亥	丙午	丙子	丁未	戊寅	戊申	己卯	己酉	庚辰
30日		乙亥	丙午	丙子	丁未	丁丑	戊申	己卯	己酉	庚辰	庚戌	辛巳
31日		丙子		丁丑		戊寅	己酉		庚戌		辛亥	壬午

1953年〈昭和28年〉◆癸巳

月	2月	3月	4月	5月	6月	7月	8月	9月	10月	11月	12月	1月
干支	甲寅	乙卯	丙辰	丁巳	戊午	己未	庚申	辛酉	壬戌	癸亥	甲子	乙丑
節入	4日	6日	5日	6日	6日	7日	8日	8日	8日	8日	7日	6日
時刻	11:47	6:03	11:13	4:53	9:17	19:35	5:15	7:53	23:11	2:02	18:38	5:46
1日	癸未	辛亥	壬午	壬子	癸未	癸丑	甲申	乙卯	乙酉	丙辰	丙戌	丁巳
2日	甲申	壬子	癸未	癸丑	甲申	甲寅	乙酉	丙辰	丙戌	丁巳	丁亥	戊午
3日	乙酉	癸丑	甲申	甲寅	乙酉	乙卯	丙戌	丁巳	丁亥	戊午	戊子	己未
4日	**丙戌**	甲寅	乙酉	乙卯	丙戌	丙辰	丁亥	戊午	戊子	己未	己丑	庚申
5日	丁亥	乙卯	**丙戌**	丙辰	丁亥	丁巳	戊子	己未	己丑	庚申	庚寅	辛酉
6日	戊子	**丙辰**	丁亥	**丁巳**	**戊子**	戊午	己丑	庚申	庚寅	辛酉	辛卯	**壬戌**
7日	己丑	丁巳	戊子	戊午	己丑	**己未**	庚寅	辛酉	辛卯	壬戌	**壬辰**	癸亥
8日	庚寅	戊午	己丑	己未	庚寅	庚申	**辛卯**	**壬戌**	**壬辰**	**癸亥**	癸巳	甲子
9日	辛卯	己未	庚寅	庚申	辛卯	辛酉	壬辰	癸亥	癸巳	甲子	甲午	乙丑
10日	壬辰	庚申	辛卯	辛酉	壬辰	壬戌	癸巳	甲子	甲午	乙丑	乙未	丙寅
11日	癸巳	辛酉	壬辰	壬戌	癸巳	癸亥	甲午	乙丑	乙未	丙寅	丙申	丁卯
12日	甲午	壬戌	癸巳	癸亥	甲午	甲子	乙未	丙寅	丙申	丁卯	丁酉	戊辰
13日	乙未	癸亥	甲午	甲子	乙未	乙丑	丙申	丁卯	丁酉	戊辰	戊戌	己巳
14日	丙申	甲子	乙未	乙丑	丙申	丙寅	丁酉	戊辰	戊戌	己巳	己亥	庚午
15日	丁酉	乙丑	丙申	丙寅	丁酉	丁卯	戊戌	己巳	己亥	庚午	庚子	辛未
16日	戊戌	丙寅	丁酉	丁卯	戊戌	戊辰	己亥	庚午	庚子	辛未	辛丑	壬申
17日	己亥	丁卯	戊戌	戊辰	己亥	己巳	庚子	辛未	辛丑	壬申	壬寅	癸酉
18日	庚子	戊辰	己亥	己巳	庚子	庚午	辛丑	壬申	壬寅	癸酉	癸卯	甲戌
19日	辛丑	己巳	庚子	庚午	辛丑	辛未	壬寅	癸酉	癸卯	甲戌	甲辰	乙亥
20日	壬寅	庚午	辛丑	辛未	壬寅	壬申	癸卯	甲戌	甲辰	乙亥	乙巳	丙子
21日	癸卯	辛未	壬寅	壬申	癸卯	癸酉	甲辰	乙亥	乙巳	丙子	丙午	丁丑
22日	甲辰	壬申	癸卯	癸酉	甲辰	甲戌	乙巳	丙子	丙午	丁丑	丁未	戊寅
23日	乙巳	癸酉	甲辰	甲戌	乙巳	乙亥	丙午	丁丑	丁未	戊寅	戊申	己卯
24日	丙午	甲戌	乙巳	乙亥	丙午	丙子	丁未	戊寅	戊申	己卯	己酉	庚辰
25日	丁未	乙亥	丙午	丙子	丁未	丁丑	戊申	己卯	己酉	庚辰	庚戌	辛巳
26日	戊申	丙子	丁未	丁丑	戊申	戊寅	己酉	庚辰	庚戌	辛巳	辛亥	壬午
27日	己酉	丁丑	戊申	戊寅	己酉	己卯	庚戌	辛巳	辛亥	壬午	壬子	癸未
28日	庚戌	戊寅	己酉	己卯	庚戌	庚辰	辛亥	壬午	壬子	癸未	癸丑	甲申
29日		己卯	庚戌	庚辰	辛亥	辛巳	壬子	癸未	癸丑	甲申	甲寅	乙酉
30日		庚辰	辛亥	辛巳	壬子	壬午	癸丑	甲申	甲寅	乙酉	乙卯	丙戌
31日		辛巳		壬午		癸未	甲寅		乙卯		丙辰	丁亥

1954年〈昭和29年〉◆甲午

月	2月	3月	4月	5月	6月	7月	8月	9月	10月	11月	12月	1月
干支	丙寅	丁卯	戊辰	己巳	庚午	辛未	壬申	癸酉	甲戌	乙亥	丙子	丁丑
節入	4日	6日	5日	6日	6日	8日	8日	8日	9日	8日	8日	6日
時刻	17:31	11:49	17:00	10:39	15:01	1:20	11:00	13:38	4:58	7:51	0:29	11:37
1日	戊子	丙辰	丁亥	丁巳	戊子	戊午	己丑	庚申	庚寅	辛酉	辛卯	壬戌
2日	己丑	丁巳	戊子	戊午	己丑	己未	庚寅	辛酉	辛卯	壬戌	壬辰	癸亥
3日	庚寅	戊午	己丑	己未	庚寅	庚申	辛卯	壬戌	壬辰	癸亥	癸巳	甲子
4日	**辛卯**	己未	庚寅	庚申	辛卯	辛酉	壬辰	癸亥	癸巳	甲子	甲午	乙丑
5日	壬辰	庚申	**辛卯**	辛酉	壬辰	壬戌	癸巳	甲子	甲午	乙丑	乙未	丙寅
6日	癸巳	**辛酉**	壬辰	**壬戌**	**癸巳**	癸亥	甲午	乙丑	乙未	丙寅	丙申	**丁卯**
7日	甲午	壬戌	癸巳	癸亥	甲午	甲子	乙未	丙寅	丙申	丁卯	丁酉	戊辰
8日	乙未	癸亥	甲午	甲子	乙未	**乙丑**	**丙申**	**丁卯**	丁酉	**戊辰**	**戊戌**	己巳
9日	丙申	甲子	乙未	乙丑	丙申	丙寅	丁酉	戊辰	**戊戌**	己巳	己亥	庚午
10日	丁酉	乙丑	丙申	丙寅	丁酉	丁卯	戊戌	己巳	己亥	庚午	庚子	辛未
11日	戊戌	丙寅	丁酉	丁卯	戊戌	戊辰	己亥	庚午	庚子	辛未	辛丑	壬申
12日	己亥	丁卯	戊戌	戊辰	己亥	己巳	庚子	辛未	辛丑	壬申	壬寅	癸酉
13日	庚子	戊辰	己亥	己巳	庚子	庚午	辛丑	壬申	壬寅	癸酉	癸卯	甲戌
14日	辛丑	己巳	庚子	庚午	辛丑	辛未	壬寅	癸酉	癸卯	甲戌	甲辰	乙亥
15日	壬寅	庚午	辛丑	辛未	壬寅	壬申	癸卯	甲戌	甲辰	乙亥	乙巳	丙子
16日	癸卯	辛未	壬寅	壬申	癸卯	癸酉	甲辰	乙亥	乙巳	丙子	丙午	丁丑
17日	甲辰	壬申	癸卯	癸酉	甲辰	甲戌	乙巳	丙子	丙午	丁丑	丁未	戊寅
18日	乙巳	癸酉	甲辰	甲戌	乙巳	乙亥	丙午	丁丑	丁未	戊寅	戊申	己卯
19日	丙午	甲戌	乙巳	乙亥	丙午	丙子	丁未	戊寅	戊申	己卯	己酉	庚辰
20日	丁未	乙亥	丙午	丙子	丁未	丁丑	戊申	己卯	己酉	庚辰	庚戌	辛巳
21日	戊申	丙子	丁未	丁丑	戊申	戊寅	己酉	庚辰	庚戌	辛巳	辛亥	壬午
22日	己酉	丁丑	戊申	戊寅	己酉	己卯	庚戌	辛巳	辛亥	壬午	壬子	癸未
23日	庚戌	戊寅	己酉	己卯	庚戌	庚辰	辛亥	壬午	壬子	癸未	癸丑	甲申
24日	辛亥	己卯	庚戌	庚辰	辛亥	辛巳	壬子	癸未	癸丑	甲申	甲寅	乙酉
25日	壬子	庚辰	辛亥	辛巳	壬子	壬午	癸丑	甲申	甲寅	乙酉	乙卯	丙戌
26日	癸丑	辛巳	壬子	壬午	癸丑	癸未	甲寅	乙酉	乙卯	丙戌	丙辰	丁亥
27日	甲寅	壬午	癸丑	癸未	甲寅	甲申	乙卯	丙戌	丙辰	丁亥	丁巳	戊子
28日	乙卯	癸未	甲寅	甲申	乙卯	乙酉	丙辰	丁亥	丁巳	戊子	戊午	己丑
29日		甲申	乙卯	乙酉	丙辰	丙戌	丁巳	戊子	戊午	己丑	己未	庚寅
30日		乙酉	丙辰	丙戌	丁巳	丁亥	戊午	己丑	己未	庚寅	庚申	辛卯
31日		丙戌		丁亥		戊子	己未		庚申		辛酉	壬辰

1955年〈昭和30年〉◆乙未

月	2月	3月	4月	5月	6月	7月	8月	9月	10月	11月	12月	1月
干支	戊寅	己卯	庚辰	辛巳	壬午	癸未	甲申	乙酉	丙戌	丁亥	戊子	己丑
節入	4日	6日	5日	6日	6日	8日	8日	8日	9日	8日	8日	6日
時刻	23:18	17:32	22:39	16:18	20:44	7:06	16:51	19:32	10:53	13:46	6:24	17:31
1日	癸巳	辛酉	壬辰	壬戌	癸巳	癸亥	甲午	乙丑	乙未	丙寅	丙申	丁卯
2日	甲午	壬戌	癸巳	癸亥	甲午	甲子	乙未	丙寅	丙申	丁卯	丁酉	戊辰
3日	乙未	癸亥	甲午	甲子	乙未	乙丑	丙申	丁卯	丁酉	戊辰	戊戌	己巳
4日	**丙申**	甲子	乙未	乙丑	丙申	丙寅	丁酉	戊辰	戊戌	己巳	己亥	庚午
5日	丁酉	乙丑	**丙申**	丙寅	丁酉	丁卯	戊戌	己巳	己亥	庚午	庚子	辛未
6日	戊戌	**丙寅**	丁酉	**丁卯**	**戊戌**	戊辰	己亥	庚午	庚子	辛未	辛丑	**壬申**
7日	己亥	丁卯	戊戌	戊辰	己亥	己巳	庚子	辛未	辛丑	壬申	壬寅	癸酉
8日	庚子	戊辰	己亥	己巳	庚子	**庚午**	**辛丑**	**壬申**	壬寅	**癸酉**	**癸卯**	甲戌
9日	辛丑	己巳	庚子	庚午	辛丑	辛未	壬寅	癸酉	**癸卯**	甲戌	甲辰	乙亥
10日	壬寅	庚午	辛丑	辛未	壬寅	壬申	癸卯	甲戌	甲辰	乙亥	乙巳	丙子
11日	癸卯	辛未	壬寅	壬申	癸卯	癸酉	甲辰	乙亥	乙巳	丙子	丙午	丁丑
12日	甲辰	壬申	癸卯	癸酉	甲辰	甲戌	乙巳	丙子	丙午	丁丑	丁未	戊寅
13日	乙巳	癸酉	甲辰	甲戌	乙巳	乙亥	丙午	丁丑	丁未	戊寅	戊申	己卯
14日	丙午	甲戌	乙巳	乙亥	丙午	丙子	丁未	戊寅	戊申	己卯	己酉	庚辰
15日	丁未	乙亥	丙午	丙子	丁未	丁丑	戊申	己卯	己酉	庚辰	庚戌	辛巳
16日	戊申	丙子	丁未	丁丑	戊申	戊寅	己酉	庚辰	庚戌	辛巳	辛亥	壬午
17日	己酉	丁丑	戊申	戊寅	己酉	己卯	庚戌	辛巳	辛亥	壬午	壬子	癸未
18日	庚戌	戊寅	己酉	己卯	庚戌	庚辰	辛亥	壬午	壬子	癸未	癸丑	甲申
19日	辛亥	己卯	庚戌	庚辰	辛亥	辛巳	壬子	癸未	癸丑	甲申	甲寅	乙酉
20日	壬子	庚辰	辛亥	辛巳	壬子	壬午	癸丑	甲申	甲寅	乙酉	乙卯	丙戌
21日	癸丑	辛巳	壬子	壬午	癸丑	癸未	甲寅	乙酉	乙卯	丙戌	丙辰	丁亥
22日	甲寅	壬午	癸丑	癸未	甲寅	甲申	乙卯	丙戌	丙辰	丁亥	丁巳	戊子
23日	乙卯	癸未	甲寅	甲申	乙卯	乙酉	丙辰	丁亥	丁巳	戊子	戊午	己丑
24日	丙辰	甲申	乙卯	乙酉	丙辰	丙戌	丁巳	戊子	戊午	己丑	己未	庚寅
25日	丁巳	乙酉	丙辰	丙戌	丁巳	丁亥	戊午	己丑	己未	庚寅	庚申	辛卯
26日	戊午	丙戌	丁巳	丁亥	戊午	戊子	己未	庚寅	庚申	辛卯	辛酉	壬辰
27日	己未	丁亥	戊午	戊子	己未	己丑	庚申	辛卯	辛酉	壬辰	壬戌	癸巳
28日	庚申	戊子	己未	己丑	庚申	庚寅	辛酉	壬辰	壬戌	癸巳	癸亥	甲午
29日		己丑	庚申	庚寅	辛酉	辛卯	壬戌	癸巳	癸亥	甲午	甲子	乙未
30日		庚寅	辛酉	辛卯	壬戌	壬辰	癸亥	甲午	甲子	乙未	乙丑	丙申
31日		辛卯		壬辰		癸巳	甲子		乙丑		丙寅	丁酉

1956年〈昭和31年〉◆丙申

月	2月	3月	4月	5月	6月	7月	8月	9月	10月	11月	12月	1月
干支	庚寅	辛卯	壬辰	癸巳	甲午	乙未	丙申	丁酉	戊戌	己亥	庚子	辛丑
節入	5日	5日	5日	5日	6日	7日	7日	8日	8日	7日	7日	5日
時刻	5:13	23:25	4:32	22:10	2:36	12:59	22:41	1:20	16:37	19:27	12:03	23:11
1日	戊戌	丁卯	戊戌	戊辰	己亥	己巳	庚子	辛未	辛丑	壬申	壬寅	癸酉
2日	己亥	戊辰	己亥	己巳	庚子	庚午	辛丑	壬申	壬寅	癸酉	癸卯	甲戌
3日	庚子	己巳	庚子	庚午	辛丑	辛未	壬寅	癸酉	癸卯	甲戌	甲辰	乙亥
4日	辛丑	庚午	辛丑	辛未	壬寅	壬申	癸卯	甲戌	甲辰	乙亥	乙巳	丙子
5日	**壬寅**	**辛未**	**壬寅**	**壬申**	癸卯	癸酉	甲辰	乙亥	乙巳	丙子	丙午	**丁丑**
6日	癸卯	壬申	癸卯	癸酉	**甲辰**	甲戌	乙巳	丙子	丙午	丁丑	丁未	戊寅
7日	甲辰	癸酉	甲辰	甲戌	乙巳	**乙亥**	**丙午**	丁丑	丁未	**戊寅**	**戊申**	己卯
8日	乙巳	甲戌	乙巳	乙亥	丙午	丙子	丁未	**戊寅**	**戊申**	己卯	己酉	庚辰
9日	丙午	乙亥	丙午	丙子	丁未	丁丑	戊申	己卯	己酉	庚辰	庚戌	辛巳
10日	丁未	丙子	丁未	丁丑	戊申	戊寅	己酉	庚辰	庚戌	辛巳	辛亥	壬午
11日	戊申	丁丑	戊申	戊寅	己酉	己卯	庚戌	辛巳	辛亥	壬午	壬子	癸未
12日	己酉	戊寅	己酉	己卯	庚戌	庚辰	辛亥	壬午	壬子	癸未	癸丑	甲申
13日	庚戌	己卯	庚戌	庚辰	辛亥	辛巳	壬子	癸未	癸丑	甲申	甲寅	乙酉
14日	辛亥	庚辰	辛亥	辛巳	壬子	壬午	癸丑	甲申	甲寅	乙酉	乙卯	丙戌
15日	壬子	辛巳	壬子	壬午	癸丑	癸未	甲寅	乙酉	乙卯	丙戌	丙辰	丁亥
16日	癸丑	壬午	癸丑	癸未	甲寅	甲申	乙卯	丙戌	丙辰	丁亥	丁巳	戊子
17日	甲寅	癸未	甲寅	甲申	乙卯	乙酉	丙辰	丁亥	丁巳	戊子	戊午	己丑
18日	乙卯	甲申	乙卯	乙酉	丙辰	丙戌	丁巳	戊子	戊午	己丑	己未	庚寅
19日	丙辰	乙酉	丙辰	丙戌	丁巳	丁亥	戊午	己丑	己未	庚寅	庚申	辛卯
20日	丁巳	丙戌	丁巳	丁亥	戊午	戊子	己未	庚寅	庚申	辛卯	辛酉	壬辰
21日	戊午	丁亥	戊午	戊子	己未	己丑	庚申	辛卯	辛酉	壬辰	壬戌	癸巳
22日	己未	戊子	己未	己丑	庚申	庚寅	辛酉	壬辰	壬戌	癸巳	癸亥	甲午
23日	庚申	己丑	庚申	庚寅	辛酉	辛卯	壬戌	癸巳	癸亥	甲午	甲子	乙未
24日	辛酉	庚寅	辛酉	辛卯	壬戌	壬辰	癸亥	甲午	甲子	乙未	乙丑	丙申
25日	壬戌	辛卯	壬戌	壬辰	癸亥	癸巳	甲子	乙未	乙丑	丙申	丙寅	丁酉
26日	癸亥	壬辰	癸亥	癸巳	甲子	甲午	乙丑	丙申	丙寅	丁酉	丁卯	戊戌
27日	甲子	癸巳	甲子	甲午	乙丑	乙未	丙寅	丁酉	丁卯	戊戌	戊辰	己亥
28日	乙丑	甲午	乙丑	乙未	丙寅	丙申	丁卯	戊戌	戊辰	己亥	己巳	庚子
29日	丙寅	乙未	丙寅	丙申	丁卯	丁酉	戊辰	己亥	己巳	庚子	庚午	辛丑
30日		丙申	丁卯	丁酉	戊辰	戊戌	己巳	庚子	庚午	辛丑	辛未	壬寅
31日		丁酉		戊戌		己亥	庚午		辛未		壬申	癸卯

1957年〈昭和32年〉◆丁酉

月	2月	3月	4月	5月	6月	7月	8月	9月	10月	11月	12月	1月
干支	壬寅	癸卯	甲辰	乙巳	丙午	丁未	戊申	己酉	庚戌	辛亥	壬子	癸丑
節入	4日	6日	5日	6日	6日	7日	8日	8日	8日	8日	7日	6日
時刻	10:55	5:11	10:19	3:59	8:25	18:49	4:33	7:13	22:31	1:21	17:57	5:05
1日	甲辰	壬申	癸卯	癸酉	甲辰	甲戌	乙巳	丙子	丙午	丁丑	丁未	戊寅
2日	乙巳	癸酉	甲辰	甲戌	乙巳	乙亥	丙午	丁丑	丁未	戊寅	戊申	己卯
3日	丙午	甲戌	乙巳	乙亥	丙午	丙子	丁未	戊寅	戊申	己卯	己酉	庚辰
4日	**丁未**	乙亥	丙午	丙子	丁未	丁丑	戊申	己卯	己酉	庚辰	庚戌	辛巳
5日	戊申	丙子	**丁未**	丁丑	戊申	戊寅	己酉	庚辰	庚戌	辛巳	辛亥	壬午
6日	己酉	**丁丑**	戊申	**戊寅**	**己酉**	己卯	庚戌	辛巳	辛亥	壬午	壬子	**癸未**
7日	庚戌	戊寅	己酉	己卯	庚戌	**庚辰**	辛亥	壬午	壬子	癸未	**癸丑**	甲申
8日	辛亥	己卯	庚戌	庚辰	辛亥	辛巳	**壬子**	**癸未**	**癸丑**	**甲申**	甲寅	乙酉
9日	壬子	庚辰	辛亥	辛巳	壬子	壬午	癸丑	甲申	甲寅	乙酉	乙卯	丙戌
10日	癸丑	辛巳	壬子	壬午	癸丑	癸未	甲寅	乙酉	乙卯	丙戌	丙辰	丁亥
11日	甲寅	壬午	癸丑	癸未	甲寅	甲申	乙卯	丙戌	丙辰	丁亥	丁巳	戊子
12日	乙卯	癸未	甲寅	甲申	乙卯	乙酉	丙辰	丁亥	丁巳	戊子	戊午	己丑
13日	丙辰	甲申	乙卯	乙酉	丙辰	丙戌	丁巳	戊子	戊午	己丑	己未	庚寅
14日	丁巳	乙酉	丙辰	丙戌	丁巳	丁亥	戊午	己丑	己未	庚寅	庚申	辛卯
15日	戊午	丙戌	丁巳	丁亥	戊午	戊子	己未	庚寅	庚申	辛卯	辛酉	壬辰
16日	己未	丁亥	戊午	戊子	己未	己丑	庚申	辛卯	辛酉	壬辰	壬戌	癸巳
17日	庚申	戊子	己未	己丑	庚申	庚寅	辛酉	壬辰	壬戌	癸巳	癸亥	甲午
18日	辛酉	己丑	庚申	庚寅	辛酉	辛卯	壬戌	癸巳	癸亥	甲午	甲子	乙未
19日	壬戌	庚寅	辛酉	辛卯	壬戌	壬辰	癸亥	甲午	甲子	乙未	乙丑	丙申
20日	癸亥	辛卯	壬戌	壬辰	癸亥	癸巳	甲子	乙未	乙丑	丙申	丙寅	丁酉
21日	甲子	壬辰	癸亥	癸巳	甲子	甲午	乙丑	丙申	丙寅	丁酉	丁卯	戊戌
22日	乙丑	癸巳	甲子	甲午	乙丑	乙未	丙寅	丁酉	丁卯	戊戌	戊辰	己亥
23日	丙寅	甲午	乙丑	乙未	丙寅	丙申	丁卯	戊戌	戊辰	己亥	己巳	庚子
24日	丁卯	乙未	丙寅	丙申	丁卯	丁酉	戊辰	己亥	己巳	庚子	庚午	辛丑
25日	戊辰	丙申	丁卯	丁酉	戊辰	戊戌	己巳	庚子	庚午	辛丑	辛未	壬寅
26日	己巳	丁酉	戊辰	戊戌	己巳	己亥	庚午	辛丑	辛未	壬寅	壬申	癸卯
27日	庚午	戊戌	己巳	己亥	庚午	庚子	辛未	壬寅	壬申	癸卯	癸酉	甲辰
28日	辛未	己亥	庚午	庚子	辛未	辛丑	壬申	癸卯	癸酉	甲辰	甲戌	乙巳
29日		庚子	辛未	辛丑	壬申	壬寅	癸酉	甲辰	甲戌	乙巳	乙亥	丙午
30日		辛丑	壬申	壬寅	癸酉	癸卯	甲戌	乙巳	乙亥	丙午	丙子	丁未
31日		壬寅		癸卯		甲辰	乙亥		丙子		丁丑	戊申

1958年〈昭和33年〉◆戊戌

月	2月	3月	4月	5月	6月	7月	8月	9月	10月	11月	12月	1月
干支	甲寅	乙卯	丙辰	丁巳	戊午	己未	庚申	辛酉	壬戌	癸亥	甲子	乙丑
節入	4日	6日	5日	6日	6日	8日	8日	8日	9日	8日	7日	6日
時刻	16:50	11:06	16:13	9:50	14:13	0:34	10:18	13:00	4:20	7:13	23:50	10:59
1日	己酉	丁丑	戊申	戊寅	己酉	己卯	庚戌	辛巳	辛亥	壬午	壬子	癸未
2日	庚戌	戊寅	己酉	己卯	庚戌	庚辰	辛亥	壬午	壬子	癸未	癸丑	甲申
3日	辛亥	己卯	庚戌	庚辰	辛亥	辛巳	壬子	癸未	癸丑	甲申	甲寅	乙酉
4日	**壬子**	庚辰	辛亥	辛巳	壬子	壬午	癸丑	甲申	甲寅	乙酉	乙卯	丙戌
5日	癸丑	辛巳	**壬子**	壬午	癸丑	癸未	甲寅	乙酉	乙卯	丙戌	丙辰	丁亥
6日	甲寅	**壬午**	癸丑	**癸未**	**甲寅**	甲申	乙卯	丙戌	丙辰	丁亥	丁巳	**戊子**
7日	乙卯	癸未	甲寅	甲申	乙卯	乙酉	丙辰	丁亥	丁巳	戊子	**戊午**	己丑
8日	丙辰	甲申	乙卯	乙酉	丙辰	**丙戌**	**丁巳**	**戊子**	戊午	**己丑**	己未	庚寅
9日	丁巳	乙酉	丙辰	丙戌	丁巳	丁亥	戊午	己丑	**己未**	庚寅	庚申	辛卯
10日	戊午	丙戌	丁巳	丁亥	戊午	戊子	己未	庚寅	庚申	辛卯	辛酉	壬辰
11日	己未	丁亥	戊午	戊子	己未	己丑	庚申	辛卯	辛酉	壬辰	壬戌	癸巳
12日	庚申	戊子	己未	己丑	庚申	庚寅	辛酉	壬辰	壬戌	癸巳	癸亥	甲午
13日	辛酉	己丑	庚申	庚寅	辛酉	辛卯	壬戌	癸巳	癸亥	甲午	甲子	乙未
14日	壬戌	庚寅	辛酉	辛卯	壬戌	壬辰	癸亥	甲午	甲子	乙未	乙丑	丙申
15日	癸亥	辛卯	壬戌	壬辰	癸亥	癸巳	甲子	乙未	乙丑	丙申	丙寅	丁酉
16日	甲子	壬辰	癸亥	癸巳	甲子	甲午	乙丑	丙申	丙寅	丁酉	丁卯	戊戌
17日	乙丑	癸巳	甲子	甲午	乙丑	乙未	丙寅	丁酉	丁卯	戊戌	戊辰	己亥
18日	丙寅	甲午	乙丑	乙未	丙寅	丙申	丁卯	戊戌	戊辰	己亥	己巳	庚子
19日	丁卯	乙未	丙寅	丙申	丁卯	丁酉	戊辰	己亥	己巳	庚子	庚午	辛丑
20日	戊辰	丙申	丁卯	丁酉	戊辰	戊戌	己巳	庚子	庚午	辛丑	辛未	壬寅
21日	己巳	丁酉	戊辰	戊戌	己巳	己亥	庚午	辛丑	辛未	壬寅	壬申	癸卯
22日	庚午	戊戌	己巳	己亥	庚午	庚子	辛未	壬寅	壬申	癸卯	癸酉	甲辰
23日	辛未	己亥	庚午	庚子	辛未	辛丑	壬申	癸卯	癸酉	甲辰	甲戌	乙巳
24日	壬申	庚子	辛未	辛丑	壬申	壬寅	癸酉	甲辰	甲戌	乙巳	乙亥	丙午
25日	癸酉	辛丑	壬申	壬寅	癸酉	癸卯	甲戌	乙巳	乙亥	丙午	丙子	丁未
26日	甲戌	壬寅	癸酉	癸卯	甲戌	甲辰	乙亥	丙午	丙子	丁未	丁丑	戊申
27日	乙亥	癸卯	甲戌	甲辰	乙亥	乙巳	丙子	丁未	丁丑	戊申	戊寅	己酉
28日	丙子	甲辰	乙亥	乙巳	丙子	丙午	丁丑	戊申	戊寅	己酉	己卯	庚戌
29日		乙巳	丙子	丙午	丁丑	丁未	戊寅	己酉	己卯	庚戌	庚辰	辛亥
30日		丙午	丁丑	丁未	戊寅	戊申	己卯	庚戌	庚辰	辛亥	辛巳	壬子
31日		丁未		戊申		己酉	庚辰		辛巳		壬午	癸丑

1959年〈昭和34年〉◆己亥

月	2月	3月	4月	5月	6月	7月	8月	9月	10月	11月	12月	1月
干支	丙寅	丁卯	戊辰	己巳	庚午	辛未	壬申	癸酉	甲戌	乙亥	丙子	丁丑
節入	4日	6日	5日	6日	6日	8日	8日	8日	9日	8日	8日	6日
時刻	22:43	16:57	22:04	15:39	20:01	6:20	16:05	18:49	10:11	13:03	5:38	16:43
1日	甲寅	壬午	癸丑	癸未	甲寅	甲申	乙卯	丙戌	丙辰	丁亥	丁巳	戊子
2日	乙卯	癸未	甲寅	甲申	乙卯	乙酉	丙辰	丁亥	丁巳	戊子	戊午	己丑
3日	丙辰	甲申	乙卯	乙酉	丙辰	丙戌	丁巳	戊子	戊午	己丑	己未	庚寅
4日	**丁巳**	乙酉	丙辰	丙戌	丁巳	丁亥	戊午	己丑	己未	庚寅	庚申	辛卯
5日	戊午	丙戌	**丁巳**	丁亥	戊午	戊子	己未	庚寅	庚申	辛卯	辛酉	壬辰
6日	己未	**丁亥**	戊午	**戊子**	**己未**	己丑	庚申	辛卯	辛酉	壬辰	壬戌	**癸巳**
7日	庚申	戊子	己未	己丑	庚申	庚寅	辛酉	壬辰	壬戌	癸巳	癸亥	甲午
8日	辛酉	己丑	庚申	庚寅	辛酉	**辛卯**	**壬戌**	**癸巳**	癸亥	**甲午**	**甲子**	乙未
9日	壬戌	庚寅	辛酉	辛卯	壬戌	壬辰	癸亥	甲午	**甲子**	乙未	乙丑	丙申
10日	癸亥	辛卯	壬戌	壬辰	癸亥	癸巳	甲子	乙未	乙丑	丙申	丙寅	丁酉
11日	甲子	壬辰	癸亥	癸巳	甲子	甲午	乙丑	丙申	丙寅	丁酉	丁卯	戊戌
12日	乙丑	癸巳	甲子	甲午	乙丑	乙未	丙寅	丁酉	丁卯	戊戌	戊辰	己亥
13日	丙寅	甲午	乙丑	乙未	丙寅	丙申	丁卯	戊戌	戊辰	己亥	己巳	庚子
14日	丁卯	乙未	丙寅	丙申	丁卯	丁酉	戊辰	己亥	己巳	庚子	庚午	辛丑
15日	戊辰	丙申	丁卯	丁酉	戊辰	戊戌	己巳	庚子	庚午	辛丑	辛未	壬寅
16日	己巳	丁酉	戊辰	戊戌	己巳	己亥	庚午	辛丑	辛未	壬寅	壬申	癸卯
17日	庚午	戊戌	己巳	己亥	庚午	庚子	辛未	壬寅	壬申	癸卯	癸酉	甲辰
18日	辛未	己亥	庚午	庚子	辛未	辛丑	壬申	癸卯	癸酉	甲辰	甲戌	乙巳
19日	壬申	庚子	辛未	辛丑	壬申	壬寅	癸酉	甲辰	甲戌	乙巳	乙亥	丙午
20日	癸酉	辛丑	壬申	壬寅	癸酉	癸卯	甲戌	乙巳	乙亥	丙午	丙子	丁未
21日	甲戌	壬寅	癸酉	癸卯	甲戌	甲辰	乙亥	丙午	丙子	丁未	丁丑	戊申
22日	乙亥	癸卯	甲戌	甲辰	乙亥	乙巳	丙子	丁未	丁丑	戊申	戊寅	己酉
23日	丙子	甲辰	乙亥	乙巳	丙子	丙午	丁丑	戊申	戊寅	己酉	己卯	庚戌
24日	丁丑	乙巳	丙子	丙午	丁丑	丁未	戊寅	己酉	己卯	庚戌	庚辰	辛亥
25日	戊寅	丙午	丁丑	丁未	戊寅	戊申	己卯	庚戌	庚辰	辛亥	辛巳	壬子
26日	己卯	丁未	戊寅	戊申	己卯	己酉	庚辰	辛亥	辛巳	壬子	壬午	癸丑
27日	庚辰	戊申	己卯	己酉	庚辰	庚戌	辛巳	壬子	壬午	癸丑	癸未	甲寅
28日	辛巳	己酉	庚辰	庚戌	辛巳	辛亥	壬午	癸丑	癸未	甲寅	甲申	乙卯
29日		庚戌	辛巳	辛亥	壬午	壬子	癸未	甲寅	甲申	乙卯	乙酉	丙辰
30日		辛亥	壬午	壬子	癸未	癸丑	甲申	乙卯	乙酉	丙辰	丙戌	丁巳
31日		壬子		癸丑		甲寅	乙酉		丙戌		丁亥	戊午

1960年〈昭和35年〉◆庚子

月	2月	3月	4月	5月	6月	7月	8月	9月	10月	11月	12月	1月
干支	戊寅	己卯	庚辰	辛巳	壬午	癸未	甲申	乙酉	丙戌	丁亥	戊子	己丑
節入	5日	5日	5日	5日	6日	7日	7日	8日	8日	7日	7日	5日
時刻	4:23	22:36	3:44	21:23	1:48	12:13	22:00	0:46	16:09	19:02	11:38	22:43
1日	己未	戊子	己未	己丑	庚申	庚寅	辛酉	壬辰	壬戌	癸巳	癸亥	甲午
2日	庚申	己丑	庚申	庚寅	辛酉	辛卯	壬戌	癸巳	癸亥	甲午	甲子	乙未
3日	辛酉	庚寅	辛酉	辛卯	壬戌	壬辰	癸亥	甲午	甲子	乙未	乙丑	丙申
4日	壬戌	辛卯	壬戌	壬辰	癸亥	癸巳	甲子	乙未	乙丑	丙申	丙寅	丁酉
5日	**癸亥**	**壬辰**	**癸亥**	**癸巳**	甲子	甲午	乙丑	丙申	丙寅	丁酉	丁卯	**戊戌**
6日	甲子	癸巳	甲子	甲午	**乙丑**	乙未	丙寅	丁酉	丁卯	戊戌	戊辰	己亥
7日	乙丑	甲午	乙丑	乙未	丙寅	**丙申**	**丁卯**	戊戌	戊辰	**己亥**	**己巳**	庚子
8日	丙寅	乙未	丙寅	丙申	丁卯	丁酉	戊辰	**己亥**	**己巳**	庚子	庚午	辛丑
9日	丁卯	丙申	丁卯	丁酉	戊辰	戊戌	己巳	庚子	庚午	辛丑	辛未	壬寅
10日	戊辰	丁酉	戊辰	戊戌	己巳	己亥	庚午	辛丑	辛未	壬寅	壬申	癸卯
11日	己巳	戊戌	己巳	己亥	庚午	庚子	辛未	壬寅	壬申	癸卯	癸酉	甲辰
12日	庚午	己亥	庚午	庚子	辛未	辛丑	壬申	癸卯	癸酉	甲辰	甲戌	乙巳
13日	辛未	庚子	辛未	辛丑	壬申	壬寅	癸酉	甲辰	甲戌	乙巳	乙亥	丙午
14日	壬申	辛丑	壬申	壬寅	癸酉	癸卯	甲戌	乙巳	乙亥	丙午	丙子	丁未
15日	癸酉	壬寅	癸酉	癸卯	甲戌	甲辰	乙亥	丙午	丙子	丁未	丁丑	戊申
16日	甲戌	癸卯	甲戌	甲辰	乙亥	乙巳	丙子	丁未	丁丑	戊申	戊寅	己酉
17日	乙亥	甲辰	乙亥	乙巳	丙子	丙午	丁丑	戊申	戊寅	己酉	己卯	庚戌
18日	丙子	乙巳	丙子	丙午	丁丑	丁未	戊寅	己酉	己卯	庚戌	庚辰	辛亥
19日	丁丑	丙午	丁丑	丁未	戊寅	戊申	己卯	庚戌	庚辰	辛亥	辛巳	壬子
20日	戊寅	丁未	戊寅	戊申	己卯	己酉	庚辰	辛亥	辛巳	壬子	壬午	癸丑
21日	己卯	戊申	己卯	己酉	庚辰	庚戌	辛巳	壬子	壬午	癸丑	癸未	甲寅
22日	庚辰	己酉	庚辰	庚戌	辛巳	辛亥	壬午	癸丑	癸未	甲寅	甲申	乙卯
23日	辛巳	庚戌	辛巳	辛亥	壬午	壬子	癸未	甲寅	甲申	乙卯	乙酉	丙辰
24日	壬午	辛亥	壬午	壬子	癸未	癸丑	甲申	乙卯	乙酉	丙辰	丙戌	丁巳
25日	癸未	壬子	癸未	癸丑	甲申	甲寅	乙酉	丙辰	丙戌	丁巳	丁亥	戊午
26日	甲申	癸丑	甲申	甲寅	乙酉	乙卯	丙戌	丁巳	丁亥	戊午	戊子	己未
27日	乙酉	甲寅	乙酉	乙卯	丙戌	丙辰	丁亥	戊午	戊子	己未	己丑	庚申
28日	丙戌	乙卯	丙戌	丙辰	丁亥	丁巳	戊子	己未	己丑	庚申	庚寅	辛酉
29日	丁亥	丙辰	丁亥	丁巳	戊子	戊午	己丑	庚申	庚寅	辛酉	辛卯	壬戌
30日		丁巳	戊子	戊午	己丑	己未	庚寅	辛酉	辛卯	壬戌	壬辰	癸亥
31日		戊午		己未		庚申	辛卯		壬辰		癸巳	甲子

1961年〈昭和36年〉◆辛丑

月	2月	3月	4月	5月	6月	7月	8月	9月	10月	11月	12月	1月
干支	庚寅	辛卯	壬辰	癸巳	甲午	乙未	丙申	丁酉	戊戌	己亥	庚子	辛丑
節入	4日	6日	5日	6日	6日	7日	8日	8日	8日	8日	7日	6日
時刻	10:23	4:35	9:42	3:21	7:46	18:07	3:48	6:29	21:51	0:46	17:26	4:35
1日	乙丑	癸巳	甲子	甲午	乙丑	乙未	丙寅	丁酉	丁卯	戊戌	戊辰	己亥
2日	丙寅	甲午	乙丑	乙未	丙寅	丙申	丁卯	戊戌	戊辰	己亥	己巳	庚子
3日	丁卯	乙未	丙寅	丙申	丁卯	丁酉	戊辰	己亥	己巳	庚子	庚午	辛丑
4日	**戊辰**	丙申	丁卯	丁酉	戊辰	戊戌	己巳	庚子	庚午	辛丑	辛未	壬寅
5日	己巳	丁酉	**戊辰**	戊戌	己巳	己亥	庚午	辛丑	辛未	壬寅	壬申	癸卯
6日	庚午	**戊戌**	己巳	**己亥**	**庚午**	庚子	辛未	壬寅	壬申	癸卯	癸酉	**甲辰**
7日	辛未	己亥	庚午	庚子	辛未	**辛丑**	壬申	癸卯	癸酉	甲辰	**甲戌**	乙巳
8日	壬申	庚子	辛未	辛丑	壬申	壬寅	**癸酉**	**甲辰**	**甲戌**	**乙巳**	乙亥	丙午
9日	癸酉	辛丑	壬申	壬寅	癸酉	癸卯	甲戌	乙巳	乙亥	丙午	丙子	丁未
10日	甲戌	壬寅	癸酉	癸卯	甲戌	甲辰	乙亥	丙午	丙子	丁未	丁丑	戊申
11日	乙亥	癸卯	甲戌	甲辰	乙亥	乙巳	丙子	丁未	丁丑	戊申	戊寅	己酉
12日	丙子	甲辰	乙亥	乙巳	丙子	丙午	丁丑	戊申	戊寅	己酉	己卯	庚戌
13日	丁丑	乙巳	丙子	丙午	丁丑	丁未	戊寅	己酉	己卯	庚戌	庚辰	辛亥
14日	戊寅	丙午	丁丑	丁未	戊寅	戊申	己卯	庚戌	庚辰	辛亥	辛巳	壬子
15日	己卯	丁未	戊寅	戊申	己卯	己酉	庚辰	辛亥	辛巳	壬子	壬午	癸丑
16日	庚辰	戊申	己卯	己酉	庚辰	庚戌	辛巳	壬子	壬午	癸丑	癸未	甲寅
17日	辛巳	己酉	庚辰	庚戌	辛巳	辛亥	壬午	癸丑	癸未	甲寅	甲申	乙卯
18日	壬午	庚戌	辛巳	辛亥	壬午	壬子	癸未	甲寅	甲申	乙卯	乙酉	丙辰
19日	癸未	辛亥	壬午	壬子	癸未	癸丑	甲申	乙卯	乙酉	丙辰	丙戌	丁巳
20日	甲申	壬子	癸未	癸丑	甲申	甲寅	乙酉	丙辰	丙戌	丁巳	丁亥	戊午
21日	乙酉	癸丑	甲申	甲寅	乙酉	乙卯	丙戌	丁巳	丁亥	戊午	戊子	己未
22日	丙戌	甲寅	乙酉	乙卯	丙戌	丙辰	丁亥	戊午	戊子	己未	己丑	庚申
23日	丁亥	乙卯	丙戌	丙辰	丁亥	丁巳	戊子	己未	己丑	庚申	庚寅	辛酉
24日	戊子	丙辰	丁亥	丁巳	戊子	戊午	己丑	庚申	庚寅	辛酉	辛卯	壬戌
25日	己丑	丁巳	戊子	戊午	己丑	己未	庚寅	辛酉	辛卯	壬戌	壬辰	癸亥
26日	庚寅	戊午	己丑	己未	庚寅	庚申	辛卯	壬戌	壬辰	癸亥	癸巳	甲子
27日	辛卯	己未	庚寅	庚申	辛卯	辛酉	壬辰	癸亥	癸巳	甲子	甲午	乙丑
28日	壬辰	庚申	辛卯	辛酉	壬辰	壬戌	癸巳	甲子	甲午	乙丑	乙未	丙寅
29日		辛酉	壬辰	壬戌	癸巳	癸亥	甲午	乙丑	乙未	丙寅	丙申	丁卯
30日		壬戌	癸巳	癸亥	甲午	甲子	乙未	丙寅	丙申	丁卯	丁酉	戊辰
31日		癸亥		甲子		乙丑	丙申		丁酉		戊戌	己巳

1962年〈昭和37年〉◆壬寅

月	2月	3月	4月	5月	6月	7月	8月	9月	10月	11月	12月	1月
干支	壬寅	癸卯	甲辰	乙巳	丙午	丁未	戊申	己酉	庚戌	辛亥	壬子	癸丑
節入	4日	6日	5日	6日	6日	7日	8日	8日	9日	8日	7日	6日
時刻	16:18	10:30	15:34	9:09	13:31	23:51	9:34	12:16	3:38	6:35	23:17	10:27
1日	庚午	戊戌	己巳	己亥	庚午	庚子	辛未	壬寅	壬申	癸卯	癸酉	甲辰
2日	辛未	己亥	庚午	庚子	辛未	辛丑	壬申	癸卯	癸酉	甲辰	甲戌	乙巳
3日	壬申	庚子	辛未	辛丑	壬申	壬寅	癸酉	甲辰	甲戌	乙巳	乙亥	丙午
4日	**癸酉**	辛丑	壬申	壬寅	癸酉	癸卯	甲戌	乙巳	乙亥	丙午	丙子	丁未
5日	甲戌	壬寅	**癸酉**	癸卯	甲戌	甲辰	乙亥	丙午	丙子	丁未	丁丑	戊申
6日	乙亥	**癸卯**	甲戌	**甲辰**	**乙亥**	乙巳	丙子	丁未	丁丑	戊申	戊寅	**己酉**
7日	丙子	甲辰	乙亥	乙巳	丙子	**丙午**	丁丑	戊申	戊寅	己酉	**己卯**	庚戌
8日	丁丑	乙巳	丙子	丙午	丁丑	丁未	**戊寅**	**己酉**	己卯	**庚戌**	庚辰	辛亥
9日	戊寅	丙午	丁丑	丁未	戊寅	戊申	己卯	庚戌	**庚辰**	辛亥	辛巳	壬子
10日	己卯	丁未	戊寅	戊申	己卯	己酉	庚辰	辛亥	辛巳	壬子	壬午	癸丑
11日	庚辰	戊申	己卯	己酉	庚辰	庚戌	辛巳	壬子	壬午	癸丑	癸未	甲寅
12日	辛巳	己酉	庚辰	庚戌	辛巳	辛亥	壬午	癸丑	癸未	甲寅	甲申	乙卯
13日	壬午	庚戌	辛巳	辛亥	壬午	壬子	癸未	甲寅	甲申	乙卯	乙酉	丙辰
14日	癸未	辛亥	壬午	壬子	癸未	癸丑	甲申	乙卯	乙酉	丙辰	丙戌	丁巳
15日	甲申	壬子	癸未	癸丑	甲申	甲寅	乙酉	丙辰	丙戌	丁巳	丁亥	戊午
16日	乙酉	癸丑	甲申	甲寅	乙酉	乙卯	丙戌	丁巳	丁亥	戊午	戊子	己未
17日	丙戌	甲寅	乙酉	乙卯	丙戌	丙辰	丁亥	戊午	戊子	己未	己丑	庚申
18日	丁亥	乙卯	丙戌	丙辰	丁亥	丁巳	戊子	己未	己丑	庚申	庚寅	辛酉
19日	戊子	丙辰	丁亥	丁巳	戊子	戊午	己丑	庚申	庚寅	辛酉	辛卯	壬戌
20日	己丑	丁巳	戊子	戊午	己丑	己未	庚寅	辛酉	辛卯	壬戌	壬辰	癸亥
21日	庚寅	戊午	己丑	己未	庚寅	庚申	辛卯	壬戌	壬辰	癸亥	癸巳	甲子
22日	辛卯	己未	庚寅	庚申	辛卯	辛酉	壬辰	癸亥	癸巳	甲子	甲午	乙丑
23日	壬辰	庚申	辛卯	辛酉	壬辰	壬戌	癸巳	甲子	甲午	乙丑	乙未	丙寅
24日	癸巳	辛酉	壬辰	壬戌	癸巳	癸亥	甲午	乙丑	乙未	丙寅	丙申	丁卯
25日	甲午	壬戌	癸巳	癸亥	甲午	甲子	乙未	丙寅	丙申	丁卯	丁酉	戊辰
26日	乙未	癸亥	甲午	甲子	乙未	乙丑	丙申	丁卯	丁酉	戊辰	戊戌	己巳
27日	丙申	甲子	乙未	乙丑	丙申	丙寅	丁酉	戊辰	戊戌	己巳	己亥	庚午
28日	丁酉	乙丑	丙申	丙寅	丁酉	丁卯	戊戌	己巳	己亥	庚午	庚子	辛未
29日		丙寅	丁酉	丁卯	戊戌	戊辰	己亥	庚午	庚子	辛未	辛丑	壬申
30日		丁卯	戊戌	戊辰	己亥	己巳	庚子	辛未	辛丑	壬申	壬寅	癸酉
31日		戊辰		己巳		庚午	辛丑		壬寅		癸卯	甲戌

1963年〈昭和38年〉◆癸卯

月	2月	3月	4月	5月	6月	7月	8月	9月	10月	11月	12月	1月
干支	甲寅	乙卯	丙辰	丁巳	戊午	己未	庚申	辛酉	壬戌	癸亥	甲子	乙丑
節入	4日	6日	5日	6日	6日	8日	8日	8日	9日	8日	8日	6日
時刻	22:08	16:17	21:19	14:52	19:14	5:38	15:26	18:12	9:36	12:33	5:13	16:23
1日	乙亥	癸卯	甲戌	甲辰	乙亥	乙巳	丙子	丁未	丁丑	戊申	戊寅	己酉
2日	丙子	甲辰	乙亥	乙巳	丙子	丙午	丁丑	戊申	戊寅	己酉	己卯	庚戌
3日	丁丑	乙巳	丙子	丙午	丁丑	丁未	戊寅	己酉	己卯	庚戌	庚辰	辛亥
4日	**戊寅**	丙午	丁丑	丁未	戊寅	戊申	己卯	庚戌	庚辰	辛亥	辛巳	壬子
5日	己卯	丁未	**戊寅**	戊申	己卯	己酉	庚辰	辛亥	辛巳	壬子	壬午	癸丑
6日	庚辰	**戊申**	己卯	**己酉**	**庚辰**	庚戌	辛巳	壬子	壬午	癸丑	癸未	**甲寅**
7日	辛巳	己酉	庚辰	庚戌	辛巳	辛亥	壬午	癸丑	癸未	甲寅	甲申	乙卯
8日	壬午	庚戌	辛巳	辛亥	壬午	**壬子**	**癸未**	**甲寅**	甲申	**乙卯**	**乙酉**	丙辰
9日	癸未	辛亥	壬午	壬子	癸未	癸丑	甲申	乙卯	**乙酉**	丙辰	丙戌	丁巳
10日	甲申	壬子	癸未	癸丑	甲申	甲寅	乙酉	丙辰	丙戌	丁巳	丁亥	戊午
11日	乙酉	癸丑	甲申	甲寅	乙酉	乙卯	丙戌	丁巳	丁亥	戊午	戊子	己未
12日	丙戌	甲寅	乙酉	乙卯	丙戌	丙辰	丁亥	戊午	戊子	己未	己丑	庚申
13日	丁亥	乙卯	丙戌	丙辰	丁亥	丁巳	戊子	己未	己丑	庚申	庚寅	辛酉
14日	戊子	丙辰	丁亥	丁巳	戊子	戊午	己丑	庚申	庚寅	辛酉	辛卯	壬戌
15日	己丑	丁巳	戊子	戊午	己丑	己未	庚寅	辛酉	辛卯	壬戌	壬辰	癸亥
16日	庚寅	戊午	己丑	己未	庚寅	庚申	辛卯	壬戌	壬辰	癸亥	癸巳	甲子
17日	辛卯	己未	庚寅	庚申	辛卯	辛酉	壬辰	癸亥	癸巳	甲子	甲午	乙丑
18日	壬辰	庚申	辛卯	辛酉	壬辰	壬戌	癸巳	甲子	甲午	乙丑	乙未	丙寅
19日	癸巳	辛酉	壬辰	壬戌	癸巳	癸亥	甲午	乙丑	乙未	丙寅	丙申	丁卯
20日	甲午	壬戌	癸巳	癸亥	甲午	甲子	乙未	丙寅	丙申	丁卯	丁酉	戊辰
21日	乙未	癸亥	甲午	甲子	乙未	乙丑	丙申	丁卯	丁酉	戊辰	戊戌	己巳
22日	丙申	甲子	乙未	乙丑	丙申	丙寅	丁酉	戊辰	戊戌	己巳	己亥	庚午
23日	丁酉	乙丑	丙申	丙寅	丁酉	丁卯	戊戌	己巳	己亥	庚午	庚子	辛未
24日	戊戌	丙寅	丁酉	丁卯	戊戌	戊辰	己亥	庚午	庚子	辛未	辛丑	壬申
25日	己亥	丁卯	戊戌	戊辰	己亥	己巳	庚子	辛未	辛丑	壬申	壬寅	癸酉
26日	庚子	戊辰	己亥	己巳	庚子	庚午	辛丑	壬申	壬寅	癸酉	癸卯	甲戌
27日	辛丑	己巳	庚子	庚午	辛丑	辛未	壬寅	癸酉	癸卯	甲戌	甲辰	乙亥
28日	壬寅	庚午	辛丑	辛未	壬寅	壬申	癸卯	甲戌	甲辰	乙亥	乙巳	丙子
29日		辛未	壬寅	壬申	癸卯	癸酉	甲辰	乙亥	乙巳	丙子	丙午	丁丑
30日		壬申	癸卯	癸酉	甲辰	甲戌	乙巳	丙子	丙午	丁丑	丁未	戊寅
31日		癸酉		甲戌		乙亥	丙午		丁未		戊申	己卯

1964年〈昭和39年〉◆甲辰

月	2月	3月	4月	5月	6月	7月	8月	9月	10月	11月	12月	1月
干支	丙寅	丁卯	戊辰	己巳	庚午	辛未	壬申	癸酉	甲戌	乙亥	丙子	丁丑
節入	5日	5日	5日	5日	6日	7日	7日	7日	8日	7日	7日	5日
時刻	4:05	22:16	3:18	20:51	1:12	11:32	21:16	23:59	15:22	18:15	10:53	22:02
1日	庚辰	己酉	庚辰	庚戌	辛巳	辛亥	壬午	癸丑	癸未	甲寅	甲申	乙卯
2日	辛巳	庚戌	辛巳	辛亥	壬午	壬子	癸未	甲寅	甲申	乙卯	乙酉	丙辰
3日	壬午	辛亥	壬午	壬子	癸未	癸丑	甲申	乙卯	乙酉	丙辰	丙戌	丁巳
4日	癸未	壬子	癸未	癸丑	甲申	甲寅	乙酉	丙辰	丙戌	丁巳	丁亥	戊午
5日	**甲申**	**癸丑**	**甲申**	**甲寅**	乙酉	乙卯	丙戌	丁巳	丁亥	戊午	戊子	**己未**
6日	乙酉	甲寅	乙酉	乙卯	**丙戌**	丙辰	丁亥	戊午	戊子	己未	己丑	庚申
7日	丙戌	乙卯	丙戌	丙辰	丁亥	**丁巳**	**戊子**	**己未**	己丑	**庚申**	**庚寅**	辛酉
8日	丁亥	丙辰	丁亥	丁巳	戊子	戊午	己丑	庚申	**庚寅**	辛酉	辛卯	壬戌
9日	戊子	丁巳	戊子	戊午	己丑	己未	庚寅	辛酉	辛卯	壬戌	壬辰	癸亥
10日	己丑	戊午	己丑	己未	庚寅	庚申	辛卯	壬戌	壬辰	癸亥	癸巳	甲子
11日	庚寅	己未	庚寅	庚申	辛卯	辛酉	壬辰	癸亥	癸巳	甲子	甲午	乙丑
12日	辛卯	庚申	辛卯	辛酉	壬辰	壬戌	癸巳	甲子	甲午	乙丑	乙未	丙寅
13日	壬辰	辛酉	壬辰	壬戌	癸巳	癸亥	甲午	乙丑	乙未	丙寅	丙申	丁卯
14日	癸巳	壬戌	癸巳	癸亥	甲午	甲子	乙未	丙寅	丙申	丁卯	丁酉	戊辰
15日	甲午	癸亥	甲午	甲子	乙未	乙丑	丙申	丁卯	丁酉	戊辰	戊戌	己巳
16日	乙未	甲子	乙未	乙丑	丙申	丙寅	丁酉	戊辰	戊戌	己巳	己亥	庚午
17日	丙申	乙丑	丙申	丙寅	丁酉	丁卯	戊戌	己巳	己亥	庚午	庚子	辛未
18日	丁酉	丙寅	丁酉	丁卯	戊戌	戊辰	己亥	庚午	庚子	辛未	辛丑	壬申
19日	戊戌	丁卯	戊戌	戊辰	己亥	己巳	庚子	辛未	辛丑	壬申	壬寅	癸酉
20日	己亥	戊辰	己亥	己巳	庚子	庚午	辛丑	壬申	壬寅	癸酉	癸卯	甲戌
21日	庚子	己巳	庚子	庚午	辛丑	辛未	壬寅	癸酉	癸卯	甲戌	甲辰	乙亥
22日	辛丑	庚午	辛丑	辛未	壬寅	壬申	癸卯	甲戌	甲辰	乙亥	乙巳	丙子
23日	壬寅	辛未	壬寅	壬申	癸卯	癸酉	甲辰	乙亥	乙巳	丙子	丙午	丁丑
24日	癸卯	壬申	癸卯	癸酉	甲辰	甲戌	乙巳	丙子	丙午	丁丑	丁未	戊寅
25日	甲辰	癸酉	甲辰	甲戌	乙巳	乙亥	丙午	丁丑	丁未	戊寅	戊申	己卯
26日	乙巳	甲戌	乙巳	乙亥	丙午	丙子	丁未	戊寅	戊申	己卯	己酉	庚辰
27日	丙午	乙亥	丙午	丙子	丁未	丁丑	戊申	己卯	己酉	庚辰	庚戌	辛巳
28日	丁未	丙子	丁未	丁丑	戊申	戊寅	己酉	庚辰	庚戌	辛巳	辛亥	壬午
29日	戊申	丁丑	戊申	戊寅	己酉	己卯	庚戌	辛巳	辛亥	壬午	壬子	癸未
30日		戊寅	己酉	己卯	庚戌	庚辰	辛亥	壬午	壬子	癸未	癸丑	甲申
31日		己卯		庚辰		辛巳	壬子		癸丑		甲寅	乙酉

1965年〈昭和40年〉◆乙巳

月	2月	3月	4月	5月	6月	7月	8月	9月	10月	11月	12月	1月
干支	戊寅	己卯	庚辰	辛巳	壬午	癸未	甲申	乙酉	丙戌	丁亥	戊子	己丑
節入	4日	6日	5日	6日	6日	7日	8日	8日	8日	8日	7日	6日
時刻	9:46	4:01	9:07	2:42	7:02	17:21	3:05	5:48	21:11	0:07	16:46	3:55
1日	丙戌	甲寅	乙酉	乙卯	丙戌	丙辰	丁亥	戊午	戊子	己未	己丑	庚申
2日	丁亥	乙卯	丙戌	丙辰	丁亥	丁巳	戊子	己未	己丑	庚申	庚寅	辛酉
3日	戊子	丙辰	丁亥	丁巳	戊子	戊午	己丑	庚申	庚寅	辛酉	辛卯	壬戌
4日	**己丑**	丁巳	戊子	戊午	己丑	己未	庚寅	辛酉	辛卯	壬戌	壬辰	癸亥
5日	庚寅	戊午	**己丑**	己未	庚寅	庚申	辛卯	壬戌	壬辰	癸亥	癸巳	甲子
6日	辛卯	**己未**	庚寅	**庚申**	**辛卯**	辛酉	壬辰	癸亥	癸巳	甲子	甲午	**乙丑**
7日	壬辰	庚申	辛卯	辛酉	壬辰	**壬戌**	癸巳	甲子	甲午	乙丑	**乙未**	丙寅
8日	癸巳	辛酉	壬辰	壬戌	癸巳	癸亥	**甲午**	**乙丑**	**乙未**	**丙寅**	丙申	丁卯
9日	甲午	壬戌	癸巳	癸亥	甲午	甲子	乙未	丙寅	丙申	丁卯	丁酉	戊辰
10日	乙未	癸亥	甲午	甲子	乙未	乙丑	丙申	丁卯	丁酉	戊辰	戊戌	己巳
11日	丙申	甲子	乙未	乙丑	丙申	丙寅	丁酉	戊辰	戊戌	己巳	己亥	庚午
12日	丁酉	乙丑	丙申	丙寅	丁酉	丁卯	戊戌	己巳	己亥	庚午	庚子	辛未
13日	戊戌	丙寅	丁酉	丁卯	戊戌	戊辰	己亥	庚午	庚子	辛未	辛丑	壬申
14日	己亥	丁卯	戊戌	戊辰	己亥	己巳	庚子	辛未	辛丑	壬申	壬寅	癸酉
15日	庚子	戊辰	己亥	己巳	庚子	庚午	辛丑	壬申	壬寅	癸酉	癸卯	甲戌
16日	辛丑	己巳	庚子	庚午	辛丑	辛未	壬寅	癸酉	癸卯	甲戌	甲辰	乙亥
17日	壬寅	庚午	辛丑	辛未	壬寅	壬申	癸卯	甲戌	甲辰	乙亥	乙巳	丙子
18日	癸卯	辛未	壬寅	壬申	癸卯	癸酉	甲辰	乙亥	乙巳	丙子	丙午	丁丑
19日	甲辰	壬申	癸卯	癸酉	甲辰	甲戌	乙巳	丙子	丙午	丁丑	丁未	戊寅
20日	乙巳	癸酉	甲辰	甲戌	乙巳	乙亥	丙午	丁丑	丁未	戊寅	戊申	己卯
21日	丙午	甲戌	乙巳	乙亥	丙午	丙子	丁未	戊寅	戊申	己卯	己酉	庚辰
22日	丁未	乙亥	丙午	丙子	丁未	丁丑	戊申	己卯	己酉	庚辰	庚戌	辛巳
23日	戊申	丙子	丁未	丁丑	戊申	戊寅	己酉	庚辰	庚戌	辛巳	辛亥	壬午
24日	己酉	丁丑	戊申	戊寅	己酉	己卯	庚戌	辛巳	辛亥	壬午	壬子	癸未
25日	庚戌	戊寅	己酉	己卯	庚戌	庚辰	辛亥	壬午	壬子	癸未	癸丑	甲申
26日	辛亥	己卯	庚戌	庚辰	辛亥	辛巳	壬子	癸未	癸丑	甲申	甲寅	乙酉
27日	壬子	庚辰	辛亥	辛巳	壬子	壬午	癸丑	甲申	甲寅	乙酉	乙卯	丙戌
28日	癸丑	辛巳	壬子	壬午	癸丑	癸未	甲寅	乙酉	乙卯	丙戌	丙辰	丁亥
29日		壬午	癸丑	癸未	甲寅	甲申	乙卯	丙戌	丙辰	丁亥	丁巳	戊子
30日		癸未	甲寅	甲申	乙卯	乙酉	丙辰	丁亥	丁巳	戊子	戊午	己丑
31日		甲申		乙酉		丙戌	丁巳		戊午		己未	庚寅

1966年〈昭和41年〉◆丙午

月	2月	3月	4月	5月	6月	7月	8月	9月	10月	11月	12月	1月
干支	庚寅	辛卯	壬辰	癸巳	甲午	乙未	丙申	丁酉	戊戌	己亥	庚子	辛丑
節入	4日	6日	5日	6日	6日	7日	8日	8日	9日	8日	7日	6日
時刻	15:38	9:52	14:57	8:30	12:50	23:07	8:49	11:32	2:57	5:56	22:38	9:49
1日	辛卯	己未	庚寅	庚申	辛卯	辛酉	壬辰	癸亥	癸巳	甲子	甲午	乙丑
2日	壬辰	庚申	辛卯	辛酉	壬辰	壬戌	癸巳	甲子	甲午	乙丑	乙未	丙寅
3日	癸巳	辛酉	壬辰	壬戌	癸巳	癸亥	甲午	乙丑	乙未	丙寅	丙申	丁卯
4日	**甲午**	壬戌	癸巳	癸亥	甲午	甲子	乙未	丙寅	丙申	丁卯	丁酉	戊辰
5日	乙未	癸亥	**甲午**	甲子	乙未	乙丑	丙申	丁卯	丁酉	戊辰	戊戌	己巳
6日	丙申	**甲子**	乙未	**乙丑**	**丙申**	丙寅	丁酉	戊辰	戊戌	己巳	己亥	**庚午**
7日	丁酉	乙丑	丙申	丙寅	丁酉	**丁卯**	戊戌	己巳	己亥	庚午	**庚子**	辛未
8日	戊戌	丙寅	丁酉	丁卯	戊戌	戊辰	**己亥**	**庚午**	庚子	**辛未**	辛丑	壬申
9日	己亥	丁卯	戊戌	戊辰	己亥	己巳	庚子	辛未	**辛丑**	壬申	壬寅	癸酉
10日	庚子	戊辰	己亥	己巳	庚子	庚午	辛丑	壬申	壬寅	癸酉	癸卯	甲戌
11日	辛丑	己巳	庚子	庚午	辛丑	辛未	壬寅	癸酉	癸卯	甲戌	甲辰	乙亥
12日	壬寅	庚午	辛丑	辛未	壬寅	壬申	癸卯	甲戌	甲辰	乙亥	乙巳	丙子
13日	癸卯	辛未	壬寅	壬申	癸卯	癸酉	甲辰	乙亥	乙巳	丙子	丙午	丁丑
14日	甲辰	壬申	癸卯	癸酉	甲辰	甲戌	乙巳	丙子	丙午	丁丑	丁未	戊寅
15日	乙巳	癸酉	甲辰	甲戌	乙巳	乙亥	丙午	丁丑	丁未	戊寅	戊申	己卯
16日	丙午	甲戌	乙巳	乙亥	丙午	丙子	丁未	戊寅	戊申	己卯	己酉	庚辰
17日	丁未	乙亥	丙午	丙子	丁未	丁丑	戊申	己卯	己酉	庚辰	庚戌	辛巳
18日	戊申	丙子	丁未	丁丑	戊申	戊寅	己酉	庚辰	庚戌	辛巳	辛亥	壬午
19日	己酉	丁丑	戊申	戊寅	己酉	己卯	庚戌	辛巳	辛亥	壬午	壬子	癸未
20日	庚戌	戊寅	己酉	己卯	庚戌	庚辰	辛亥	壬午	壬子	癸未	癸丑	甲申
21日	辛亥	己卯	庚戌	庚辰	辛亥	辛巳	壬子	癸未	癸丑	甲申	甲寅	乙酉
22日	壬子	庚辰	辛亥	辛巳	壬子	壬午	癸丑	甲申	甲寅	乙酉	乙卯	丙戌
23日	癸丑	辛巳	壬子	壬午	癸丑	癸未	甲寅	乙酉	乙卯	丙戌	丙辰	丁亥
24日	甲寅	壬午	癸丑	癸未	甲寅	甲申	乙卯	丙戌	丙辰	丁亥	丁巳	戊子
25日	乙卯	癸未	甲寅	甲申	乙卯	乙酉	丙辰	丁亥	丁巳	戊子	戊午	己丑
26日	丙辰	甲申	乙卯	乙酉	丙辰	丙戌	丁巳	戊子	戊午	己丑	己未	庚寅
27日	丁巳	乙酉	丙辰	丙戌	丁巳	丁亥	戊午	己丑	己未	庚寅	庚申	辛卯
28日	戊午	丙戌	丁巳	丁亥	戊午	戊子	己未	庚寅	庚申	辛卯	辛酉	壬辰
29日		丁亥	戊午	戊子	己未	己丑	庚申	辛卯	辛酉	壬辰	壬戌	癸巳
30日		戊子	己未	己丑	庚申	庚寅	辛酉	壬辰	壬戌	癸巳	癸亥	甲午
31日		己丑		庚寅		辛卯	壬戌		癸亥		甲子	乙未

1967年〈昭和42年〉◆丁未

月	2月	3月	4月	5月	6月	7月	8月	9月	10月	11月	12月	1月
干支	壬寅	癸卯	甲辰	乙巳	丙午	丁未	戊申	己酉	庚戌	辛亥	壬子	癸丑
節入	4日	6日	5日	6日	6日	8日	8日	8日	9日	8日	8日	6日
時刻	21:31	15:42	20:45	14:17	18:36	4:53	14:35	17:18	8:41	11:38	4:18	15:27
1日	丙申	甲子	乙未	乙丑	丙申	丙寅	丁酉	戊辰	戊戌	己巳	己亥	庚午
2日	丁酉	乙丑	丙申	丙寅	丁酉	丁卯	戊戌	己巳	己亥	庚午	庚子	辛未
3日	戊戌	丙寅	丁酉	丁卯	戊戌	戊辰	己亥	庚午	庚子	辛未	辛丑	壬申
4日	**己亥**	丁卯	戊戌	戊辰	己亥	己巳	庚子	辛未	辛丑	壬申	壬寅	癸酉
5日	庚子	戊辰	**己亥**	己巳	庚子	庚午	辛丑	壬申	壬寅	癸酉	癸卯	甲戌
6日	辛丑	**己巳**	庚子	**庚午**	**辛丑**	辛未	壬寅	癸酉	癸卯	甲戌	甲辰	**乙亥**
7日	壬寅	庚午	辛丑	辛未	壬寅	壬申	癸卯	甲戌	甲辰	乙亥	乙巳	丙子
8日	癸卯	辛未	壬寅	壬申	癸卯	**癸酉**	**甲辰**	**乙亥**	乙巳	**丙子**	**丙午**	丁丑
9日	甲辰	壬申	癸卯	癸酉	甲辰	甲戌	乙巳	丙子	**丙午**	丁丑	丁未	戊寅
10日	乙巳	癸酉	甲辰	甲戌	乙巳	乙亥	丙午	丁丑	丁未	戊寅	戊申	己卯
11日	丙午	甲戌	乙巳	乙亥	丙午	丙子	丁未	戊寅	戊申	己卯	己酉	庚辰
12日	丁未	乙亥	丙午	丙子	丁未	丁丑	戊申	己卯	己酉	庚辰	庚戌	辛巳
13日	戊申	丙子	丁未	丁丑	戊申	戊寅	己酉	庚辰	庚戌	辛巳	辛亥	壬午
14日	己酉	丁丑	戊申	戊寅	己酉	己卯	庚戌	辛巳	辛亥	壬午	壬子	癸未
15日	庚戌	戊寅	己酉	己卯	庚戌	庚辰	辛亥	壬午	壬子	癸未	癸丑	甲申
16日	辛亥	己卯	庚戌	庚辰	辛亥	辛巳	壬子	癸未	癸丑	甲申	甲寅	乙酉
17日	壬子	庚辰	辛亥	辛巳	壬子	壬午	癸丑	甲申	甲寅	乙酉	乙卯	丙戌
18日	癸丑	辛巳	壬子	壬午	癸丑	癸未	甲寅	乙酉	乙卯	丙戌	丙辰	丁亥
19日	甲寅	壬午	癸丑	癸未	甲寅	甲申	乙卯	丙戌	丙辰	丁亥	丁巳	戊子
20日	乙卯	癸未	甲寅	甲申	乙卯	乙酉	丙辰	丁亥	丁巳	戊子	戊午	己丑
21日	丙辰	甲申	乙卯	乙酉	丙辰	丙戌	丁巳	戊子	戊午	己丑	己未	庚寅
22日	丁巳	乙酉	丙辰	丙戌	丁巳	丁亥	戊午	己丑	己未	庚寅	庚申	辛卯
23日	戊午	丙戌	丁巳	丁亥	戊午	戊子	己未	庚寅	庚申	辛卯	辛酉	壬辰
24日	己未	丁亥	戊午	戊子	己未	己丑	庚申	辛卯	辛酉	壬辰	壬戌	癸巳
25日	庚申	戊子	己未	己丑	庚申	庚寅	辛酉	壬辰	壬戌	癸巳	癸亥	甲午
26日	辛酉	己丑	庚申	庚寅	辛酉	辛卯	壬戌	癸巳	癸亥	甲午	甲子	乙未
27日	壬戌	庚寅	辛酉	辛卯	壬戌	壬辰	癸亥	甲午	甲子	乙未	乙丑	丙申
28日	癸亥	辛卯	壬戌	壬辰	癸亥	癸巳	甲子	乙未	乙丑	丙申	丙寅	丁酉
29日		壬辰	癸亥	癸巳	甲子	甲午	乙丑	丙申	丙寅	丁酉	丁卯	戊戌
30日		癸巳	甲子	甲午	乙丑	乙未	丙寅	丁酉	丁卯	戊戌	戊辰	己亥
31日		甲午		乙未		丙申	丁卯		戊辰		己巳	庚子

1968年〈昭和43年〉◆戊申

月	2月	3月	4月	5月	6月	7月	8月	9月	10月	11月	12月	1月
干支	甲寅	乙卯	丙辰	丁巳	戊午	己未	庚申	辛酉	壬戌	癸亥	甲子	乙丑
節入	5日	5日	5日	5日	6日	7日	7日	7日	8日	7日	7日	5日
時刻	3:08	21:18	2:21	19:56	0:19	10:42	20:27	23:12	14:35	17:30	10:09	21:17
1日	辛丑	庚午	辛丑	辛未	壬寅	壬申	癸卯	甲戌	甲辰	乙亥	乙巳	丙子
2日	壬寅	辛未	壬寅	壬申	癸卯	癸酉	甲辰	乙亥	乙巳	丙子	丙午	丁丑
3日	癸卯	壬申	癸卯	癸酉	甲辰	甲戌	乙巳	丙子	丙午	丁丑	丁未	戊寅
4日	甲辰	癸酉	甲辰	甲戌	乙巳	乙亥	丙午	丁丑	丁未	戊寅	戊申	己卯
5日	**乙巳**	**甲戌**	**乙巳**	**乙亥**	丙午	丙子	丁未	戊寅	戊申	己卯	己酉	**庚辰**
6日	丙午	乙亥	丙午	丙子	**丁未**	丁丑	戊申	己卯	己酉	庚辰	庚戌	辛巳
7日	丁未	丙子	丁未	丁丑	戊申	**戊寅**	**己酉**	**庚辰**	庚戌	**辛巳**	**辛亥**	壬午
8日	戊申	丁丑	戊申	戊寅	己酉	己卯	庚戌	辛巳	**辛亥**	壬午	壬子	癸未
9日	己酉	戊寅	己酉	己卯	庚戌	庚辰	辛亥	壬午	壬子	癸未	癸丑	甲申
10日	庚戌	己卯	庚戌	庚辰	辛亥	辛巳	壬子	癸未	癸丑	甲申	甲寅	乙酉
11日	辛亥	庚辰	辛亥	辛巳	壬子	壬午	癸丑	甲申	甲寅	乙酉	乙卯	丙戌
12日	壬子	辛巳	壬子	壬午	癸丑	癸未	甲寅	乙酉	乙卯	丙戌	丙辰	丁亥
13日	癸丑	壬午	癸丑	癸未	甲寅	甲申	乙卯	丙戌	丙辰	丁亥	丁巳	戊子
14日	甲寅	癸未	甲寅	甲申	乙卯	乙酉	丙辰	丁亥	丁巳	戊子	戊午	己丑
15日	乙卯	甲申	乙卯	乙酉	丙辰	丙戌	丁巳	戊子	戊午	己丑	己未	庚寅
16日	丙辰	乙酉	丙辰	丙戌	丁巳	丁亥	戊午	己丑	己未	庚寅	庚申	辛卯
17日	丁巳	丙戌	丁巳	丁亥	戊午	戊子	己未	庚寅	庚申	辛卯	辛酉	壬辰
18日	戊午	丁亥	戊午	戊子	己未	己丑	庚申	辛卯	辛酉	壬辰	壬戌	癸巳
19日	己未	戊子	己未	己丑	庚申	庚寅	辛酉	壬辰	壬戌	癸巳	癸亥	甲午
20日	庚申	己丑	庚申	庚寅	辛酉	辛卯	壬戌	癸巳	癸亥	甲午	甲子	乙未
21日	辛酉	庚寅	辛酉	辛卯	壬戌	壬辰	癸亥	甲午	甲子	乙未	乙丑	丙申
22日	壬戌	辛卯	壬戌	壬辰	癸亥	癸巳	甲子	乙未	乙丑	丙申	丙寅	丁酉
23日	癸亥	壬辰	癸亥	癸巳	甲子	甲午	乙丑	丙申	丙寅	丁酉	丁卯	戊戌
24日	甲子	癸巳	甲子	甲午	乙丑	乙未	丙寅	丁酉	丁卯	戊戌	戊辰	己亥
25日	乙丑	甲午	乙丑	乙未	丙寅	丙申	丁卯	戊戌	戊辰	己亥	己巳	庚子
26日	丙寅	乙未	丙寅	丙申	丁卯	丁酉	戊辰	己亥	己巳	庚子	庚午	辛丑
27日	丁卯	丙申	丁卯	丁酉	戊辰	戊戌	己巳	庚子	庚午	辛丑	辛未	壬寅
28日	戊辰	丁酉	戊辰	戊戌	己巳	己亥	庚午	辛丑	辛未	壬寅	壬申	癸卯
29日	己巳	戊戌	己巳	己亥	庚午	庚子	辛未	壬寅	壬申	癸卯	癸酉	甲辰
30日		己亥	庚午	庚子	辛未	辛丑	壬申	癸卯	癸酉	甲辰	甲戌	乙巳
31日		庚子		辛丑		壬寅	癸酉		甲戌		乙亥	丙午

1969年〈昭和44年〉◆己酉

月	2月	3月	4月	5月	6月	7月	8月	9月	10月	11月	12月	1月
干支	丙寅	丁卯	戊辰	己巳	庚午	辛未	壬申	癸酉	甲戌	乙亥	丙子	丁丑
節入	4日	6日	5日	6日	6日	7日	8日	8日	8日	7日	7日	6日
時刻	8:59	3:11	8:15	1:50	6:11	16:32	2:14	4:56	20:17	23:12	15:52	3:02
1日	丁未	乙亥	丙午	丙子	丁未	丁丑	戊申	己卯	己酉	庚辰	庚戌	辛巳
2日	戊申	丙子	丁未	丁丑	戊申	戊寅	己酉	庚辰	庚戌	辛巳	辛亥	壬午
3日	己酉	丁丑	戊申	戊寅	己酉	己卯	庚戌	辛巳	辛亥	壬午	壬子	癸未
4日	**庚戌**	戊寅	己酉	己卯	庚戌	庚辰	辛亥	壬午	壬子	癸未	癸丑	甲申
5日	辛亥	己卯	**庚戌**	庚辰	辛亥	辛巳	壬子	癸未	癸丑	甲申	甲寅	乙酉
6日	壬子	**庚辰**	辛亥	**辛巳**	**壬子**	壬午	癸丑	甲申	甲寅	乙酉	乙卯	**丙戌**
7日	癸丑	辛巳	壬子	壬午	癸丑	**癸未**	甲寅	乙酉	乙卯	**丙戌**	**丙辰**	丁亥
8日	甲寅	壬午	癸丑	癸未	甲寅	甲申	**乙卯**	**丙戌**	**丙辰**	丁亥	丁巳	戊子
9日	乙卯	癸未	甲寅	甲申	乙卯	乙酉	丙辰	丁亥	丁巳	戊子	戊午	己丑
10日	丙辰	甲申	乙卯	乙酉	丙辰	丙戌	丁巳	戊子	戊午	己丑	己未	庚寅
11日	丁巳	乙酉	丙辰	丙戌	丁巳	丁亥	戊午	己丑	己未	庚寅	庚申	辛卯
12日	戊午	丙戌	丁巳	丁亥	戊午	戊子	己未	庚寅	庚申	辛卯	辛酉	壬辰
13日	己未	丁亥	戊午	戊子	己未	己丑	庚申	辛卯	辛酉	壬辰	壬戌	癸巳
14日	庚申	戊子	己未	己丑	庚申	庚寅	辛酉	壬辰	壬戌	癸巳	癸亥	甲午
15日	辛酉	己丑	庚申	庚寅	辛酉	辛卯	壬戌	癸巳	癸亥	甲午	甲子	乙未
16日	壬戌	庚寅	辛酉	辛卯	壬戌	壬辰	癸亥	甲午	甲子	乙未	乙丑	丙申
17日	癸亥	辛卯	壬戌	壬辰	癸亥	癸巳	甲子	乙未	乙丑	丙申	丙寅	丁酉
18日	甲子	壬辰	癸亥	癸巳	甲子	甲午	乙丑	丙申	丙寅	丁酉	丁卯	戊戌
19日	乙丑	癸巳	甲子	甲午	乙丑	乙未	丙寅	丁酉	丁卯	戊戌	戊辰	己亥
20日	丙寅	甲午	乙丑	乙未	丙寅	丙申	丁卯	戊戌	戊辰	己亥	己巳	庚子
21日	丁卯	乙未	丙寅	丙申	丁卯	丁酉	戊辰	己亥	己巳	庚子	庚午	辛丑
22日	戊辰	丙申	丁卯	丁酉	戊辰	戊戌	己巳	庚子	庚午	辛丑	辛未	壬寅
23日	己巳	丁酉	戊辰	戊戌	己巳	己亥	庚午	辛丑	辛未	壬寅	壬申	癸卯
24日	庚午	戊戌	己巳	己亥	庚午	庚子	辛未	壬寅	壬申	癸卯	癸酉	甲辰
25日	辛未	己亥	庚午	庚子	辛未	辛丑	壬申	癸卯	癸酉	甲辰	甲戌	乙巳
26日	壬申	庚子	辛未	辛丑	壬申	壬寅	癸酉	甲辰	甲戌	乙巳	乙亥	丙午
27日	癸酉	辛丑	壬申	壬寅	癸酉	癸卯	甲戌	乙巳	乙亥	丙午	丙子	丁未
28日	甲戌	壬寅	癸酉	癸卯	甲戌	甲辰	乙亥	丙午	丙子	丁未	丁丑	戊申
29日		癸卯	甲戌	甲辰	乙亥	乙巳	丙子	丁未	丁丑	戊申	戊寅	己酉
30日		甲辰	乙亥	乙巳	丙子	丙午	丁丑	戊申	戊寅	己酉	己卯	庚戌
31日		乙巳		丙午		丁未	戊寅		己卯		庚辰	辛亥

1970年〈昭和45年〉◆庚戌

月	2月	3月	4月	5月	6月	7月	8月	9月	10月	11月	12月	1月
干支	戊寅	己卯	庚辰	辛巳	壬午	癸未	甲申	乙酉	丙戌	丁亥	戊子	己丑
節入	4日	6日	5日	6日	6日	7日	8日	8日	9日	8日	7日	6日
時刻	14:46	8:59	14:02	7:34	11:52	22:11	7:54	10:38	2:02	4:58	21:38	8:45
1日	壬子	庚辰	辛亥	辛巳	壬子	壬午	癸丑	甲申	甲寅	乙酉	乙卯	丙戌
2日	癸丑	辛巳	壬子	壬午	癸丑	癸未	甲寅	乙酉	乙卯	丙戌	丙辰	丁亥
3日	甲寅	壬午	癸丑	癸未	甲寅	甲申	乙卯	丙戌	丙辰	丁亥	丁巳	戊子
4日	**乙卯**	癸未	甲寅	甲申	乙卯	乙酉	丙辰	丁亥	丁巳	戊子	戊午	己丑
5日	丙辰	甲申	**乙卯**	乙酉	丙辰	丙戌	丁巳	戊子	戊午	己丑	己未	庚寅
6日	丁巳	**乙酉**	丙辰	**丙戌**	**丁巳**	丁亥	戊午	己丑	己未	庚寅	庚申	**辛卯**
7日	戊午	丙戌	丁巳	丁亥	戊午	**戊子**	己未	庚寅	庚申	辛卯	**辛酉**	壬辰
8日	己未	丁亥	戊午	戊子	己未	己丑	**庚申**	**辛卯**	辛酉	**壬辰**	壬戌	癸巳
9日	庚申	戊子	己未	己丑	庚申	庚寅	辛酉	壬辰	**壬戌**	癸巳	癸亥	甲午
10日	辛酉	己丑	庚申	庚寅	辛酉	辛卯	壬戌	癸巳	癸亥	甲午	甲子	乙未
11日	壬戌	庚寅	辛酉	辛卯	壬戌	壬辰	癸亥	甲午	甲子	乙未	乙丑	丙申
12日	癸亥	辛卯	壬戌	壬辰	癸亥	癸巳	甲子	乙未	乙丑	丙申	丙寅	丁酉
13日	甲子	壬辰	癸亥	癸巳	甲子	甲午	乙丑	丙申	丙寅	丁酉	丁卯	戊戌
14日	乙丑	癸巳	甲子	甲午	乙丑	乙未	丙寅	丁酉	丁卯	戊戌	戊辰	己亥
15日	丙寅	甲午	乙丑	乙未	丙寅	丙申	丁卯	戊戌	戊辰	己亥	己巳	庚子
16日	丁卯	乙未	丙寅	丙申	丁卯	丁酉	戊辰	己亥	己巳	庚子	庚午	辛丑
17日	戊辰	丙申	丁卯	丁酉	戊辰	戊戌	己巳	庚子	庚午	辛丑	辛未	壬寅
18日	己巳	丁酉	戊辰	戊戌	己巳	己亥	庚午	辛丑	辛未	壬寅	壬申	癸卯
19日	庚午	戊戌	己巳	己亥	庚午	庚子	辛未	壬寅	壬申	癸卯	癸酉	甲辰
20日	辛未	己亥	庚午	庚子	辛未	辛丑	壬申	癸卯	癸酉	甲辰	甲戌	乙巳
21日	壬申	庚子	辛未	辛丑	壬申	壬寅	癸酉	甲辰	甲戌	乙巳	乙亥	丙午
22日	癸酉	辛丑	壬申	壬寅	癸酉	癸卯	甲戌	乙巳	乙亥	丙午	丙子	丁未
23日	甲戌	壬寅	癸酉	癸卯	甲戌	甲辰	乙亥	丙午	丙子	丁未	丁丑	戊申
24日	乙亥	癸卯	甲戌	甲辰	乙亥	乙巳	丙子	丁未	丁丑	戊申	戊寅	己酉
25日	丙子	甲辰	乙亥	乙巳	丙子	丙午	丁丑	戊申	戊寅	己酉	己卯	庚戌
26日	丁丑	乙巳	丙子	丙午	丁丑	丁未	戊寅	己酉	己卯	庚戌	庚辰	辛亥
27日	戊寅	丙午	丁丑	丁未	戊寅	戊申	己卯	庚戌	庚辰	辛亥	辛巳	壬子
28日	己卯	丁未	戊寅	戊申	己卯	己酉	庚辰	辛亥	辛巳	壬子	壬午	癸丑
29日		戊申	己卯	己酉	庚辰	庚戌	辛巳	壬子	壬午	癸丑	癸未	甲寅
30日		己酉	庚辰	庚戌	辛巳	辛亥	壬午	癸丑	癸未	甲寅	甲申	乙卯
31日		庚戌		辛亥		壬子	癸未		甲申		乙酉	丙辰

1971年〈昭和46年〉◆辛亥

月	2月	3月	4月	5月	6月	7月	8月	9月	10月	11月	12月	1月
干支	庚寅	辛卯	壬辰	癸巳	甲午	乙未	丙申	丁酉	戊戌	己亥	庚子	辛丑
節入	4日	6日	5日	6日	6日	8日	8日	8日	9日	8日	8日	6日
時刻	20:26	14:35	19:36	13:08	17:29	3:51	13:40	16:30	7:59	10:57	3:36	14:42
1日	丁巳	乙酉	丙辰	丙戌	丁巳	丁亥	戊午	己丑	己未	庚寅	庚申	辛卯
2日	戊午	丙戌	丁巳	丁亥	戊午	戊子	己未	庚寅	庚申	辛卯	辛酉	壬辰
3日	己未	丁亥	戊午	戊子	己未	己丑	庚申	辛卯	辛酉	壬辰	壬戌	癸巳
4日	**庚申**	戊子	己未	己丑	庚申	庚寅	辛酉	壬辰	壬戌	癸巳	癸亥	甲午
5日	辛酉	己丑	**庚申**	庚寅	辛酉	辛卯	壬戌	癸巳	癸亥	甲午	甲子	乙未
6日	壬戌	**庚寅**	辛酉	**辛卯**	**壬戌**	壬辰	癸亥	甲午	甲子	乙未	乙丑	**丙申**
7日	癸亥	辛卯	壬戌	壬辰	癸亥	癸巳	甲子	乙未	乙丑	丙申	丙寅	丁酉
8日	甲子	壬辰	癸亥	癸巳	甲子	**甲午**	**乙丑**	**丙申**	丙寅	**丁酉**	**丁卯**	戊戌
9日	乙丑	癸巳	甲子	甲午	乙丑	乙未	丙寅	丁酉	**丁卯**	戊戌	戊辰	己亥
10日	丙寅	甲午	乙丑	乙未	丙寅	丙申	丁卯	戊戌	戊辰	己亥	己巳	庚子
11日	丁卯	乙未	丙寅	丙申	丁卯	丁酉	戊辰	己亥	己巳	庚子	庚午	辛丑
12日	戊辰	丙申	丁卯	丁酉	戊辰	戊戌	己巳	庚子	庚午	辛丑	辛未	壬寅
13日	己巳	丁酉	戊辰	戊戌	己巳	己亥	庚午	辛丑	辛未	壬寅	壬申	癸卯
14日	庚午	戊戌	己巳	己亥	庚午	庚子	辛未	壬寅	壬申	癸卯	癸酉	甲辰
15日	辛未	己亥	庚午	庚子	辛未	辛丑	壬申	癸卯	癸酉	甲辰	甲戌	乙巳
16日	壬申	庚子	辛未	辛丑	壬申	壬寅	癸酉	甲辰	甲戌	乙巳	乙亥	丙午
17日	癸酉	辛丑	壬申	壬寅	癸酉	癸卯	甲戌	乙巳	乙亥	丙午	丙子	丁未
18日	甲戌	壬寅	癸酉	癸卯	甲戌	甲辰	乙亥	丙午	丙子	丁未	丁丑	戊申
19日	乙亥	癸卯	甲戌	甲辰	乙亥	乙巳	丙子	丁未	丁丑	戊申	戊寅	己酉
20日	丙子	甲辰	乙亥	乙巳	丙子	丙午	丁丑	戊申	戊寅	己酉	己卯	庚戌
21日	丁丑	乙巳	丙子	丙午	丁丑	丁未	戊寅	己酉	己卯	庚戌	庚辰	辛亥
22日	戊寅	丙午	丁丑	丁未	戊寅	戊申	己卯	庚戌	庚辰	辛亥	辛巳	壬子
23日	己卯	丁未	戊寅	戊申	己卯	己酉	庚辰	辛亥	辛巳	壬子	壬午	癸丑
24日	庚辰	戊申	己卯	己酉	庚辰	庚戌	辛巳	壬子	壬午	癸丑	癸未	甲寅
25日	辛巳	己酉	庚辰	庚戌	辛巳	辛亥	壬午	癸丑	癸未	甲寅	甲申	乙卯
26日	壬午	庚戌	辛巳	辛亥	壬午	壬子	癸未	甲寅	甲申	乙卯	乙酉	丙辰
27日	癸未	辛亥	壬午	壬子	癸未	癸丑	甲申	乙卯	乙酉	丙辰	丙戌	丁巳
28日	甲申	壬子	癸未	癸丑	甲申	甲寅	乙酉	丙辰	丙戌	丁巳	丁亥	戊午
29日		癸丑	甲申	甲寅	乙酉	乙卯	丙戌	丁巳	丁亥	戊午	戊子	己未
30日		甲寅	乙酉	乙卯	丙戌	丙辰	丁亥	戊午	戊子	己未	己丑	庚申
31日		乙卯		丙辰		丁巳	戊子		己丑		庚寅	辛酉

1972年〈昭和47年〉◆壬子

月	2月	3月	4月	5月	6月	7月	8月	9月	10月	11月	12月	1月
干支	壬寅	癸卯	甲辰	乙巳	丙午	丁未	戊申	己酉	庚戌	辛亥	壬子	癸丑
節入	5日	5日	5日	5日	5日	7日	7日	7日	8日	7日	7日	5日
時刻	2:20	20:28	1:29	19:01	23:22	9:43	19:29	22:15	13:42	16:40	9:19	20:26
1日	壬戌	辛卯	壬戌	壬辰	癸亥	癸巳	甲子	乙未	乙丑	丙申	丙寅	丁酉
2日	癸亥	壬辰	癸亥	癸巳	甲子	甲午	乙丑	丙申	丙寅	丁酉	丁卯	戊戌
3日	甲子	癸巳	甲子	甲午	乙丑	乙未	丙寅	丁酉	丁卯	戊戌	戊辰	己亥
4日	乙丑	甲午	乙丑	乙未	丙寅	丙申	丁卯	戊戌	戊辰	己亥	己巳	庚子
5日	**丙寅**	**乙未**	**丙寅**	**丙申**	**丁卯**	丁酉	戊辰	己亥	己巳	庚子	庚午	**辛丑**
6日	丁卯	丙申	丁卯	丁酉	戊辰	戊戌	己巳	庚子	庚午	辛丑	辛未	壬寅
7日	戊辰	丁酉	戊辰	戊戌	己巳	**己亥**	**庚午**	**辛丑**	辛未	**壬寅**	**壬申**	癸卯
8日	己巳	戊戌	己巳	己亥	庚午	庚子	辛未	壬寅	**壬申**	癸卯	癸酉	甲辰
9日	庚午	己亥	庚午	庚子	辛未	辛丑	壬申	癸卯	癸酉	甲辰	甲戌	乙巳
10日	辛未	庚子	辛未	辛丑	壬申	壬寅	癸酉	甲辰	甲戌	乙巳	乙亥	丙午
11日	壬申	辛丑	壬申	壬寅	癸酉	癸卯	甲戌	乙巳	乙亥	丙午	丙子	丁未
12日	癸酉	壬寅	癸酉	癸卯	甲戌	甲辰	乙亥	丙午	丙子	丁未	丁丑	戊申
13日	甲戌	癸卯	甲戌	甲辰	乙亥	乙巳	丙子	丁未	丁丑	戊申	戊寅	己酉
14日	乙亥	甲辰	乙亥	乙巳	丙子	丙午	丁丑	戊申	戊寅	己酉	己卯	庚戌
15日	丙子	乙巳	丙子	丙午	丁丑	丁未	戊寅	己酉	己卯	庚戌	庚辰	辛亥
16日	丁丑	丙午	丁丑	丁未	戊寅	戊申	己卯	庚戌	庚辰	辛亥	辛巳	壬子
17日	戊寅	丁未	戊寅	戊申	己卯	己酉	庚辰	辛亥	辛巳	壬子	壬午	癸丑
18日	己卯	戊申	己卯	己酉	庚辰	庚戌	辛巳	壬子	壬午	癸丑	癸未	甲寅
19日	庚辰	己酉	庚辰	庚戌	辛巳	辛亥	壬午	癸丑	癸未	甲寅	甲申	乙卯
20日	辛巳	庚戌	辛巳	辛亥	壬午	壬子	癸未	甲寅	甲申	乙卯	乙酉	丙辰
21日	壬午	辛亥	壬午	壬子	癸未	癸丑	甲申	乙卯	乙酉	丙辰	丙戌	丁巳
22日	癸未	壬子	癸未	癸丑	甲申	甲寅	乙酉	丙辰	丙戌	丁巳	丁亥	戊午
23日	甲申	癸丑	甲申	甲寅	乙酉	乙卯	丙戌	丁巳	丁亥	戊午	戊子	己未
24日	乙酉	甲寅	乙酉	乙卯	丙戌	丙辰	丁亥	戊午	戊子	己未	己丑	庚申
25日	丙戌	乙卯	丙戌	丙辰	丁亥	丁巳	戊子	己未	己丑	庚申	庚寅	辛酉
26日	丁亥	丙辰	丁亥	丁巳	戊子	戊午	己丑	庚申	庚寅	辛酉	辛卯	壬戌
27日	戊子	丁巳	戊子	戊午	己丑	己未	庚寅	辛酉	辛卯	壬戌	壬辰	癸亥
28日	己丑	戊午	己丑	己未	庚寅	庚申	辛卯	壬戌	壬辰	癸亥	癸巳	甲子
29日	庚寅	己未	庚寅	庚申	辛卯	辛酉	壬辰	癸亥	癸巳	甲子	甲午	乙丑
30日		庚申	辛卯	辛酉	壬辰	壬戌	癸巳	甲子	甲午	乙丑	乙未	丙寅
31日		辛酉		壬戌		癸亥	甲午		乙未		丙申	丁卯

1973年〈昭和48年〉◆癸丑

月	2月	3月	4月	5月	6月	7月	8月	9月	10月	11月	12月	1月
干支	甲寅	乙卯	丙辰	丁巳	戊午	己未	庚申	辛酉	壬戌	癸亥	甲子	乙丑
節入	4日	6日	5日	6日	6日	7日	8日	8日	8日	7日	7日	6日
時刻	8:04	2:13	7:14	0:46	5:07	15:27	1:13	4:00	19:28	22:28	15:11	2:20
1日	戊辰	丙申	丁卯	丁酉	戊辰	戊戌	己巳	庚子	庚午	辛丑	辛未	壬寅
2日	己巳	丁酉	戊辰	戊戌	己巳	己亥	庚午	辛丑	辛未	壬寅	壬申	癸卯
3日	庚午	戊戌	己巳	己亥	庚午	庚子	辛未	壬寅	壬申	癸卯	癸酉	甲辰
4日	**辛未**	己亥	庚午	庚子	辛未	辛丑	壬申	癸卯	癸酉	甲辰	甲戌	乙巳
5日	壬申	庚子	**辛未**	辛丑	壬申	壬寅	癸酉	甲辰	甲戌	乙巳	乙亥	丙午
6日	癸酉	**辛丑**	壬申	**壬寅**	**癸酉**	癸卯	甲戌	乙巳	乙亥	丙午	丙子	**丁未**
7日	甲戌	壬寅	癸酉	癸卯	甲戌	**甲辰**	乙亥	丙午	丙子	**丁未**	**丁丑**	戊申
8日	乙亥	癸卯	甲戌	甲辰	乙亥	乙巳	**丙子**	**丁未**	**丁丑**	戊申	戊寅	己酉
9日	丙子	甲辰	乙亥	乙巳	丙子	丙午	丁丑	戊申	戊寅	己酉	己卯	庚戌
10日	丁丑	乙巳	丙子	丙午	丁丑	丁未	戊寅	己酉	己卯	庚戌	庚辰	辛亥
11日	戊寅	丙午	丁丑	丁未	戊寅	戊申	己卯	庚戌	庚辰	辛亥	辛巳	壬子
12日	己卯	丁未	戊寅	戊申	己卯	己酉	庚辰	辛亥	辛巳	壬子	壬午	癸丑
13日	庚辰	戊申	己卯	己酉	庚辰	庚戌	辛巳	壬子	壬午	癸丑	癸未	甲寅
14日	辛巳	己酉	庚辰	庚戌	辛巳	辛亥	壬午	癸丑	癸未	甲寅	甲申	乙卯
15日	壬午	庚戌	辛巳	辛亥	壬午	壬子	癸未	甲寅	甲申	乙卯	乙酉	丙辰
16日	癸未	辛亥	壬午	壬子	癸未	癸丑	甲申	乙卯	乙酉	丙辰	丙戌	丁巳
17日	甲申	壬子	癸未	癸丑	甲申	甲寅	乙酉	丙辰	丙戌	丁巳	丁亥	戊午
18日	乙酉	癸丑	甲申	甲寅	乙酉	乙卯	丙戌	丁巳	丁亥	戊午	戊子	己未
19日	丙戌	甲寅	乙酉	乙卯	丙戌	丙辰	丁亥	戊午	戊子	己未	己丑	庚申
20日	丁亥	乙卯	丙戌	丙辰	丁亥	丁巳	戊子	己未	己丑	庚申	庚寅	辛酉
21日	戊子	丙辰	丁亥	丁巳	戊子	戊午	己丑	庚申	庚寅	辛酉	辛卯	壬戌
22日	己丑	丁巳	戊子	戊午	己丑	己未	庚寅	辛酉	辛卯	壬戌	壬辰	癸亥
23日	庚寅	戊午	己丑	己未	庚寅	庚申	辛卯	壬戌	壬辰	癸亥	癸巳	甲子
24日	辛卯	己未	庚寅	庚申	辛卯	辛酉	壬辰	癸亥	癸巳	甲子	甲午	乙丑
25日	壬辰	庚申	辛卯	辛酉	壬辰	壬戌	癸巳	甲子	甲午	乙丑	乙未	丙寅
26日	癸巳	辛酉	壬辰	壬戌	癸巳	癸亥	甲午	乙丑	乙未	丙寅	丙申	丁卯
27日	甲午	壬戌	癸巳	癸亥	甲午	甲子	乙未	丙寅	丙申	丁卯	丁酉	戊辰
28日	乙未	癸亥	甲午	甲子	乙未	乙丑	丙申	丁卯	丁酉	戊辰	戊戌	己巳
29日		甲子	乙未	乙丑	丙申	丙寅	丁酉	戊辰	戊戌	己巳	己亥	庚午
30日		乙丑	丙申	丙寅	丁酉	丁卯	戊戌	己巳	己亥	庚午	庚子	辛未
31日		丙寅		丁卯		戊辰	己亥		庚子		辛丑	壬申

1974年〈昭和49年〉◆甲寅

月	2月	3月	4月	5月	6月	7月	8月	9月	10月	11月	12月	1月
干支	丙寅	丁卯	戊辰	己巳	庚午	辛未	壬申	癸酉	甲戌	乙亥	丙子	丁丑
節入	4日	6日	5日	6日	6日	7日	8日	8日	9日	8日	7日	6日
時刻	14:00	8:07	13:05	6:34	10:52	21:11	6:57	9:45	1:15	4:18	21:05	8:18
1日	癸酉	辛丑	壬申	壬寅	癸酉	癸卯	甲戌	乙巳	乙亥	丙午	丙子	丁未
2日	甲戌	壬寅	癸酉	癸卯	甲戌	甲辰	乙亥	丙午	丙子	丁未	丁丑	戊申
3日	乙亥	癸卯	甲戌	甲辰	乙亥	乙巳	丙子	丁未	丁丑	戊申	戊寅	己酉
4日	**丙子**	甲辰	乙亥	乙巳	丙子	丙午	丁丑	戊申	戊寅	己酉	己卯	庚戌
5日	丁丑	乙巳	**丙子**	丙午	丁丑	丁未	戊寅	己酉	己卯	庚戌	庚辰	辛亥
6日	戊寅	**丙午**	丁丑	**丁未**	**戊寅**	戊申	己卯	庚戌	庚辰	辛亥	辛巳	**壬子**
7日	己卯	丁未	戊寅	戊申	己卯	**己酉**	庚辰	辛亥	辛巳	壬子	**壬午**	癸丑
8日	庚辰	戊申	己卯	己酉	庚辰	庚戌	**辛巳**	**壬子**	壬午	**癸丑**	癸未	甲寅
9日	辛巳	己酉	庚辰	庚戌	辛巳	辛亥	壬午	癸丑	**癸未**	甲寅	甲申	乙卯
10日	壬午	庚戌	辛巳	辛亥	壬午	壬子	癸未	甲寅	甲申	乙卯	乙酉	丙辰
11日	癸未	辛亥	壬午	壬子	癸未	癸丑	甲申	乙卯	乙酉	丙辰	丙戌	丁巳
12日	甲申	壬子	癸未	癸丑	甲申	甲寅	乙酉	丙辰	丙戌	丁巳	丁亥	戊午
13日	乙酉	癸丑	甲申	甲寅	乙酉	乙卯	丙戌	丁巳	丁亥	戊午	戊子	己未
14日	丙戌	甲寅	乙酉	乙卯	丙戌	丙辰	丁亥	戊午	戊子	己未	己丑	庚申
15日	丁亥	乙卯	丙戌	丙辰	丁亥	丁巳	戊子	己未	己丑	庚申	庚寅	辛酉
16日	戊子	丙辰	丁亥	丁巳	戊子	戊午	己丑	庚申	庚寅	辛酉	辛卯	壬戌
17日	己丑	丁巳	戊子	戊午	己丑	己未	庚寅	辛酉	辛卯	壬戌	壬辰	癸亥
18日	庚寅	戊午	己丑	己未	庚寅	庚申	辛卯	壬戌	壬辰	癸亥	癸巳	甲子
19日	辛卯	己未	庚寅	庚申	辛卯	辛酉	壬辰	癸亥	癸巳	甲子	甲午	乙丑
20日	壬辰	庚申	辛卯	辛酉	壬辰	壬戌	癸巳	甲子	甲午	乙丑	乙未	丙寅
21日	癸巳	辛酉	壬辰	壬戌	癸巳	癸亥	甲午	乙丑	乙未	丙寅	丙申	丁卯
22日	甲午	壬戌	癸巳	癸亥	甲午	甲子	乙未	丙寅	丙申	丁卯	丁酉	戊辰
23日	乙未	癸亥	甲午	甲子	乙未	乙丑	丙申	丁卯	丁酉	戊辰	戊戌	己巳
24日	丙申	甲子	乙未	乙丑	丙申	丙寅	丁酉	戊辰	戊戌	己巳	己亥	庚午
25日	丁酉	乙丑	丙申	丙寅	丁酉	丁卯	戊戌	己巳	己亥	庚午	庚子	辛未
26日	戊戌	丙寅	丁酉	丁卯	戊戌	戊辰	己亥	庚午	庚子	辛未	辛丑	壬申
27日	己亥	丁卯	戊戌	戊辰	己亥	己巳	庚子	辛未	辛丑	壬申	壬寅	癸酉
28日	庚子	戊辰	己亥	己巳	庚子	庚午	辛丑	壬申	壬寅	癸酉	癸卯	甲戌
29日		己巳	庚子	庚午	辛丑	辛未	壬寅	癸酉	癸卯	甲戌	甲辰	乙亥
30日		庚午	辛丑	辛未	壬寅	壬申	癸卯	甲戌	甲辰	乙亥	乙巳	丙子
31日		辛未		壬申		癸酉	甲辰		乙巳		丙午	丁丑

1975年〈昭和50年〉◆乙卯

月	2月	3月	4月	5月	6月	7月	8月	9月	10月	11月	12月	1月
干支	戊寅	己卯	庚辰	辛巳	壬午	癸未	甲申	乙酉	丙戌	丁亥	戊子	己丑
節入	4日	6日	5日	6日	6日	8日	8日	8日	9日	8日	8日	6日
時刻	19:59	14:06	19:02	12:27	16:42	2:59	12:45	15:33	7:02	10:03	2:47	13:58
1日	戊寅	丙午	丁丑	丁未	戊寅	戊申	己卯	庚戌	庚辰	辛亥	辛巳	壬子
2日	己卯	丁未	戊寅	戊申	己卯	己酉	庚辰	辛亥	辛巳	壬子	壬午	癸丑
3日	庚辰	戊申	己卯	己酉	庚辰	庚戌	辛巳	壬子	壬午	癸丑	癸未	甲寅
4日	**辛巳**	己酉	庚辰	庚戌	辛巳	辛亥	壬午	癸丑	癸未	甲寅	甲申	乙卯
5日	壬午	庚戌	**辛巳**	辛亥	壬午	壬子	癸未	甲寅	甲申	乙卯	乙酉	丙辰
6日	癸未	**辛亥**	壬午	**壬子**	**癸未**	癸丑	甲申	乙卯	乙酉	丙辰	丙戌	**丁巳**
7日	甲申	壬子	癸未	癸丑	甲申	甲寅	乙酉	丙辰	丙戌	丁巳	丁亥	戊午
8日	乙酉	癸丑	甲申	甲寅	乙酉	**乙卯**	**丙戌**	**丁巳**	丁亥	**戊午**	**戊子**	己未
9日	丙戌	甲寅	乙酉	乙卯	丙戌	丙辰	丁亥	戊午	**戊子**	己未	己丑	庚申
10日	丁亥	乙卯	丙戌	丙辰	丁亥	丁巳	戊子	己未	己丑	庚申	庚寅	辛酉
11日	戊子	丙辰	丁亥	丁巳	戊子	戊午	己丑	庚申	庚寅	辛酉	辛卯	壬戌
12日	己丑	丁巳	戊子	戊午	己丑	己未	庚寅	辛酉	辛卯	壬戌	壬辰	癸亥
13日	庚寅	戊午	己丑	己未	庚寅	庚申	辛卯	壬戌	壬辰	癸亥	癸巳	甲子
14日	辛卯	己未	庚寅	庚申	辛卯	辛酉	壬辰	癸亥	癸巳	甲子	甲午	乙丑
15日	壬辰	庚申	辛卯	辛酉	壬辰	壬戌	癸巳	甲子	甲午	乙丑	乙未	丙寅
16日	癸巳	辛酉	壬辰	壬戌	癸巳	癸亥	甲午	乙丑	乙未	丙寅	丙申	丁卯
17日	甲午	壬戌	癸巳	癸亥	甲午	甲子	乙未	丙寅	丙申	丁卯	丁酉	戊辰
18日	乙未	癸亥	甲午	甲子	乙未	乙丑	丙申	丁卯	丁酉	戊辰	戊戌	己巳
19日	丙申	甲子	乙未	乙丑	丙申	丙寅	丁酉	戊辰	戊戌	己巳	己亥	庚午
20日	丁酉	乙丑	丙申	丙寅	丁酉	丁卯	戊戌	己巳	己亥	庚午	庚子	辛未
21日	戊戌	丙寅	丁酉	丁卯	戊戌	戊辰	己亥	庚午	庚子	辛未	辛丑	壬申
22日	己亥	丁卯	戊戌	戊辰	己亥	己巳	庚子	辛未	辛丑	壬申	壬寅	癸酉
23日	庚子	戊辰	己亥	己巳	庚子	庚午	辛丑	壬申	壬寅	癸酉	癸卯	甲戌
24日	辛丑	己巳	庚子	庚午	辛丑	辛未	壬寅	癸酉	癸卯	甲戌	甲辰	乙亥
25日	壬寅	庚午	辛丑	辛未	壬寅	壬申	癸卯	甲戌	甲辰	乙亥	乙巳	丙子
26日	癸卯	辛未	壬寅	壬申	癸卯	癸酉	甲辰	乙亥	乙巳	丙子	丙午	丁丑
27日	甲辰	壬申	癸卯	癸酉	甲辰	甲戌	乙巳	丙子	丙午	丁丑	丁未	戊寅
28日	乙巳	癸酉	甲辰	甲戌	乙巳	乙亥	丙午	丁丑	丁未	戊寅	戊申	己卯
29日		甲戌	乙巳	乙亥	丙午	丙子	丁未	戊寅	戊申	己卯	己酉	庚辰
30日		乙亥	丙午	丙子	丁未	丁丑	戊申	己卯	己酉	庚辰	庚戌	辛巳
31日		丙子		丁丑		戊寅	己酉		庚戌		辛亥	壬午

1976年〈昭和51年〉◆丙辰

月	2月	3月	4月	5月	6月	7月	8月	9月	10月	11月	12月	1月
干支	庚寅	辛卯	壬辰	癸巳	甲午	乙未	丙申	丁酉	戊戌	己亥	庚子	辛丑
節入	5日	5日	5日	5日	5日	7日	7日	7日	8日	7日	7日	5日
時刻	1:40	19:48	0:47	18:14	22:31	8:51	18:39	21:28	12:58	15:59	8:41	19:51
1日	癸未	壬子	癸未	癸丑	甲申	甲寅	乙酉	丙辰	丙戌	丁巳	丁亥	戊午
2日	甲申	癸丑	甲申	甲寅	乙酉	乙卯	丙戌	丁巳	丁亥	戊午	戊子	己未
3日	乙酉	甲寅	乙酉	乙卯	丙戌	丙辰	丁亥	戊午	戊子	己未	己丑	庚申
4日	丙戌	乙卯	丙戌	丙辰	丁亥	丁巳	戊子	己未	己丑	庚申	庚寅	辛酉
5日	**丁亥**	**丙辰**	**丁亥**	**丁巳**	**戊子**	戊午	己丑	庚申	庚寅	辛酉	辛卯	**壬戌**
6日	戊子	丁巳	戊子	戊午	己丑	己未	庚寅	辛酉	辛卯	壬戌	壬辰	癸亥
7日	己丑	戊午	己丑	己未	庚寅	**庚申**	**辛卯**	**壬戌**	壬辰	**癸亥**	**癸巳**	甲子
8日	庚寅	己未	庚寅	庚申	辛卯	辛酉	壬辰	癸亥	**癸巳**	甲子	甲午	乙丑
9日	辛卯	庚申	辛卯	辛酉	壬辰	壬戌	癸巳	甲子	甲午	乙丑	乙未	丙寅
10日	壬辰	辛酉	壬辰	壬戌	癸巳	癸亥	甲午	乙丑	乙未	丙寅	丙申	丁卯
11日	癸巳	壬戌	癸巳	癸亥	甲午	甲子	乙未	丙寅	丙申	丁卯	丁酉	戊辰
12日	甲午	癸亥	甲午	甲子	乙未	乙丑	丙申	丁卯	丁酉	戊辰	戊戌	己巳
13日	乙未	甲子	乙未	乙丑	丙申	丙寅	丁酉	戊辰	戊戌	己巳	己亥	庚午
14日	丙申	乙丑	丙申	丙寅	丁酉	丁卯	戊戌	己巳	己亥	庚午	庚子	辛未
15日	丁酉	丙寅	丁酉	丁卯	戊戌	戊辰	己亥	庚午	庚子	辛未	辛丑	壬申
16日	戊戌	丁卯	戊戌	戊辰	己亥	己巳	庚子	辛未	辛丑	壬申	壬寅	癸酉
17日	己亥	戊辰	己亥	己巳	庚子	庚午	辛丑	壬申	壬寅	癸酉	癸卯	甲戌
18日	庚子	己巳	庚子	庚午	辛丑	辛未	壬寅	癸酉	癸卯	甲戌	甲辰	乙亥
19日	辛丑	庚午	辛丑	辛未	壬寅	壬申	癸卯	甲戌	甲辰	乙亥	乙巳	丙子
20日	壬寅	辛未	壬寅	壬申	癸卯	癸酉	甲辰	乙亥	乙巳	丙子	丙午	丁丑
21日	癸卯	壬申	癸卯	癸酉	甲辰	甲戌	乙巳	丙子	丙午	丁丑	丁未	戊寅
22日	甲辰	癸酉	甲辰	甲戌	乙巳	乙亥	丙午	丁丑	丁未	戊寅	戊申	己卯
23日	乙巳	甲戌	乙巳	乙亥	丙午	丙子	丁未	戊寅	戊申	己卯	己酉	庚辰
24日	丙午	乙亥	丙午	丙子	丁未	丁丑	戊申	己卯	己酉	庚辰	庚戌	辛巳
25日	丁未	丙子	丁未	丁丑	戊申	戊寅	己酉	庚辰	庚戌	辛巳	辛亥	壬午
26日	戊申	丁丑	戊申	戊寅	己酉	己卯	庚戌	辛巳	辛亥	壬午	壬子	癸未
27日	己酉	戊寅	己酉	己卯	庚戌	庚辰	辛亥	壬午	壬子	癸未	癸丑	甲申
28日	庚戌	己卯	庚戌	庚辰	辛亥	辛巳	壬子	癸未	癸丑	甲申	甲寅	乙酉
29日	辛亥	庚辰	辛亥	辛巳	壬子	壬午	癸丑	甲申	甲寅	乙酉	乙卯	丙戌
30日		辛巳	壬子	壬午	癸丑	癸未	甲寅	乙酉	乙卯	丙戌	丙辰	丁亥
31日		壬午		癸未		甲申	乙卯		丙辰		丁巳	戊子

1977年〈昭和52年〉◆丁巳

月	2月	3月	4月	5月	6月	7月	8月	9月	10月	11月	12月	1月
干支	壬寅	癸卯	甲辰	乙巳	丙午	丁未	戊申	己酉	庚戌	辛亥	壬子	癸丑
節入	4日	6日	5日	6日	6日	7日	8日	8日	8日	7日	7日	6日
時刻	7:34	1:44	6:46	0:16	4:32	14:48	0:30	3:16	18:44	21:46	14:31	1:44
1日	己丑	丁巳	戊子	戊午	己丑	己未	庚寅	辛酉	辛卯	壬戌	壬辰	癸亥
2日	庚寅	戊午	己丑	己未	庚寅	庚申	辛卯	壬戌	壬辰	癸亥	癸巳	甲子
3日	辛卯	己未	庚寅	庚申	辛卯	辛酉	壬辰	癸亥	癸巳	甲子	甲午	乙丑
4日	**壬辰**	庚申	辛卯	辛酉	壬辰	壬戌	癸巳	甲子	甲午	乙丑	乙未	丙寅
5日	癸巳	辛酉	**壬辰**	壬戌	癸巳	癸亥	甲午	乙丑	乙未	丙寅	丙申	丁卯
6日	甲午	**壬戌**	癸巳	**癸亥**	**甲午**	甲子	乙未	丙寅	丙申	丁卯	丁酉	**戊辰**
7日	乙未	癸亥	甲午	甲子	乙未	**乙丑**	丙申	丁卯	丁酉	**戊辰**	**戊戌**	己巳
8日	丙申	甲子	乙未	乙丑	丙申	丙寅	**丁酉**	**戊辰**	**戊戌**	己巳	己亥	庚午
9日	丁酉	乙丑	丙申	丙寅	丁酉	丁卯	戊戌	己巳	己亥	庚午	庚子	辛未
10日	戊戌	丙寅	丁酉	丁卯	戊戌	戊辰	己亥	庚午	庚子	辛未	辛丑	壬申
11日	己亥	丁卯	戊戌	戊辰	己亥	己巳	庚子	辛未	辛丑	壬申	壬寅	癸酉
12日	庚子	戊辰	己亥	己巳	庚子	庚午	辛丑	壬申	壬寅	癸酉	癸卯	甲戌
13日	辛丑	己巳	庚子	庚午	辛丑	辛未	壬寅	癸酉	癸卯	甲戌	甲辰	乙亥
14日	壬寅	庚午	辛丑	辛未	壬寅	壬申	癸卯	甲戌	甲辰	乙亥	乙巳	丙子
15日	癸卯	辛未	壬寅	壬申	癸卯	癸酉	甲辰	乙亥	乙巳	丙子	丙午	丁丑
16日	甲辰	壬申	癸卯	癸酉	甲辰	甲戌	乙巳	丙子	丙午	丁丑	丁未	戊寅
17日	乙巳	癸酉	甲辰	甲戌	乙巳	乙亥	丙午	丁丑	丁未	戊寅	戊申	己卯
18日	丙午	甲戌	乙巳	乙亥	丙午	丙子	丁未	戊寅	戊申	己卯	己酉	庚辰
19日	丁未	乙亥	丙午	丙子	丁未	丁丑	戊申	己卯	己酉	庚辰	庚戌	辛巳
20日	戊申	丙子	丁未	丁丑	戊申	戊寅	己酉	庚辰	庚戌	辛巳	辛亥	壬午
21日	己酉	丁丑	戊申	戊寅	己酉	己卯	庚戌	辛巳	辛亥	壬午	壬子	癸未
22日	庚戌	戊寅	己酉	己卯	庚戌	庚辰	辛亥	壬午	壬子	癸未	癸丑	甲申
23日	辛亥	己卯	庚戌	庚辰	辛亥	辛巳	壬子	癸未	癸丑	甲申	甲寅	乙酉
24日	壬子	庚辰	辛亥	辛巳	壬子	壬午	癸丑	甲申	甲寅	乙酉	乙卯	丙戌
25日	癸丑	辛巳	壬子	壬午	癸丑	癸未	甲寅	乙酉	乙卯	丙戌	丙辰	丁亥
26日	甲寅	壬午	癸丑	癸未	甲寅	甲申	乙卯	丙戌	丙辰	丁亥	丁巳	戊子
27日	乙卯	癸未	甲寅	甲申	乙卯	乙酉	丙辰	丁亥	丁巳	戊子	戊午	己丑
28日	丙辰	甲申	乙卯	乙酉	丙辰	丙戌	丁巳	戊子	戊午	己丑	己未	庚寅
29日		乙酉	丙辰	丙戌	丁巳	丁亥	戊午	己丑	己未	庚寅	庚申	辛卯
30日		丙戌	丁巳	丁亥	戊午	戊子	己未	庚寅	庚申	辛卯	辛酉	壬辰
31日		丁亥		戊子		己丑	庚申		辛酉		壬戌	癸巳

1978年〈昭和53年〉◆戊午

月	2月	3月	4月	5月	6月	7月	8月	9月	10月	11月	12月	1月
干支	甲寅	乙卯	丙辰	丁巳	戊午	己未	庚申	辛酉	壬戌	癸亥	甲子	乙丑
節入	4日	6日	5日	6日	6日	7日	8日	8日	9日	8日	7日	6日
時刻	13:27	7:38	12:39	6:09	10:23	20:37	6:18	9:03	0:31	3:34	20:20	7:32
1日	甲午	壬戌	癸巳	癸亥	甲午	甲子	乙未	丙寅	丙申	丁卯	丁酉	戊辰
2日	乙未	癸亥	甲午	甲子	乙未	乙丑	丙申	丁卯	丁酉	戊辰	戊戌	己巳
3日	丙申	甲子	乙未	乙丑	丙申	丙寅	丁酉	戊辰	戊戌	己巳	己亥	庚午
4日	**丁酉**	乙丑	丙申	丙寅	丁酉	丁卯	戊戌	己巳	己亥	庚午	庚子	辛未
5日	戊戌	丙寅	**丁酉**	丁卯	戊戌	戊辰	己亥	庚午	庚子	辛未	辛丑	壬申
6日	己亥	**丁卯**	戊戌	**戊辰**	**己亥**	己巳	庚子	辛未	辛丑	壬申	壬寅	**癸酉**
7日	庚子	戊辰	己亥	己巳	庚子	**庚午**	辛丑	壬申	壬寅	癸酉	**癸卯**	甲戌
8日	辛丑	己巳	庚子	庚午	辛丑	辛未	**壬寅**	**癸酉**	癸卯	**甲戌**	甲辰	乙亥
9日	壬寅	庚午	辛丑	辛未	壬寅	壬申	癸卯	甲戌	**甲辰**	乙亥	乙巳	丙子
10日	癸卯	辛未	壬寅	壬申	癸卯	癸酉	甲辰	乙亥	乙巳	丙子	丙午	丁丑
11日	甲辰	壬申	癸卯	癸酉	甲辰	甲戌	乙巳	丙子	丙午	丁丑	丁未	戊寅
12日	乙巳	癸酉	甲辰	甲戌	乙巳	乙亥	丙午	丁丑	丁未	戊寅	戊申	己卯
13日	丙午	甲戌	乙巳	乙亥	丙午	丙子	丁未	戊寅	戊申	己卯	己酉	庚辰
14日	丁未	乙亥	丙午	丙子	丁未	丁丑	戊申	己卯	己酉	庚辰	庚戌	辛巳
15日	戊申	丙子	丁未	丁丑	戊申	戊寅	己酉	庚辰	庚戌	辛巳	辛亥	壬午
16日	己酉	丁丑	戊申	戊寅	己酉	己卯	庚戌	辛巳	辛亥	壬午	壬子	癸未
17日	庚戌	戊寅	己酉	己卯	庚戌	庚辰	辛亥	壬午	壬子	癸未	癸丑	甲申
18日	辛亥	己卯	庚戌	庚辰	辛亥	辛巳	壬子	癸未	癸丑	甲申	甲寅	乙酉
19日	壬子	庚辰	辛亥	辛巳	壬子	壬午	癸丑	甲申	甲寅	乙酉	乙卯	丙戌
20日	癸丑	辛巳	壬子	壬午	癸丑	癸未	甲寅	乙酉	乙卯	丙戌	丙辰	丁亥
21日	甲寅	壬午	癸丑	癸未	甲寅	甲申	乙卯	丙戌	丙辰	丁亥	丁巳	戊子
22日	乙卯	癸未	甲寅	甲申	乙卯	乙酉	丙辰	丁亥	丁巳	戊子	戊午	己丑
23日	丙辰	甲申	乙卯	乙酉	丙辰	丙戌	丁巳	戊子	戊午	己丑	己未	庚寅
24日	丁巳	乙酉	丙辰	丙戌	丁巳	丁亥	戊午	己丑	己未	庚寅	庚申	辛卯
25日	戊午	丙戌	丁巳	丁亥	戊午	戊子	己未	庚寅	庚申	辛卯	辛酉	壬辰
26日	己未	丁亥	戊午	戊子	己未	己丑	庚申	辛卯	辛酉	壬辰	壬戌	癸巳
27日	庚申	戊子	己未	己丑	庚申	庚寅	辛酉	壬辰	壬戌	癸巳	癸亥	甲午
28日	辛酉	己丑	庚申	庚寅	辛酉	辛卯	壬戌	癸巳	癸亥	甲午	甲子	乙未
29日		庚寅	辛酉	辛卯	壬戌	壬辰	癸亥	甲午	甲子	乙未	乙丑	丙申
30日		辛卯	壬戌	壬辰	癸亥	癸巳	甲子	乙未	乙丑	丙申	丙寅	丁酉
31日		壬辰		癸巳		甲午	乙丑		丙寅		丁卯	戊戌

1979年〈昭和54年〉◆己未

月	2月	3月	4月	5月	6月	7月	8月	9月	10月	11月	12月	1月
干支	丙寅	丁卯	戊辰	己巳	庚午	辛未	壬申	癸酉	甲戌	乙亥	丙子	丁丑
節入	4日	6日	5日	6日	6日	8日	8日	8日	9日	8日	8日	6日
時刻	19:13	13:20	18:18	11:47	16:05	2:25	12:11	15:00	6:30	9:33	2:18	13:29
1日	己亥	丁卯	戊戌	戊辰	己亥	己巳	庚子	辛未	辛丑	壬申	壬寅	癸酉
2日	庚子	戊辰	己亥	己巳	庚子	庚午	辛丑	壬申	壬寅	癸酉	癸卯	甲戌
3日	辛丑	己巳	庚子	庚午	辛丑	辛未	壬寅	癸酉	癸卯	甲戌	甲辰	乙亥
4日	**壬寅**	庚午	辛丑	辛未	壬寅	壬申	癸卯	甲戌	甲辰	乙亥	乙巳	丙子
5日	癸卯	辛未	**壬寅**	壬申	癸卯	癸酉	甲辰	乙亥	乙巳	丙子	丙午	丁丑
6日	甲辰	**壬申**	癸卯	**癸酉**	**甲辰**	甲戌	乙巳	丙子	丙午	丁丑	丁未	**戊寅**
7日	乙巳	癸酉	甲辰	甲戌	乙巳	乙亥	丙午	丁丑	丁未	戊寅	戊申	己卯
8日	丙午	甲戌	乙巳	乙亥	丙午	**丙子**	**丁未**	**戊寅**	戊申	**己卯**	**己酉**	庚辰
9日	丁未	乙亥	丙午	丙子	丁未	丁丑	戊申	己卯	**己酉**	庚辰	庚戌	辛巳
10日	戊申	丙子	丁未	丁丑	戊申	戊寅	己酉	庚辰	庚戌	辛巳	辛亥	壬午
11日	己酉	丁丑	戊申	戊寅	己酉	己卯	庚戌	辛巳	辛亥	壬午	壬子	癸未
12日	庚戌	戊寅	己酉	己卯	庚戌	庚辰	辛亥	壬午	壬子	癸未	癸丑	甲申
13日	辛亥	己卯	庚戌	庚辰	辛亥	辛巳	壬子	癸未	癸丑	甲申	甲寅	乙酉
14日	壬子	庚辰	辛亥	辛巳	壬子	壬午	癸丑	甲申	甲寅	乙酉	乙卯	丙戌
15日	癸丑	辛巳	壬子	壬午	癸丑	癸未	甲寅	乙酉	乙卯	丙戌	丙辰	丁亥
16日	甲寅	壬午	癸丑	癸未	甲寅	甲申	乙卯	丙戌	丙辰	丁亥	丁巳	戊子
17日	乙卯	癸未	甲寅	甲申	乙卯	乙酉	丙辰	丁亥	丁巳	戊子	戊午	己丑
18日	丙辰	甲申	乙卯	乙酉	丙辰	丙戌	丁巳	戊子	戊午	己丑	己未	庚寅
19日	丁巳	乙酉	丙辰	丙戌	丁巳	丁亥	戊午	己丑	己未	庚寅	庚申	辛卯
20日	戊午	丙戌	丁巳	丁亥	戊午	戊子	己未	庚寅	庚申	辛卯	辛酉	壬辰
21日	己未	丁亥	戊午	戊子	己未	己丑	庚申	辛卯	辛酉	壬辰	壬戌	癸巳
22日	庚申	戊子	己未	己丑	庚申	庚寅	辛酉	壬辰	壬戌	癸巳	癸亥	甲午
23日	辛酉	己丑	庚申	庚寅	辛酉	辛卯	壬戌	癸巳	癸亥	甲午	甲子	乙未
24日	壬戌	庚寅	辛酉	辛卯	壬戌	壬辰	癸亥	甲午	甲子	乙未	乙丑	丙申
25日	癸亥	辛卯	壬戌	壬辰	癸亥	癸巳	甲子	乙未	乙丑	丙申	丙寅	丁酉
26日	甲子	壬辰	癸亥	癸巳	甲子	甲午	乙丑	丙申	丙寅	丁酉	丁卯	戊戌
27日	乙丑	癸巳	甲子	甲午	乙丑	乙未	丙寅	丁酉	丁卯	戊戌	戊辰	己亥
28日	丙寅	甲午	乙丑	乙未	丙寅	丙申	丁卯	戊戌	戊辰	己亥	己巳	庚子
29日		乙未	丙寅	丙申	丁卯	丁酉	戊辰	己亥	己巳	庚子	庚午	辛丑
30日		丙申	丁卯	丁酉	戊辰	戊戌	己巳	庚子	庚午	辛丑	辛未	壬寅
31日		丁酉		戊戌		己亥	庚午		辛未		壬申	癸卯

1980年〈昭和55年〉◆庚申

月	2月	3月	4月	5月	6月	7月	8月	9月	10月	11月	12月	1月
干支	戊寅	己卯	庚辰	辛巳	壬午	癸未	甲申	乙酉	丙戌	丁亥	戊子	己丑
節入	5日	5日	5日	5日	5日	7日	7日	7日	8日	7日	7日	5日
時刻	1:10	19:17	0:15	17:45	22:04	8:24	18:09	20:54	12:20	15:19	8:02	19:13
1日	甲辰	癸酉	甲辰	甲戌	乙巳	乙亥	丙午	丁丑	丁未	戊寅	戊申	己卯
2日	乙巳	甲戌	乙巳	乙亥	丙午	丙子	丁未	戊寅	戊申	己卯	己酉	庚辰
3日	丙午	乙亥	丙午	丙子	丁未	丁丑	戊申	己卯	己酉	庚辰	庚戌	辛巳
4日	丁未	丙子	丁未	丁丑	戊申	戊寅	己酉	庚辰	庚戌	辛巳	辛亥	壬午
5日	**戊申**	**丁丑**	**戊申**	**戊寅**	**己酉**	己卯	庚戌	辛巳	辛亥	壬午	壬子	**癸未**
6日	己酉	戊寅	己酉	己卯	庚戌	庚辰	辛亥	壬午	壬子	癸未	癸丑	甲申
7日	庚戌	己卯	庚戌	庚辰	辛亥	**辛巳**	**壬子**	**癸未**	癸丑	**甲申**	**甲寅**	乙酉
8日	辛亥	庚辰	辛亥	辛巳	壬子	壬午	癸丑	甲申	**甲寅**	乙酉	乙卯	丙戌
9日	壬子	辛巳	壬子	壬午	癸丑	癸未	甲寅	乙酉	乙卯	丙戌	丙辰	丁亥
10日	癸丑	壬午	癸丑	癸未	甲寅	甲申	乙卯	丙戌	丙辰	丁亥	丁巳	戊子
11日	甲寅	癸未	甲寅	甲申	乙卯	乙酉	丙辰	丁亥	丁巳	戊子	戊午	己丑
12日	乙卯	甲申	乙卯	乙酉	丙辰	丙戌	丁巳	戊子	戊午	己丑	己未	庚寅
13日	丙辰	乙酉	丙辰	丙戌	丁巳	丁亥	戊午	己丑	己未	庚寅	庚申	辛卯
14日	丁巳	丙戌	丁巳	丁亥	戊午	戊子	己未	庚寅	庚申	辛卯	辛酉	壬辰
15日	戊午	丁亥	戊午	戊子	己未	己丑	庚申	辛卯	辛酉	壬辰	壬戌	癸巳
16日	己未	戊子	己未	己丑	庚申	庚寅	辛酉	壬辰	壬戌	癸巳	癸亥	甲午
17日	庚申	己丑	庚申	庚寅	辛酉	辛卯	壬戌	癸巳	癸亥	甲午	甲子	乙未
18日	辛酉	庚寅	辛酉	辛卯	壬戌	壬辰	癸亥	甲午	甲子	乙未	乙丑	丙申
19日	壬戌	辛卯	壬戌	壬辰	癸亥	癸巳	甲子	乙未	乙丑	丙申	丙寅	丁酉
20日	癸亥	壬辰	癸亥	癸巳	甲子	甲午	乙丑	丙申	丙寅	丁酉	丁卯	戊戌
21日	甲子	癸巳	甲子	甲午	乙丑	乙未	丙寅	丁酉	丁卯	戊戌	戊辰	己亥
22日	乙丑	甲午	乙丑	乙未	丙寅	丙申	丁卯	戊戌	戊辰	己亥	己巳	庚子
23日	丙寅	乙未	丙寅	丙申	丁卯	丁酉	戊辰	己亥	己巳	庚子	庚午	辛丑
24日	丁卯	丙申	丁卯	丁酉	戊辰	戊戌	己巳	庚子	庚午	辛丑	辛未	壬寅
25日	戊辰	丁酉	戊辰	戊戌	己巳	己亥	庚午	辛丑	辛未	壬寅	壬申	癸卯
26日	己巳	戊戌	己巳	己亥	庚午	庚子	辛未	壬寅	壬申	癸卯	癸酉	甲辰
27日	庚午	己亥	庚午	庚子	辛未	辛丑	壬申	癸卯	癸酉	甲辰	甲戌	乙巳
28日	辛未	庚子	辛未	辛丑	壬申	壬寅	癸酉	甲辰	甲戌	乙巳	乙亥	丙午
29日	壬申	辛丑	壬申	壬寅	癸酉	癸卯	甲戌	乙巳	乙亥	丙午	丙子	丁未
30日		壬寅	癸酉	癸卯	甲戌	甲辰	乙亥	丙午	丙子	丁未	丁丑	戊申
31日		癸卯		甲辰		乙巳	丙子		丁丑		戊寅	己酉

1981年〈昭和56年〉◆辛酉

月	2月	3月	4月	5月	6月	7月	8月	9月	10月	11月	12月	1月
干支	庚寅	辛卯	壬辰	癸巳	甲午	乙未	丙申	丁酉	戊戌	己亥	庚子	辛丑
節入	4日	6日	5日	5日	6日	7日	7日	8日	8日	7日	7日	6日
時刻	6:56	1:05	6:05	23:35	3:53	14:12	23:57	2:43	18:10	21:09	13:52	1:03
1日	庚戌	戊寅	己酉	己卯	庚戌	庚辰	辛亥	壬午	壬子	癸未	癸丑	甲申
2日	辛亥	己卯	庚戌	庚辰	辛亥	辛巳	壬子	癸未	癸丑	甲申	甲寅	乙酉
3日	壬子	庚辰	辛亥	辛巳	壬子	壬午	癸丑	甲申	甲寅	乙酉	乙卯	丙戌
4日	**癸丑**	辛巳	壬子	壬午	癸丑	癸未	甲寅	乙酉	乙卯	丙戌	丙辰	丁亥
5日	甲寅	壬午	**癸丑**	**癸未**	甲寅	甲申	乙卯	丙戌	丙辰	丁亥	丁巳	戊子
6日	乙卯	**癸未**	甲寅	甲申	**乙卯**	乙酉	丙辰	丁亥	丁巳	戊子	戊午	**己丑**
7日	丙辰	甲申	乙卯	乙酉	丙辰	**丙戌**	**丁巳**	戊子	戊午	**己丑**	**己未**	庚寅
8日	丁巳	乙酉	丙辰	丙戌	丁巳	丁亥	戊午	**己丑**	**己未**	庚寅	庚申	辛卯
9日	戊午	丙戌	丁巳	丁亥	戊午	戊子	己未	庚寅	庚申	辛卯	辛酉	壬辰
10日	己未	丁亥	戊午	戊子	己未	己丑	庚申	辛卯	辛酉	壬辰	壬戌	癸巳
11日	庚申	戊子	己未	己丑	庚申	庚寅	辛酉	壬辰	壬戌	癸巳	癸亥	甲午
12日	辛酉	己丑	庚申	庚寅	辛酉	辛卯	壬戌	癸巳	癸亥	甲午	甲子	乙未
13日	壬戌	庚寅	辛酉	辛卯	壬戌	壬辰	癸亥	甲午	甲子	乙未	乙丑	丙申
14日	癸亥	辛卯	壬戌	壬辰	癸亥	癸巳	甲子	乙未	乙丑	丙申	丙寅	丁酉
15日	甲子	壬辰	癸亥	癸巳	甲子	甲午	乙丑	丙申	丙寅	丁酉	丁卯	戊戌
16日	乙丑	癸巳	甲子	甲午	乙丑	乙未	丙寅	丁酉	丁卯	戊戌	戊辰	己亥
17日	丙寅	甲午	乙丑	乙未	丙寅	丙申	丁卯	戊戌	戊辰	己亥	己巳	庚子
18日	丁卯	乙未	丙寅	丙申	丁卯	丁酉	戊辰	己亥	己巳	庚子	庚午	辛丑
19日	戊辰	丙申	丁卯	丁酉	戊辰	戊戌	己巳	庚子	庚午	辛丑	辛未	壬寅
20日	己巳	丁酉	戊辰	戊戌	己巳	己亥	庚午	辛丑	辛未	壬寅	壬申	癸卯
21日	庚午	戊戌	己巳	己亥	庚午	庚子	辛未	壬寅	壬申	癸卯	癸酉	甲辰
22日	辛未	己亥	庚午	庚子	辛未	辛丑	壬申	癸卯	癸酉	甲辰	甲戌	乙巳
23日	壬申	庚子	辛未	辛丑	壬申	壬寅	癸酉	甲辰	甲戌	乙巳	乙亥	丙午
24日	癸酉	辛丑	壬申	壬寅	癸酉	癸卯	甲戌	乙巳	乙亥	丙午	丙子	丁未
25日	甲戌	壬寅	癸酉	癸卯	甲戌	甲辰	乙亥	丙午	丙子	丁未	丁丑	戊申
26日	乙亥	癸卯	甲戌	甲辰	乙亥	乙巳	丙子	丁未	丁丑	戊申	戊寅	己酉
27日	丙子	甲辰	乙亥	乙巳	丙子	丙午	丁丑	戊申	戊寅	己酉	己卯	庚戌
28日	丁丑	乙巳	丙子	丙午	丁丑	丁未	戊寅	己酉	己卯	庚戌	庚辰	辛亥
29日		丙午	丁丑	丁未	戊寅	戊申	己卯	庚戌	庚辰	辛亥	辛巳	壬子
30日		丁未	戊寅	戊申	己卯	己酉	庚辰	辛亥	辛巳	壬子	壬午	癸丑
31日		戊申		己酉		庚戌	辛巳		壬午		癸未	甲寅

1982年〈昭和57年〉◆壬戌

月	2月	3月	4月	5月	6月	7月	8月	9月	10月	11月	12月	1月
干支	壬寅	癸卯	甲辰	乙巳	丙午	丁未	戊申	己酉	庚戌	辛亥	壬子	癸丑
節入	4日	6日	5日	6日	6日	7日	8日	8日	9日	8日	7日	6日
時刻	12:46	6:55	11:53	5:20	9:36	19:55	5:42	8:32	0:02	3:04	19:48	6:59
1日	乙卯	癸未	甲寅	甲申	乙卯	乙酉	丙辰	丁亥	丁巳	戊子	戊午	己丑
2日	丙辰	甲申	乙卯	乙酉	丙辰	丙戌	丁巳	戊子	戊午	己丑	己未	庚寅
3日	丁巳	乙酉	丙辰	丙戌	丁巳	丁亥	戊午	己丑	己未	庚寅	庚申	辛卯
4日	**戊午**	丙戌	丁巳	丁亥	戊午	戊子	己未	庚寅	庚申	辛卯	辛酉	壬辰
5日	己未	丁亥	**戊午**	戊子	己未	己丑	庚申	辛卯	辛酉	壬辰	壬戌	癸巳
6日	庚申	**戊子**	己未	**己丑**	**庚申**	庚寅	辛酉	壬辰	壬戌	癸巳	癸亥	**甲午**
7日	辛酉	己丑	庚申	庚寅	辛酉	**辛卯**	壬戌	癸巳	癸亥	甲午	**甲子**	乙未
8日	壬戌	庚寅	辛酉	辛卯	壬戌	壬辰	**癸亥**	**甲午**	甲子	**乙未**	乙丑	丙申
9日	癸亥	辛卯	壬戌	壬辰	癸亥	癸巳	甲子	乙未	**乙丑**	丙申	丙寅	丁酉
10日	甲子	壬辰	癸亥	癸巳	甲子	甲午	乙丑	丙申	丙寅	丁酉	丁卯	戊戌
11日	乙丑	癸巳	甲子	甲午	乙丑	乙未	丙寅	丁酉	丁卯	戊戌	戊辰	己亥
12日	丙寅	甲午	乙丑	乙未	丙寅	丙申	丁卯	戊戌	戊辰	己亥	己巳	庚子
13日	丁卯	乙未	丙寅	丙申	丁卯	丁酉	戊辰	己亥	己巳	庚子	庚午	辛丑
14日	戊辰	丙申	丁卯	丁酉	戊辰	戊戌	己巳	庚子	庚午	辛丑	辛未	壬寅
15日	己巳	丁酉	戊辰	戊戌	己巳	己亥	庚午	辛丑	辛未	壬寅	壬申	癸卯
16日	庚午	戊戌	己巳	己亥	庚午	庚子	辛未	壬寅	壬申	癸卯	癸酉	甲辰
17日	辛未	己亥	庚午	庚子	辛未	辛丑	壬申	癸卯	癸酉	甲辰	甲戌	乙巳
18日	壬申	庚子	辛未	辛丑	壬申	壬寅	癸酉	甲辰	甲戌	乙巳	乙亥	丙午
19日	癸酉	辛丑	壬申	壬寅	癸酉	癸卯	甲戌	乙巳	乙亥	丙午	丙子	丁未
20日	甲戌	壬寅	癸酉	癸卯	甲戌	甲辰	乙亥	丙午	丙子	丁未	丁丑	戊申
21日	乙亥	癸卯	甲戌	甲辰	乙亥	乙巳	丙子	丁未	丁丑	戊申	戊寅	己酉
22日	丙子	甲辰	乙亥	乙巳	丙子	丙午	丁丑	戊申	戊寅	己酉	己卯	庚戌
23日	丁丑	乙巳	丙子	丙午	丁丑	丁未	戊寅	己酉	己卯	庚戌	庚辰	辛亥
24日	戊寅	丙午	丁丑	丁未	戊寅	戊申	己卯	庚戌	庚辰	辛亥	辛巳	壬子
25日	己卯	丁未	戊寅	戊申	己卯	己酉	庚辰	辛亥	辛巳	壬子	壬午	癸丑
26日	庚辰	戊申	己卯	己酉	庚辰	庚戌	辛巳	壬子	壬午	癸丑	癸未	甲寅
27日	辛巳	己酉	庚辰	庚戌	辛巳	辛亥	壬午	癸丑	癸未	甲寅	甲申	乙卯
28日	壬午	庚戌	辛巳	辛亥	壬午	壬子	癸未	甲寅	甲申	乙卯	乙酉	丙辰
29日		辛亥	壬午	壬子	癸未	癸丑	甲申	乙卯	乙酉	丙辰	丙戌	丁巳
30日		壬子	癸未	癸丑	甲申	甲寅	乙酉	丙辰	丙戌	丁巳	丁亥	戊午
31日		癸丑		甲寅		乙卯	丙戌		丁亥		戊子	己未

1983年〈昭和58年〉◆癸亥

月	2月	3月	4月	5月	6月	7月	8月	9月	10月	11月	12月	1月
干支	甲寅	乙卯	丙辰	丁巳	戊午	己未	庚申	辛酉	壬戌	癸亥	甲子	乙丑
節入	4日	6日	5日	6日	6日	8日	8日	8日	9日	8日	8日	6日
時刻	18:40	12:47	17:44	11:11	15:26	1:43	11:30	14:20	5:51	8:53	1:34	12:41
1日	庚申	戊子	己未	己丑	庚申	庚寅	辛酉	壬辰	壬戌	癸巳	癸亥	甲午
2日	辛酉	己丑	庚申	庚寅	辛酉	辛卯	壬戌	癸巳	癸亥	甲午	甲子	乙未
3日	壬戌	庚寅	辛酉	辛卯	壬戌	壬辰	癸亥	甲午	甲子	乙未	乙丑	丙申
4日	**癸亥**	辛卯	壬戌	壬辰	癸亥	癸巳	甲子	乙未	乙丑	丙申	丙寅	丁酉
5日	甲子	壬辰	**癸亥**	癸巳	甲子	甲午	乙丑	丙申	丙寅	丁酉	丁卯	戊戌
6日	乙丑	**癸巳**	甲子	**甲午**	**乙丑**	乙未	丙寅	丁酉	丁卯	戊戌	戊辰	**己亥**
7日	丙寅	甲午	乙丑	乙未	丙寅	丙申	丁卯	戊戌	戊辰	己亥	己巳	庚子
8日	丁卯	乙未	丙寅	丙申	丁卯	**丁酉**	**戊辰**	**己亥**	己巳	**庚子**	**庚午**	辛丑
9日	戊辰	丙申	丁卯	丁酉	戊辰	戊戌	己巳	庚子	**庚午**	辛丑	辛未	壬寅
10日	己巳	丁酉	戊辰	戊戌	己巳	己亥	庚午	辛丑	辛未	壬寅	壬申	癸卯
11日	庚午	戊戌	己巳	己亥	庚午	庚子	辛未	壬寅	壬申	癸卯	癸酉	甲辰
12日	辛未	己亥	庚午	庚子	辛未	辛丑	壬申	癸卯	癸酉	甲辰	甲戌	乙巳
13日	壬申	庚子	辛未	辛丑	壬申	壬寅	癸酉	甲辰	甲戌	乙巳	乙亥	丙午
14日	癸酉	辛丑	壬申	壬寅	癸酉	癸卯	甲戌	乙巳	乙亥	丙午	丙子	丁未
15日	甲戌	壬寅	癸酉	癸卯	甲戌	甲辰	乙亥	丙午	丙子	丁未	丁丑	戊申
16日	乙亥	癸卯	甲戌	甲辰	乙亥	乙巳	丙子	丁未	丁丑	戊申	戊寅	己酉
17日	丙子	甲辰	乙亥	乙巳	丙子	丙午	丁丑	戊申	戊寅	己酉	己卯	庚戌
18日	丁丑	乙巳	丙子	丙午	丁丑	丁未	戊寅	己酉	己卯	庚戌	庚辰	辛亥
19日	戊寅	丙午	丁丑	丁未	戊寅	戊申	己卯	庚戌	庚辰	辛亥	辛巳	壬子
20日	己卯	丁未	戊寅	戊申	己卯	己酉	庚辰	辛亥	辛巳	壬子	壬午	癸丑
21日	庚辰	戊申	己卯	己酉	庚辰	庚戌	辛巳	壬子	壬午	癸丑	癸未	甲寅
22日	辛巳	己酉	庚辰	庚戌	辛巳	辛亥	壬午	癸丑	癸未	甲寅	甲申	乙卯
23日	壬午	庚戌	辛巳	辛亥	壬午	壬子	癸未	甲寅	甲申	乙卯	乙酉	丙辰
24日	癸未	辛亥	壬午	壬子	癸未	癸丑	甲申	乙卯	乙酉	丙辰	丙戌	丁巳
25日	甲申	壬子	癸未	癸丑	甲申	甲寅	乙酉	丙辰	丙戌	丁巳	丁亥	戊午
26日	乙酉	癸丑	甲申	甲寅	乙酉	乙卯	丙戌	丁巳	丁亥	戊午	戊子	己未
27日	丙戌	甲寅	乙酉	乙卯	丙戌	丙辰	丁亥	戊午	戊子	己未	己丑	庚申
28日	丁亥	乙卯	丙戌	丙辰	丁亥	丁巳	戊子	己未	己丑	庚申	庚寅	辛酉
29日		丙辰	丁亥	丁巳	戊子	戊午	己丑	庚申	庚寅	辛酉	辛卯	壬戌
30日		丁巳	戊子	戊午	己丑	己未	庚寅	辛酉	辛卯	壬戌	壬辰	癸亥
31日		戊午		己未		庚申	辛卯		壬辰		癸巳	甲子

1984年〈昭和59年〉◆甲子

月	2月	3月	4月	5月	6月	7月	8月	9月	10月	11月	12月	1月
干支	丙寅	丁卯	戊辰	己巳	庚午	辛未	壬申	癸酉	甲戌	乙亥	丙子	丁丑
節入	5日	5日	4日	5日	5日	7日	7日	7日	8日	7日	7日	5日
時刻	0:19	18:25	23:22	16:51	21:09	7:29	17:18	20:10	11:43	14:46	7:28	18:35
1日	乙丑	甲午	乙丑	乙未	丙寅	丙申	丁卯	戊戌	戊辰	己亥	己巳	庚子
2日	丙寅	乙未	丙寅	丙申	丁卯	丁酉	戊辰	己亥	己巳	庚子	庚午	辛丑
3日	丁卯	丙申	丁卯	丁酉	戊辰	戊戌	己巳	庚子	庚午	辛丑	辛未	壬寅
4日	戊辰	丁酉	戊辰	戊戌	己巳	己亥	庚午	辛丑	辛未	壬寅	壬申	癸卯
5日	己巳	戊戌	己巳	己亥	庚午	庚子	辛未	壬寅	壬申	癸卯	癸酉	甲辰
6日	庚午	己亥	庚午	庚子	辛未	辛丑	壬申	癸卯	癸酉	甲辰	甲戌	乙巳
7日	辛未	庚子	辛未	辛丑	壬申	壬寅	癸酉	甲辰	甲戌	乙巳	乙亥	丙午
8日	壬申	辛丑	壬申	壬寅	癸酉	癸卯	甲戌	乙巳	乙亥	丙午	丙子	丁未
9日	癸酉	壬寅	癸酉	癸卯	甲戌	甲辰	乙亥	丙午	丙子	丁未	丁丑	戊申
10日	甲戌	癸卯	甲戌	甲辰	乙亥	乙巳	丙子	丁未	丁丑	戊申	戊寅	己酉
11日	乙亥	甲辰	乙亥	乙巳	丙子	丙午	丁丑	戊申	戊寅	己酉	己卯	庚戌
12日	丙子	乙巳	丙子	丙午	丁丑	丁未	戊寅	己酉	己卯	庚戌	庚辰	辛亥
13日	丁丑	丙午	丁丑	丁未	戊寅	戊申	己卯	庚戌	庚辰	辛亥	辛巳	壬子
14日	戊寅	丁未	戊寅	戊申	己卯	己酉	庚辰	辛亥	辛巳	壬子	壬午	癸丑
15日	己卯	戊申	己卯	己酉	庚辰	庚戌	辛巳	壬子	壬午	癸丑	癸未	甲寅
16日	庚辰	己酉	庚辰	庚戌	辛巳	辛亥	壬午	癸丑	癸未	甲寅	甲申	乙卯
17日	辛巳	庚戌	辛巳	辛亥	壬午	壬子	癸未	甲寅	甲申	乙卯	乙酉	丙辰
18日	壬午	辛亥	壬午	壬子	癸未	癸丑	甲申	乙卯	乙酉	丙辰	丙戌	丁巳
19日	癸未	壬子	癸未	癸丑	甲申	甲寅	乙酉	丙辰	丙戌	丁巳	丁亥	戊午
20日	甲申	癸丑	甲申	甲寅	乙酉	乙卯	丙戌	丁巳	丁亥	戊午	戊子	己未
21日	乙酉	甲寅	乙酉	乙卯	丙戌	丙辰	丁亥	戊午	戊子	己未	己丑	庚申
22日	丙戌	乙卯	丙戌	丙辰	丁亥	丁巳	戊子	己未	己丑	庚申	庚寅	辛酉
23日	丁亥	丙辰	丁亥	丁巳	戊子	戊午	己丑	庚申	庚寅	辛酉	辛卯	壬戌
24日	戊子	丁巳	戊子	戊午	己丑	己未	庚寅	辛酉	辛卯	壬戌	壬辰	癸亥
25日	己丑	戊午	己丑	己未	庚寅	庚申	辛卯	壬戌	壬辰	癸亥	癸巳	甲子
26日	庚寅	己未	庚寅	庚申	辛卯	辛酉	壬辰	癸亥	癸巳	甲子	甲午	乙丑
27日	辛卯	庚申	辛卯	辛酉	壬辰	壬戌	癸巳	甲子	甲午	乙丑	乙未	丙寅
28日	壬辰	辛酉	壬辰	壬戌	癸巳	癸亥	甲午	乙丑	乙未	丙寅	丙申	丁卯
29日	癸巳	壬戌	癸巳	癸亥	甲午	甲子	乙未	丙寅	丙申	丁卯	丁酉	戊辰
30日		癸亥	甲午	甲子	乙未	乙丑	丙申	丁卯	丁酉	戊辰	戊戌	己巳
31日		甲子		乙丑		丙寅	丁酉		戊戌		己亥	庚午

1985年〈昭和60年〉◆乙丑

月	2月	3月	4月	5月	6月	7月	8月	9月	10月	11月	12月	1月
干支	戊寅	己卯	庚辰	辛巳	壬午	癸未	甲申	乙酉	丙戌	丁亥	戊子	己丑
節入	4日	6日	5日	5日	6日	7日	7日	8日	8日	7日	7日	6日
時刻	6:12	0:16	5:14	22:43	3:00	13:19	23:04	1:53	17:25	20:29	13:16	0:28
1日	辛未	己亥	庚午	庚子	辛未	辛丑	壬申	癸卯	癸酉	甲辰	甲戌	乙巳
2日	壬申	庚子	辛未	辛丑	壬申	壬寅	癸酉	甲辰	甲戌	乙巳	乙亥	丙午
3日	癸酉	辛丑	壬申	壬寅	癸酉	癸卯	甲戌	乙巳	乙亥	丙午	丙子	丁未
4日	甲戌	壬寅	癸酉	癸卯	甲戌	甲辰	乙亥	丙午	丙子	丁未	丁丑	戊申
5日	乙亥	癸卯	甲戌	甲辰	乙亥	乙巳	丙子	丁未	丁丑	戊申	戊寅	己酉
6日	丙子	甲辰	乙亥	乙巳	丙子	丙午	丁丑	戊申	戊寅	己酉	己卯	庚戌
7日	丁丑	乙巳	丙子	丙午	丁丑	丁未	戊寅	己酉	己卯	庚戌	庚辰	辛亥
8日	戊寅	丙午	丁丑	丁未	戊寅	戊申	己卯	庚戌	庚辰	辛亥	辛巳	壬子
9日	己卯	丁未	戊寅	戊申	己卯	己酉	庚辰	辛亥	辛巳	壬子	壬午	癸丑
10日	庚辰	戊申	己卯	己酉	庚辰	庚戌	辛巳	壬子	壬午	癸丑	癸未	甲寅
11日	辛巳	己酉	庚辰	庚戌	辛巳	辛亥	壬午	癸丑	癸未	甲寅	甲申	乙卯
12日	壬午	庚戌	辛巳	辛亥	壬午	壬子	癸未	甲寅	甲申	乙卯	乙酉	丙辰
13日	癸未	辛亥	壬午	壬子	癸未	癸丑	甲申	乙卯	乙酉	丙辰	丙戌	丁巳
14日	甲申	壬子	癸未	癸丑	甲申	甲寅	乙酉	丙辰	丙戌	丁巳	丁亥	戊午
15日	乙酉	癸丑	甲申	甲寅	乙酉	乙卯	丙戌	丁巳	丁亥	戊午	戊子	己未
16日	丙戌	甲寅	乙酉	乙卯	丙戌	丙辰	丁亥	戊午	戊子	己未	己丑	庚申
17日	丁亥	乙卯	丙戌	丙辰	丁亥	丁巳	戊子	己未	己丑	庚申	庚寅	辛酉
18日	戊子	丙辰	丁亥	丁巳	戊子	戊午	己丑	庚申	庚寅	辛酉	辛卯	壬戌
19日	己丑	丁巳	戊子	戊午	己丑	己未	庚寅	辛酉	辛卯	壬戌	壬辰	癸亥
20日	庚寅	戊午	己丑	己未	庚寅	庚申	辛卯	壬戌	壬辰	癸亥	癸巳	甲子
21日	辛卯	己未	庚寅	庚申	辛卯	辛酉	壬辰	癸亥	癸巳	甲子	甲午	乙丑
22日	壬辰	庚申	辛卯	辛酉	壬辰	壬戌	癸巳	甲子	甲午	乙丑	乙未	丙寅
23日	癸巳	辛酉	壬辰	壬戌	癸巳	癸亥	甲午	乙丑	乙未	丙寅	丙申	丁卯
24日	甲午	壬戌	癸巳	癸亥	甲午	甲子	乙未	丙寅	丙申	丁卯	丁酉	戊辰
25日	乙未	癸亥	甲午	甲子	乙未	乙丑	丙申	丁卯	丁酉	戊辰	戊戌	己巳
26日	丙申	甲子	乙未	乙丑	丙申	丙寅	丁酉	戊辰	戊戌	己巳	己亥	庚午
27日	丁酉	乙丑	丙申	丙寅	丁酉	丁卯	戊戌	己巳	己亥	庚午	庚子	辛未
28日	戊戌	丙寅	丁酉	丁卯	戊戌	戊辰	己亥	庚午	庚子	辛未	辛丑	壬申
29日		丁卯	戊戌	戊辰	己亥	己巳	庚子	辛未	辛丑	壬申	壬寅	癸酉
30日		戊辰	己亥	己巳	庚子	庚午	辛丑	壬申	壬寅	癸酉	癸卯	甲戌
31日		己巳		庚午		辛未	壬寅		癸卯		甲辰	乙亥

1986年〈昭和61年〉◆丙寅

月	2月	3月	4月	5月	6月	7月	8月	9月	10月	11月	12月	1月
干支	庚寅	辛卯	壬辰	癸巳	甲午	乙未	丙申	丁酉	戊戌	己亥	庚子	辛丑
節入	4日	6日	5日	6日	6日	7日	8日	8日	8日	8日	7日	6日
時刻	12:08	6:12	11:06	4:31	8:44	19:01	4:46	7:35	23:07	2:13	19:01	6:13
1日	丙子	甲辰	乙亥	乙巳	丙子	丙午	丁丑	戊申	戊寅	己酉	己卯	庚戌
2日	丁丑	乙巳	丙子	丙午	丁丑	丁未	戊寅	己酉	己卯	庚戌	庚辰	辛亥
3日	戊寅	丙午	丁丑	丁未	戊寅	戊申	己卯	庚戌	庚辰	辛亥	辛巳	壬子
4日	**己卯**	丁未	戊寅	戊申	己卯	己酉	庚辰	辛亥	辛巳	壬子	壬午	癸丑
5日	庚辰	戊申	**己卯**	己酉	庚辰	庚戌	辛巳	壬子	壬午	癸丑	癸未	甲寅
6日	辛巳	**己酉**	庚辰	**庚戌**	**辛巳**	辛亥	壬午	癸丑	癸未	甲寅	甲申	**乙卯**
7日	壬午	庚戌	辛巳	辛亥	壬午	**壬子**	癸未	甲寅	甲申	乙卯	**乙酉**	丙辰
8日	癸未	辛亥	壬午	壬子	癸未	癸丑	**甲申**	**乙卯**	**乙酉**	**丙辰**	丙戌	丁巳
9日	甲申	壬子	癸未	癸丑	甲申	甲寅	乙酉	丙辰	丙戌	丁巳	丁亥	戊午
10日	乙酉	癸丑	甲申	甲寅	乙酉	乙卯	丙戌	丁巳	丁亥	戊午	戊子	己未
11日	丙戌	甲寅	乙酉	乙卯	丙戌	丙辰	丁亥	戊午	戊子	己未	己丑	庚申
12日	丁亥	乙卯	丙戌	丙辰	丁亥	丁巳	戊子	己未	己丑	庚申	庚寅	辛酉
13日	戊子	丙辰	丁亥	丁巳	戊子	戊午	己丑	庚申	庚寅	辛酉	辛卯	壬戌
14日	己丑	丁巳	戊子	戊午	己丑	己未	庚寅	辛酉	辛卯	壬戌	壬辰	癸亥
15日	庚寅	戊午	己丑	己未	庚寅	庚申	辛卯	壬戌	壬辰	癸亥	癸巳	甲子
16日	辛卯	己未	庚寅	庚申	辛卯	辛酉	壬辰	癸亥	癸巳	甲子	甲午	乙丑
17日	壬辰	庚申	辛卯	辛酉	壬辰	壬戌	癸巳	甲子	甲午	乙丑	乙未	丙寅
18日	癸巳	辛酉	壬辰	壬戌	癸巳	癸亥	甲午	乙丑	乙未	丙寅	丙申	丁卯
19日	甲午	壬戌	癸巳	癸亥	甲午	甲子	乙未	丙寅	丙申	丁卯	丁酉	戊辰
20日	乙未	癸亥	甲午	甲子	乙未	乙丑	丙申	丁卯	丁酉	戊辰	戊戌	己巳
21日	丙申	甲子	乙未	乙丑	丙申	丙寅	丁酉	戊辰	戊戌	己巳	己亥	庚午
22日	丁酉	乙丑	丙申	丙寅	丁酉	丁卯	戊戌	己巳	己亥	庚午	庚子	辛未
23日	戊戌	丙寅	丁酉	丁卯	戊戌	戊辰	己亥	庚午	庚子	辛未	辛丑	壬申
24日	己亥	丁卯	戊戌	戊辰	己亥	己巳	庚子	辛未	辛丑	壬申	壬寅	癸酉
25日	庚子	戊辰	己亥	己巳	庚子	庚午	辛丑	壬申	壬寅	癸酉	癸卯	甲戌
26日	辛丑	己巳	庚子	庚午	辛丑	辛未	壬寅	癸酉	癸卯	甲戌	甲辰	乙亥
27日	壬寅	庚午	辛丑	辛未	壬寅	壬申	癸卯	甲戌	甲辰	乙亥	乙巳	丙子
28日	癸卯	辛未	壬寅	壬申	癸卯	癸酉	甲辰	乙亥	乙巳	丙子	丙午	丁丑
29日		壬申	癸卯	癸酉	甲辰	甲戌	乙巳	丙子	丙午	丁丑	丁未	戊寅
30日		癸酉	甲辰	甲戌	乙巳	乙亥	丙午	丁丑	丁未	戊寅	戊申	己卯
31日		甲戌		乙亥		丙子	丁未		戊申		己酉	庚辰

1987年〈昭和62年〉◆丁卯

月	2月	3月	4月	5月	6月	7月	8月	9月	10月	11月	12月	1月
干支	壬寅	癸卯	甲辰	乙巳	丙午	丁未	戊申	己酉	庚戌	辛亥	壬子	癸丑
節入	4日	6日	5日	6日	6日	8日	8日	8日	9日	8日	8日	6日
時刻	17:52	11:54	16:44	10:06	14:19	0:39	10:29	13:24	5:00	8:06	0:52	12:04
1日	辛巳	己酉	庚辰	庚戌	辛巳	辛亥	壬午	癸丑	癸未	甲寅	甲申	乙卯
2日	壬午	庚戌	辛巳	辛亥	壬午	壬子	癸未	甲寅	甲申	乙卯	乙酉	丙辰
3日	癸未	辛亥	壬午	壬子	癸未	癸丑	甲申	乙卯	乙酉	丙辰	丙戌	丁巳
4日	**甲申**	壬子	癸未	癸丑	甲申	甲寅	乙酉	丙辰	丙戌	丁巳	丁亥	戊午
5日	乙酉	癸丑	**甲申**	甲寅	乙酉	乙卯	丙戌	丁巳	丁亥	戊午	戊子	己未
6日	丙戌	**甲寅**	乙酉	**乙卯**	**丙戌**	丙辰	丁亥	戊午	戊子	己未	己丑	**庚申**
7日	丁亥	乙卯	丙戌	丙辰	丁亥	丁巳	戊子	己未	己丑	庚申	庚寅	辛酉
8日	戊子	丙辰	丁亥	丁巳	戊子	**戊午**	**己丑**	**庚申**	庚寅	**辛酉**	**辛卯**	壬戌
9日	己丑	丁巳	戊子	戊午	己丑	己未	庚寅	辛酉	**辛卯**	壬戌	壬辰	癸亥
10日	庚寅	戊午	己丑	己未	庚寅	庚申	辛卯	壬戌	壬辰	癸亥	癸巳	甲子
11日	辛卯	己未	庚寅	庚申	辛卯	辛酉	壬辰	癸亥	癸巳	甲子	甲午	乙丑
12日	壬辰	庚申	辛卯	辛酉	壬辰	壬戌	癸巳	甲子	甲午	乙丑	乙未	丙寅
13日	癸巳	辛酉	壬辰	壬戌	癸巳	癸亥	甲午	乙丑	乙未	丙寅	丙申	丁卯
14日	甲午	壬戌	癸巳	癸亥	甲午	甲子	乙未	丙寅	丙申	丁卯	丁酉	戊辰
15日	乙未	癸亥	甲午	甲子	乙未	乙丑	丙申	丁卯	丁酉	戊辰	戊戌	己巳
16日	丙申	甲子	乙未	乙丑	丙申	丙寅	丁酉	戊辰	戊戌	己巳	己亥	庚午
17日	丁酉	乙丑	丙申	丙寅	丁酉	丁卯	戊戌	己巳	己亥	庚午	庚子	辛未
18日	戊戌	丙寅	丁酉	丁卯	戊戌	戊辰	己亥	庚午	庚子	辛未	辛丑	壬申
19日	己亥	丁卯	戊戌	戊辰	己亥	己巳	庚子	辛未	辛丑	壬申	壬寅	癸酉
20日	庚子	戊辰	己亥	己巳	庚子	庚午	辛丑	壬申	壬寅	癸酉	癸卯	甲戌
21日	辛丑	己巳	庚子	庚午	辛丑	辛未	壬寅	癸酉	癸卯	甲戌	甲辰	乙亥
22日	壬寅	庚午	辛丑	辛未	壬寅	壬申	癸卯	甲戌	甲辰	乙亥	乙巳	丙子
23日	癸卯	辛未	壬寅	壬申	癸卯	癸酉	甲辰	乙亥	乙巳	丙子	丙午	丁丑
24日	甲辰	壬申	癸卯	癸酉	甲辰	甲戌	乙巳	丙子	丙午	丁丑	丁未	戊寅
25日	乙巳	癸酉	甲辰	甲戌	乙巳	乙亥	丙午	丁丑	丁未	戊寅	戊申	己卯
26日	丙午	甲戌	乙巳	乙亥	丙午	丙子	丁未	戊寅	戊申	己卯	己酉	庚辰
27日	丁未	乙亥	丙午	丙子	丁未	丁丑	戊申	己卯	己酉	庚辰	庚戌	辛巳
28日	戊申	丙子	丁未	丁丑	戊申	戊寅	己酉	庚辰	庚戌	辛巳	辛亥	壬午
29日		丁丑	戊申	戊寅	己酉	己卯	庚戌	辛巳	辛亥	壬午	壬子	癸未
30日		戊寅	己酉	己卯	庚戌	庚辰	辛亥	壬午	壬子	癸未	癸丑	甲申
31日		己卯		庚辰		辛巳	壬子		癸丑		甲寅	乙酉

1988年〈昭和63年〉◆戊辰

月	2月	3月	4月	5月	6月	7月	8月	9月	10月	11月	12月	1月
干支	甲寅	乙卯	丙辰	丁巳	戊午	己未	庚申	辛酉	壬戌	癸亥	甲子	乙丑
節入	4日	5日	4日	5日	5日	7日	7日	7日	8日	7日	7日	5日
時刻	23:43	17:47	22:39	16:02	20:15	6:33	16:20	19:12	10:45	13:49	6:34	17:46
1日	丙戌	乙卯	丙戌	丙辰	丁亥	丁巳	戊子	己未	己丑	庚申	庚寅	辛酉
2日	丁亥	丙辰	丁亥	丁巳	戊子	戊午	己丑	庚申	庚寅	辛酉	辛卯	壬戌
3日	戊子	丁巳	戊子	戊午	己丑	己未	庚寅	辛酉	辛卯	壬戌	壬辰	癸亥
4日	**己丑**	戊午	**己丑**	己未	庚寅	庚申	辛卯	壬戌	壬辰	癸亥	癸巳	甲子
5日	庚寅	**己未**	庚寅	**庚申**	**辛卯**	辛酉	壬辰	癸亥	癸巳	甲子	甲午	**乙丑**
6日	辛卯	庚申	辛卯	辛酉	壬辰	壬戌	癸巳	甲子	甲午	乙丑	乙未	丙寅
7日	壬辰	辛酉	壬辰	壬戌	癸巳	**癸亥**	**甲午**	**乙丑**	乙未	**丙寅**	**丙申**	丁卯
8日	癸巳	壬戌	癸巳	癸亥	甲午	甲子	乙未	丙寅	**丙申**	丁卯	丁酉	戊辰
9日	甲午	癸亥	甲午	甲子	乙未	乙丑	丙申	丁卯	丁酉	戊辰	戊戌	己巳
10日	乙未	甲子	乙未	乙丑	丙申	丙寅	丁酉	戊辰	戊戌	己巳	己亥	庚午
11日	丙申	乙丑	丙申	丙寅	丁酉	丁卯	戊戌	己巳	己亥	庚午	庚子	辛未
12日	丁酉	丙寅	丁酉	丁卯	戊戌	戊辰	己亥	庚午	庚子	辛未	辛丑	壬申
13日	戊戌	丁卯	戊戌	戊辰	己亥	己巳	庚子	辛未	辛丑	壬申	壬寅	癸酉
14日	己亥	戊辰	己亥	己巳	庚子	庚午	辛丑	壬申	壬寅	癸酉	癸卯	甲戌
15日	庚子	己巳	庚子	庚午	辛丑	辛未	壬寅	癸酉	癸卯	甲戌	甲辰	乙亥
16日	辛丑	庚午	辛丑	辛未	壬寅	壬申	癸卯	甲戌	甲辰	乙亥	乙巳	丙子
17日	壬寅	辛未	壬寅	壬申	癸卯	癸酉	甲辰	乙亥	乙巳	丙子	丙午	丁丑
18日	癸卯	壬申	癸卯	癸酉	甲辰	甲戌	乙巳	丙子	丙午	丁丑	丁未	戊寅
19日	甲辰	癸酉	甲辰	甲戌	乙巳	乙亥	丙午	丁丑	丁未	戊寅	戊申	己卯
20日	乙巳	甲戌	乙巳	乙亥	丙午	丙子	丁未	戊寅	戊申	己卯	己酉	庚辰
21日	丙午	乙亥	丙午	丙子	丁未	丁丑	戊申	己卯	己酉	庚辰	庚戌	辛巳
22日	丁未	丙子	丁未	丁丑	戊申	戊寅	己酉	庚辰	庚戌	辛巳	辛亥	壬午
23日	戊申	丁丑	戊申	戊寅	己酉	己卯	庚戌	辛巳	辛亥	壬午	壬子	癸未
24日	己酉	戊寅	己酉	己卯	庚戌	庚辰	辛亥	壬午	壬子	癸未	癸丑	甲申
25日	庚戌	己卯	庚戌	庚辰	辛亥	辛巳	壬子	癸未	癸丑	甲申	甲寅	乙酉
26日	辛亥	庚辰	辛亥	辛巳	壬子	壬午	癸丑	甲申	甲寅	乙酉	乙卯	丙戌
27日	壬子	辛巳	壬子	壬午	癸丑	癸未	甲寅	乙酉	乙卯	丙戌	丙辰	丁亥
28日	癸丑	壬午	癸丑	癸未	甲寅	甲申	乙卯	丙戌	丙辰	丁亥	丁巳	戊子
29日	甲寅	癸未	甲寅	甲申	乙卯	乙酉	丙辰	丁亥	丁巳	戊子	戊午	己丑
30日		甲申	乙卯	乙酉	丙辰	丙戌	丁巳	戊子	戊午	己丑	己未	庚寅
31日		乙酉		丙戌		丁亥	戊午		己未		庚申	辛卯

1989年〈平成元年〉◆己巳

月	2月	3月	4月	5月	6月	7月	8月	9月	10月	11月	12月	1月
干支	丙寅	丁卯	戊辰	己巳	庚午	辛未	壬申	癸酉	甲戌	乙亥	丙子	丁丑
節入	4日	5日	5日	5日	6日	7日	7日	8日	8日	7日	7日	5日
時刻	5:27	23:34	4:30	21:54	2:05	12:19	22:04	0:54	16:27	19:34	12:21	23:33
1日	壬辰	庚申	辛卯	辛酉	壬辰	壬戌	癸巳	甲子	甲午	乙丑	乙未	丙寅
2日	癸巳	辛酉	壬辰	壬戌	癸巳	癸亥	甲午	乙丑	乙未	丙寅	丙申	丁卯
3日	甲午	壬戌	癸巳	癸亥	甲午	甲子	乙未	丙寅	丙申	丁卯	丁酉	戊辰
4日	**乙未**	癸亥	甲午	甲子	乙未	乙丑	丙申	丁卯	丁酉	戊辰	戊戌	己巳
5日	丙申	**甲子**	**乙未**	**乙丑**	丙申	丙寅	丁酉	戊辰	戊戌	己巳	己亥	**庚午**
6日	丁酉	乙丑	丙申	丙寅	**丁酉**	丁卯	戊戌	己巳	己亥	庚午	庚子	辛未
7日	戊戌	丙寅	丁酉	丁卯	戊戌	**戊辰**	**己亥**	庚午	庚子	**辛未**	**辛丑**	壬申
8日	己亥	丁卯	戊戌	戊辰	己亥	己巳	庚子	**辛未**	**辛丑**	壬申	壬寅	癸酉
9日	庚子	戊辰	己亥	己巳	庚子	庚午	辛丑	壬申	壬寅	癸酉	癸卯	甲戌
10日	辛丑	己巳	庚子	庚午	辛丑	辛未	壬寅	癸酉	癸卯	甲戌	甲辰	乙亥
11日	壬寅	庚午	辛丑	辛未	壬寅	壬申	癸卯	甲戌	甲辰	乙亥	乙巳	丙子
12日	癸卯	辛未	壬寅	壬申	癸卯	癸酉	甲辰	乙亥	乙巳	丙子	丙午	丁丑
13日	甲辰	壬申	癸卯	癸酉	甲辰	甲戌	乙巳	丙子	丙午	丁丑	丁未	戊寅
14日	乙巳	癸酉	甲辰	甲戌	乙巳	乙亥	丙午	丁丑	丁未	戊寅	戊申	己卯
15日	丙午	甲戌	乙巳	乙亥	丙午	丙子	丁未	戊寅	戊申	己卯	己酉	庚辰
16日	丁未	乙亥	丙午	丙子	丁未	丁丑	戊申	己卯	己酉	庚辰	庚戌	辛巳
17日	戊申	丙子	丁未	丁丑	戊申	戊寅	己酉	庚辰	庚戌	辛巳	辛亥	壬午
18日	己酉	丁丑	戊申	戊寅	己酉	己卯	庚戌	辛巳	辛亥	壬午	壬子	癸未
19日	庚戌	戊寅	己酉	己卯	庚戌	庚辰	辛亥	壬午	壬子	癸未	癸丑	甲申
20日	辛亥	己卯	庚戌	庚辰	辛亥	辛巳	壬子	癸未	癸丑	甲申	甲寅	乙酉
21日	壬子	庚辰	辛亥	辛巳	壬子	壬午	癸丑	甲申	甲寅	乙酉	乙卯	丙戌
22日	癸丑	辛巳	壬子	壬午	癸丑	癸未	甲寅	乙酉	乙卯	丙戌	丙辰	丁亥
23日	甲寅	壬午	癸丑	癸未	甲寅	甲申	乙卯	丙戌	丙辰	丁亥	丁巳	戊子
24日	乙卯	癸未	甲寅	甲申	乙卯	乙酉	丙辰	丁亥	丁巳	戊子	戊午	己丑
25日	丙辰	甲申	乙卯	乙酉	丙辰	丙戌	丁巳	戊子	戊午	己丑	己未	庚寅
26日	丁巳	乙酉	丙辰	丙戌	丁巳	丁亥	戊午	己丑	己未	庚寅	庚申	辛卯
27日	戊午	丙戌	丁巳	丁亥	戊午	戊子	己未	庚寅	庚申	辛卯	辛酉	壬辰
28日	己未	丁亥	戊午	戊子	己未	己丑	庚申	辛卯	辛酉	壬辰	壬戌	癸巳
29日		戊子	己未	己丑	庚申	庚寅	辛酉	壬辰	壬戌	癸巳	癸亥	甲午
30日		己丑	庚申	庚寅	辛酉	辛卯	壬戌	癸巳	癸亥	甲午	甲子	乙未
31日		庚寅		辛卯		壬辰	癸亥		甲子		乙丑	丙申

1990年〈平成2年〉◆庚午

月	2月	3月	4月	5月	6月	7月	8月	9月	10月	11月	12月	1月
干支	戊寅	己卯	庚辰	辛巳	壬午	癸未	甲申	乙酉	丙戌	丁亥	戊子	己丑
節入	4日	6日	5日	6日	6日	7日	8日	8日	8日	8日	7日	6日
時刻	11:14	5:19	10:13	3:35	7:46	18:00	3:46	6:37	22:14	1:23	18:14	5:28
1日	丁酉	乙丑	丙申	丙寅	丁酉	丁卯	戊戌	己巳	己亥	庚午	庚子	辛未
2日	戊戌	丙寅	丁酉	丁卯	戊戌	戊辰	己亥	庚午	庚子	辛未	辛丑	壬申
3日	己亥	丁卯	戊戌	戊辰	己亥	己巳	庚子	辛未	辛丑	壬申	壬寅	癸酉
4日	**庚子**	戊辰	己亥	己巳	庚子	庚午	辛丑	壬申	壬寅	癸酉	癸卯	甲戌
5日	辛丑	己巳	**庚子**	庚午	辛丑	辛未	壬寅	癸酉	癸卯	甲戌	甲辰	乙亥
6日	壬寅	**庚午**	辛丑	**辛未**	**壬寅**	壬申	癸卯	甲戌	甲辰	乙亥	乙巳	**丙子**
7日	癸卯	辛未	壬寅	壬申	癸卯	**癸酉**	甲辰	乙亥	乙巳	丙子	**丙午**	丁丑
8日	甲辰	壬申	癸卯	癸酉	甲辰	甲戌	**乙巳**	**丙子**	**丙午**	**丁丑**	丁未	戊寅
9日	乙巳	癸酉	甲辰	甲戌	乙巳	乙亥	丙午	丁丑	丁未	戊寅	戊申	己卯
10日	丙午	甲戌	乙巳	乙亥	丙午	丙子	丁未	戊寅	戊申	己卯	己酉	庚辰
11日	丁未	乙亥	丙午	丙子	丁未	丁丑	戊申	己卯	己酉	庚辰	庚戌	辛巳
12日	戊申	丙子	丁未	丁丑	戊申	戊寅	己酉	庚辰	庚戌	辛巳	辛亥	壬午
13日	己酉	丁丑	戊申	戊寅	己酉	己卯	庚戌	辛巳	辛亥	壬午	壬子	癸未
14日	庚戌	戊寅	己酉	己卯	庚戌	庚辰	辛亥	壬午	壬子	癸未	癸丑	甲申
15日	辛亥	己卯	庚戌	庚辰	辛亥	辛巳	壬子	癸未	癸丑	甲申	甲寅	乙酉
16日	壬子	庚辰	辛亥	辛巳	壬子	壬午	癸丑	甲申	甲寅	乙酉	乙卯	丙戌
17日	癸丑	辛巳	壬子	壬午	癸丑	癸未	甲寅	乙酉	乙卯	丙戌	丙辰	丁亥
18日	甲寅	壬午	癸丑	癸未	甲寅	甲申	乙卯	丙戌	丙辰	丁亥	丁巳	戊子
19日	乙卯	癸未	甲寅	甲申	乙卯	乙酉	丙辰	丁亥	丁巳	戊子	戊午	己丑
20日	丙辰	甲申	乙卯	乙酉	丙辰	丙戌	丁巳	戊子	戊午	己丑	己未	庚寅
21日	丁巳	乙酉	丙辰	丙戌	丁巳	丁亥	戊午	己丑	己未	庚寅	庚申	辛卯
22日	戊午	丙戌	丁巳	丁亥	戊午	戊子	己未	庚寅	庚申	辛卯	辛酉	壬辰
23日	己未	丁亥	戊午	戊子	己未	己丑	庚申	辛卯	辛酉	壬辰	壬戌	癸巳
24日	庚申	戊子	己未	己丑	庚申	庚寅	辛酉	壬辰	壬戌	癸巳	癸亥	甲午
25日	辛酉	己丑	庚申	庚寅	辛酉	辛卯	壬戌	癸巳	癸亥	甲午	甲子	乙未
26日	壬戌	庚寅	辛酉	辛卯	壬戌	壬辰	癸亥	甲午	甲子	乙未	乙丑	丙申
27日	癸亥	辛卯	壬戌	壬辰	癸亥	癸巳	甲子	乙未	乙丑	丙申	丙寅	丁酉
28日	甲子	壬辰	癸亥	癸巳	甲子	甲午	乙丑	丙申	丙寅	丁酉	丁卯	戊戌
29日		癸巳	甲子	甲午	乙丑	乙未	丙寅	丁酉	丁卯	戊戌	戊辰	己亥
30日		甲午	乙丑	乙未	丙寅	丙申	丁卯	戊戌	戊辰	己亥	己巳	庚子
31日		乙未		丙申		丁酉	戊辰		己巳		庚午	辛丑

1991年〈平成3年〉◆辛未

月	2月	3月	4月	5月	6月	7月	8月	9月	10月	11月	12月	1月
干支	庚寅	辛卯	壬辰	癸巳	甲午	乙未	丙申	丁酉	戊戌	己亥	庚子	辛丑
節入	4日	6日	5日	6日	6日	7日	8日	8日	9日	8日	7日	6日
時刻	17:08	11:12	16:05	9:27	13:38	23:53	9:37	12:27	4:01	7:08	23:56	11:09
1日	壬寅	庚午	辛丑	辛未	壬寅	壬申	癸卯	甲戌	甲辰	乙亥	乙巳	丙子
2日	癸卯	辛未	壬寅	壬申	癸卯	癸酉	甲辰	乙亥	乙巳	丙子	丙午	丁丑
3日	甲辰	壬申	癸卯	癸酉	甲辰	甲戌	乙巳	丙子	丙午	丁丑	丁未	戊寅
4日	**乙巳**	癸酉	甲辰	甲戌	乙巳	乙亥	丙午	丁丑	丁未	戊寅	戊申	己卯
5日	丙午	甲戌	**乙巳**	乙亥	丙午	丙子	丁未	戊寅	戊申	己卯	己酉	庚辰
6日	丁未	**乙亥**	丙午	**丙子**	**丁未**	丁丑	戊申	己卯	己酉	庚辰	庚戌	**辛巳**
7日	戊申	丙子	丁未	丁丑	戊申	**戊寅**	己酉	庚辰	庚戌	辛巳	**辛亥**	壬午
8日	己酉	丁丑	戊申	戊寅	己酉	己卯	**庚戌**	**辛巳**	辛亥	**壬午**	壬子	癸未
9日	庚戌	戊寅	己酉	己卯	庚戌	庚辰	辛亥	壬午	**壬子**	癸未	癸丑	甲申
10日	辛亥	己卯	庚戌	庚辰	辛亥	辛巳	壬子	癸未	癸丑	甲申	甲寅	乙酉
11日	壬子	庚辰	辛亥	辛巳	壬子	壬午	癸丑	甲申	甲寅	乙酉	乙卯	丙戌
12日	癸丑	辛巳	壬子	壬午	癸丑	癸未	甲寅	乙酉	乙卯	丙戌	丙辰	丁亥
13日	甲寅	壬午	癸丑	癸未	甲寅	甲申	乙卯	丙戌	丙辰	丁亥	丁巳	戊子
14日	乙卯	癸未	甲寅	甲申	乙卯	乙酉	丙辰	丁亥	丁巳	戊子	戊午	己丑
15日	丙辰	甲申	乙卯	乙酉	丙辰	丙戌	丁巳	戊子	戊午	己丑	己未	庚寅
16日	丁巳	乙酉	丙辰	丙戌	丁巳	丁亥	戊午	己丑	己未	庚寅	庚申	辛卯
17日	戊午	丙戌	丁巳	丁亥	戊午	戊子	己未	庚寅	庚申	辛卯	辛酉	壬辰
18日	己未	丁亥	戊午	戊子	己未	己丑	庚申	辛卯	辛酉	壬辰	壬戌	癸巳
19日	庚申	戊子	己未	己丑	庚申	庚寅	辛酉	壬辰	壬戌	癸巳	癸亥	甲午
20日	辛酉	己丑	庚申	庚寅	辛酉	辛卯	壬戌	癸巳	癸亥	甲午	甲子	乙未
21日	壬戌	庚寅	辛酉	辛卯	壬戌	壬辰	癸亥	甲午	甲子	乙未	乙丑	丙申
22日	癸亥	辛卯	壬戌	壬辰	癸亥	癸巳	甲子	乙未	乙丑	丙申	丙寅	丁酉
23日	甲子	壬辰	癸亥	癸巳	甲子	甲午	乙丑	丙申	丙寅	丁酉	丁卯	戊戌
24日	乙丑	癸巳	甲子	甲午	乙丑	乙未	丙寅	丁酉	丁卯	戊戌	戊辰	己亥
25日	丙寅	甲午	乙丑	乙未	丙寅	丙申	丁卯	戊戌	戊辰	己亥	己巳	庚子
26日	丁卯	乙未	丙寅	丙申	丁卯	丁酉	戊辰	己亥	己巳	庚子	庚午	辛丑
27日	戊辰	丙申	丁卯	丁酉	戊辰	戊戌	己巳	庚子	庚午	辛丑	辛未	壬寅
28日	己巳	丁酉	戊辰	戊戌	己巳	己亥	庚午	辛丑	辛未	壬寅	壬申	癸卯
29日		戊戌	己巳	己亥	庚午	庚子	辛未	壬寅	壬申	癸卯	癸酉	甲辰
30日		己亥	庚午	庚子	辛未	辛丑	壬申	癸卯	癸酉	甲辰	甲戌	乙巳
31日		庚子		辛丑		壬寅	癸酉		甲戌		乙亥	丙午

1992年〈平成4年〉◆壬申

月	2月	3月	4月	5月	6月	7月	8月	9月	10月	11月	12月	1月
干支	壬寅	癸卯	甲辰	乙巳	丙午	丁未	戊申	己酉	庚戌	辛亥	壬子	癸丑
節入	4日	5日	4日	5日	5日	7日	7日	7日	8日	7日	7日	5日
時刻	22:48	16:52	21:45	15:09	19:22	5:40	15:27	18:18	9:51	12:57	5:44	16:57
1日	丁未	丙子	丁未	丁丑	戊申	戊寅	己酉	庚辰	庚戌	辛巳	辛亥	壬午
2日	戊申	丁丑	戊申	戊寅	己酉	己卯	庚戌	辛巳	辛亥	壬午	壬子	癸未
3日	己酉	戊寅	己酉	己卯	庚戌	庚辰	辛亥	壬午	壬子	癸未	癸丑	甲申
4日	庚戌	己卯	庚戌	庚辰	辛亥	辛巳	壬子	癸未	癸丑	甲申	甲寅	乙酉
5日	辛亥	庚辰	辛亥	辛巳	壬子	壬午	癸丑	甲申	甲寅	乙酉	乙卯	丙戌
6日	壬子	辛巳	壬子	壬午	癸丑	癸未	甲寅	乙酉	乙卯	丙戌	丙辰	丁亥
7日	癸丑	壬午	癸丑	癸未	甲寅	甲申	乙卯	丙戌	丙辰	丁亥	丁巳	戊子
8日	甲寅	癸未	甲寅	甲申	乙卯	乙酉	丙辰	丁亥	丁巳	戊子	戊午	己丑
9日	乙卯	甲申	乙卯	乙酉	丙辰	丙戌	丁巳	戊子	戊午	己丑	己未	庚寅
10日	丙辰	乙酉	丙辰	丙戌	丁巳	丁亥	戊午	己丑	己未	庚寅	庚申	辛卯
11日	丁巳	丙戌	丁巳	丁亥	戊午	戊子	己未	庚寅	庚申	辛卯	辛酉	壬辰
12日	戊午	丁亥	戊午	戊子	己未	己丑	庚申	辛卯	辛酉	壬辰	壬戌	癸巳
13日	己未	戊子	己未	己丑	庚申	庚寅	辛酉	壬辰	壬戌	癸巳	癸亥	甲午
14日	庚申	己丑	庚申	庚寅	辛酉	辛卯	壬戌	癸巳	癸亥	甲午	甲子	乙未
15日	辛酉	庚寅	辛酉	辛卯	壬戌	壬辰	癸亥	甲午	甲子	乙未	乙丑	丙申
16日	壬戌	辛卯	壬戌	壬辰	癸亥	癸巳	甲子	乙未	乙丑	丙申	丙寅	丁酉
17日	癸亥	壬辰	癸亥	癸巳	甲子	甲午	乙丑	丙申	丙寅	丁酉	丁卯	戊戌
18日	甲子	癸巳	甲子	甲午	乙丑	乙未	丙寅	丁酉	丁卯	戊戌	戊辰	己亥
19日	乙丑	甲午	乙丑	乙未	丙寅	丙申	丁卯	戊戌	戊辰	己亥	己巳	庚子
20日	丙寅	乙未	丙寅	丙申	丁卯	丁酉	戊辰	己亥	己巳	庚子	庚午	辛丑
21日	丁卯	丙申	丁卯	丁酉	戊辰	戊戌	己巳	庚子	庚午	辛丑	辛未	壬寅
22日	戊辰	丁酉	戊辰	戊戌	己巳	己亥	庚午	辛丑	辛未	壬寅	壬申	癸卯
23日	己巳	戊戌	己巳	己亥	庚午	庚子	辛未	壬寅	壬申	癸卯	癸酉	甲辰
24日	庚午	己亥	庚午	庚子	辛未	辛丑	壬申	癸卯	癸酉	甲辰	甲戌	乙巳
25日	辛未	庚子	辛未	辛丑	壬申	壬寅	癸酉	甲辰	甲戌	乙巳	乙亥	丙午
26日	壬申	辛丑	壬申	壬寅	癸酉	癸卯	甲戌	乙巳	乙亥	丙午	丙子	丁未
27日	癸酉	壬寅	癸酉	癸卯	甲戌	甲辰	乙亥	丙午	丙子	丁未	丁丑	戊申
28日	甲戌	癸卯	甲戌	甲辰	乙亥	乙巳	丙子	丁未	丁丑	戊申	戊寅	己酉
29日	乙亥	甲辰	乙亥	乙巳	丙子	丙午	丁丑	戊申	戊寅	己酉	己卯	庚戌
30日		乙巳	丙子	丙午	丁丑	丁未	戊寅	己酉	己卯	庚戌	庚辰	辛亥
31日		丙午		丁未		戊申	己卯		庚辰		辛巳	壬子

1993年〈平成5年〉◆癸酉

月	2月	3月	4月	5月	6月	7月	8月	9月	10月	11月	12月	1月
干支	甲寅	乙卯	丙辰	丁巳	戊午	己未	庚申	辛酉	壬戌	癸亥	甲子	乙丑
節入	4日	5日	5日	5日	6日	7日	7日	8日	8日	7日	7日	5日
時刻	4:37	22:43	3:37	21:02	1:15	11:32	21:18	0:08	15:40	18:46	11:34	22:48
1日	癸丑	辛巳	壬子	壬午	癸丑	癸未	甲寅	乙酉	乙卯	丙戌	丙辰	丁亥
2日	甲寅	壬午	癸丑	癸未	甲寅	甲申	乙卯	丙戌	丙辰	丁亥	丁巳	戊子
3日	乙卯	癸未	甲寅	甲申	乙卯	乙酉	丙辰	丁亥	丁巳	戊子	戊午	己丑
4日	丙辰	甲申	乙卯	乙酉	丙辰	丙戌	丁巳	戊子	戊午	己丑	己未	庚寅
5日	丁巳	乙酉	丙辰	丙戌	丁巳	丁亥	戊午	己丑	己未	庚寅	庚申	辛卯
6日	戊午	丙戌	丁巳	丁亥	戊午	戊子	己未	庚寅	庚申	辛卯	辛酉	壬辰
7日	己未	丁亥	戊午	戊子	己未	己丑	庚申	辛卯	辛酉	壬辰	壬戌	癸巳
8日	庚申	戊子	己未	己丑	庚申	庚寅	辛酉	壬辰	壬戌	癸巳	癸亥	甲午
9日	辛酉	己丑	庚申	庚寅	辛酉	辛卯	壬戌	癸巳	癸亥	甲午	甲子	乙未
10日	壬戌	庚寅	辛酉	辛卯	壬戌	壬辰	癸亥	甲午	甲子	乙未	乙丑	丙申
11日	癸亥	辛卯	壬戌	壬辰	癸亥	癸巳	甲子	乙未	乙丑	丙申	丙寅	丁酉
12日	甲子	壬辰	癸亥	癸巳	甲子	甲午	乙丑	丙申	丙寅	丁酉	丁卯	戊戌
13日	乙丑	癸巳	甲子	甲午	乙丑	乙未	丙寅	丁酉	丁卯	戊戌	戊辰	己亥
14日	丙寅	甲午	乙丑	乙未	丙寅	丙申	丁卯	戊戌	戊辰	己亥	己巳	庚子
15日	丁卯	乙未	丙寅	丙申	丁卯	丁酉	戊辰	己亥	己巳	庚子	庚午	辛丑
16日	戊辰	丙申	丁卯	丁酉	戊辰	戊戌	己巳	庚子	庚午	辛丑	辛未	壬寅
17日	己巳	丁酉	戊辰	戊戌	己巳	己亥	庚午	辛丑	辛未	壬寅	壬申	癸卯
18日	庚午	戊戌	己巳	己亥	庚午	庚子	辛未	壬寅	壬申	癸卯	癸酉	甲辰
19日	辛未	己亥	庚午	庚子	辛未	辛丑	壬申	癸卯	癸酉	甲辰	甲戌	乙巳
20日	壬申	庚子	辛未	辛丑	壬申	壬寅	癸酉	甲辰	甲戌	乙巳	乙亥	丙午
21日	癸酉	辛丑	壬申	壬寅	癸酉	癸卯	甲戌	乙巳	乙亥	丙午	丙子	丁未
22日	甲戌	壬寅	癸酉	癸卯	甲戌	甲辰	乙亥	丙午	丙子	丁未	丁丑	戊申
23日	乙亥	癸卯	甲戌	甲辰	乙亥	乙巳	丙子	丁未	丁丑	戊申	戊寅	己酉
24日	丙子	甲辰	乙亥	乙巳	丙子	丙午	丁丑	戊申	戊寅	己酉	己卯	庚戌
25日	丁丑	乙巳	丙子	丙午	丁丑	丁未	戊寅	己酉	己卯	庚戌	庚辰	辛亥
26日	戊寅	丙午	丁丑	丁未	戊寅	戊申	己卯	庚戌	庚辰	辛亥	辛巳	壬子
27日	己卯	丁未	戊寅	戊申	己卯	己酉	庚辰	辛亥	辛巳	壬子	壬午	癸丑
28日	庚辰	戊申	己卯	己酉	庚辰	庚戌	辛巳	壬子	壬午	癸丑	癸未	甲寅
29日		己酉	庚辰	庚戌	辛巳	辛亥	壬午	癸丑	癸未	甲寅	甲申	乙卯
30日		庚戌	辛巳	辛亥	壬午	壬子	癸未	甲寅	甲申	乙卯	乙酉	丙辰
31日		辛亥		壬子		癸丑	甲申		乙酉		丙戌	丁巳

1994年〈平成6年〉◆甲戌

月	2月	3月	4月	5月	6月	7月	8月	9月	10月	11月	12月	1月
干支	丙寅	丁卯	戊辰	己巳	庚午	辛未	壬申	癸酉	甲戌	乙亥	丙子	丁丑
節入	4日	6日	5日	6日	6日	7日	8日	8日	8日	8日	7日	6日
時刻	10:31	4:38	9:32	2:54	7:05	17:19	3:04	5:55	21:29	0:36	17:23	4:34
1日	戊午	丙戌	丁巳	丁亥	戊午	戊子	己未	庚寅	庚申	辛卯	辛酉	壬辰
2日	己未	丁亥	戊午	戊子	己未	己丑	庚申	辛卯	辛酉	壬辰	壬戌	癸巳
3日	庚申	戊子	己未	己丑	庚申	庚寅	辛酉	壬辰	壬戌	癸巳	癸亥	甲午
4日	**辛酉**	己丑	庚申	庚寅	辛酉	辛卯	壬戌	癸巳	癸亥	甲午	甲子	乙未
5日	壬戌	庚寅	**辛酉**	辛卯	壬戌	壬辰	癸亥	甲午	甲子	乙未	乙丑	丙申
6日	癸亥	**辛卯**	壬戌	**壬辰**	**癸亥**	癸巳	甲子	乙未	乙丑	丙申	丙寅	**丁酉**
7日	甲子	壬辰	癸亥	癸巳	甲子	**甲午**	乙丑	丙申	丙寅	丁酉	**丁卯**	戊戌
8日	乙丑	癸巳	甲子	甲午	乙丑	乙未	**丙寅**	**丁酉**	**丁卯**	**戊戌**	戊辰	己亥
9日	丙寅	甲午	乙丑	乙未	丙寅	丙申	丁卯	戊戌	戊辰	己亥	己巳	庚子
10日	丁卯	乙未	丙寅	丙申	丁卯	丁酉	戊辰	己亥	己巳	庚子	庚午	辛丑
11日	戊辰	丙申	丁卯	丁酉	戊辰	戊戌	己巳	庚子	庚午	辛丑	辛未	壬寅
12日	己巳	丁酉	戊辰	戊戌	己巳	己亥	庚午	辛丑	辛未	壬寅	壬申	癸卯
13日	庚午	戊戌	己巳	己亥	庚午	庚子	辛未	壬寅	壬申	癸卯	癸酉	甲辰
14日	辛未	己亥	庚午	庚子	辛未	辛丑	壬申	癸卯	癸酉	甲辰	甲戌	乙巳
15日	壬申	庚子	辛未	辛丑	壬申	壬寅	癸酉	甲辰	甲戌	乙巳	乙亥	丙午
16日	癸酉	辛丑	壬申	壬寅	癸酉	癸卯	甲戌	乙巳	乙亥	丙午	丙子	丁未
17日	甲戌	壬寅	癸酉	癸卯	甲戌	甲辰	乙亥	丙午	丙子	丁未	丁丑	戊申
18日	乙亥	癸卯	甲戌	甲辰	乙亥	乙巳	丙子	丁未	丁丑	戊申	戊寅	己酉
19日	丙子	甲辰	乙亥	乙巳	丙子	丙午	丁丑	戊申	戊寅	己酉	己卯	庚戌
20日	丁丑	乙巳	丙子	丙午	丁丑	丁未	戊寅	己酉	己卯	庚戌	庚辰	辛亥
21日	戊寅	丙午	丁丑	丁未	戊寅	戊申	己卯	庚戌	庚辰	辛亥	辛巳	壬子
22日	己卯	丁未	戊寅	戊申	己卯	己酉	庚辰	辛亥	辛巳	壬子	壬午	癸丑
23日	庚辰	戊申	己卯	己酉	庚辰	庚戌	辛巳	壬子	壬午	癸丑	癸未	甲寅
24日	辛巳	己酉	庚辰	庚戌	辛巳	辛亥	壬午	癸丑	癸未	甲寅	甲申	乙卯
25日	壬午	庚戌	辛巳	辛亥	壬午	壬子	癸未	甲寅	甲申	乙卯	乙酉	丙辰
26日	癸未	辛亥	壬午	壬子	癸未	癸丑	甲申	乙卯	乙酉	丙辰	丙戌	丁巳
27日	甲申	壬子	癸未	癸丑	甲申	甲寅	乙酉	丙辰	丙戌	丁巳	丁亥	戊午
28日	乙酉	癸丑	甲申	甲寅	乙酉	乙卯	丙戌	丁巳	丁亥	戊午	戊子	己未
29日		甲寅	乙酉	乙卯	丙戌	丙辰	丁亥	戊午	戊子	己未	己丑	庚申
30日		乙卯	丙戌	丙辰	丁亥	丁巳	戊子	己未	己丑	庚申	庚寅	辛酉
31日		丙辰		丁巳		戊午	己丑		庚寅		辛卯	壬戌

1995年〈平成7年〉◆乙亥

月	2月	3月	4月	5月	6月	7月	8月	9月	10月	11月	12月	1月
干支	戊寅	己卯	庚辰	辛巳	壬午	癸未	甲申	乙酉	丙戌	丁亥	戊子	己丑
節入	4日	6日	5日	6日	6日	7日	8日	8日	9日	8日	7日	6日
時刻	16:13	10:16	15:08	8:30	12:42	23:01	8:52	11:49	3:27	6:36	23:22	10:31
1日	癸亥	辛卯	壬戌	壬辰	癸亥	癸巳	甲子	乙未	乙丑	丙申	丙寅	丁酉
2日	甲子	壬辰	癸亥	癸巳	甲子	甲午	乙丑	丙申	丙寅	丁酉	丁卯	戊戌
3日	乙丑	癸巳	甲子	甲午	乙丑	乙未	丙寅	丁酉	丁卯	戊戌	戊辰	己亥
4日	**丙寅**	甲午	乙丑	乙未	丙寅	丙申	丁卯	戊戌	戊辰	己亥	己巳	庚子
5日	丁卯	乙未	**丙寅**	丙申	丁卯	丁酉	戊辰	己亥	己巳	庚子	庚午	辛丑
6日	戊辰	**丙申**	丁卯	**丁酉**	**戊辰**	戊戌	己巳	庚子	庚午	辛丑	辛未	**壬寅**
7日	己巳	丁酉	戊辰	戊戌	己巳	**己亥**	庚午	辛丑	辛未	壬寅	**壬申**	癸卯
8日	庚午	戊戌	己巳	己亥	庚午	庚子	**辛未**	**壬寅**	壬申	**癸卯**	癸酉	甲辰
9日	辛未	己亥	庚午	庚子	辛未	辛丑	壬申	癸卯	**癸酉**	甲辰	甲戌	乙巳
10日	壬申	庚子	辛未	辛丑	壬申	壬寅	癸酉	甲辰	甲戌	乙巳	乙亥	丙午
11日	癸酉	辛丑	壬申	壬寅	癸酉	癸卯	甲戌	乙巳	乙亥	丙午	丙子	丁未
12日	甲戌	壬寅	癸酉	癸卯	甲戌	甲辰	乙亥	丙午	丙子	丁未	丁丑	戊申
13日	乙亥	癸卯	甲戌	甲辰	乙亥	乙巳	丙子	丁未	丁丑	戊申	戊寅	己酉
14日	丙子	甲辰	乙亥	乙巳	丙子	丙午	丁丑	戊申	戊寅	己酉	己卯	庚戌
15日	丁丑	乙巳	丙子	丙午	丁丑	丁未	戊寅	己酉	己卯	庚戌	庚辰	辛亥
16日	戊寅	丙午	丁丑	丁未	戊寅	戊申	己卯	庚戌	庚辰	辛亥	辛巳	壬子
17日	己卯	丁未	戊寅	戊申	己卯	己酉	庚辰	辛亥	辛巳	壬子	壬午	癸丑
18日	庚辰	戊申	己卯	己酉	庚辰	庚戌	辛巳	壬子	壬午	癸丑	癸未	甲寅
19日	辛巳	己酉	庚辰	庚戌	辛巳	辛亥	壬午	癸丑	癸未	甲寅	甲申	乙卯
20日	壬午	庚戌	辛巳	辛亥	壬午	壬子	癸未	甲寅	甲申	乙卯	乙酉	丙辰
21日	癸未	辛亥	壬午	壬子	癸未	癸丑	甲申	乙卯	乙酉	丙辰	丙戌	丁巳
22日	甲申	壬子	癸未	癸丑	甲申	甲寅	乙酉	丙辰	丙戌	丁巳	丁亥	戊午
23日	乙酉	癸丑	甲申	甲寅	乙酉	乙卯	丙戌	丁巳	丁亥	戊午	戊子	己未
24日	丙戌	甲寅	乙酉	乙卯	丙戌	丙辰	丁亥	戊午	戊子	己未	己丑	庚申
25日	丁亥	乙卯	丙戌	丙辰	丁亥	丁巳	戊子	己未	己丑	庚申	庚寅	辛酉
26日	戊子	丙辰	丁亥	丁巳	戊子	戊午	己丑	庚申	庚寅	辛酉	辛卯	壬戌
27日	己丑	丁巳	戊子	戊午	己丑	己未	庚寅	辛酉	辛卯	壬戌	壬辰	癸亥
28日	庚寅	戊午	己丑	己未	庚寅	庚申	辛卯	壬戌	壬辰	癸亥	癸巳	甲子
29日		己未	庚寅	庚申	辛卯	辛酉	壬辰	癸亥	癸巳	甲子	甲午	乙丑
30日		庚申	辛卯	辛酉	壬辰	壬戌	癸巳	甲子	甲午	乙丑	乙未	丙寅
31日		辛酉		壬戌		癸亥	甲午		乙未		丙申	丁卯

1996年〈平成8年〉◆丙子

月	2月	3月	4月	5月	6月	7月	8月	9月	10月	11月	12月	1月
干支	庚寅	辛卯	壬辰	癸巳	甲午	乙未	丙申	丁酉	戊戌	己亥	庚子	辛丑
節入	4日	5日	4日	5日	5日	7日	7日	7日	8日	7日	7日	5日
時刻	22:08	16:10	21:02	14:26	18:41	5:00	14:49	17:42	9:19	12:27	5:14	16:24
1日	戊辰	丁酉	戊辰	戊戌	己巳	己亥	庚午	辛丑	辛未	壬寅	壬申	癸卯
2日	己巳	戊戌	己巳	己亥	庚午	庚子	辛未	壬寅	壬申	癸卯	癸酉	甲辰
3日	庚午	己亥	庚午	庚子	辛未	辛丑	壬申	癸卯	癸酉	甲辰	甲戌	乙巳
4日	**辛未**	庚子	**辛未**	辛丑	壬申	壬寅	癸酉	甲辰	甲戌	乙巳	乙亥	丙午
5日	壬申	**辛丑**	壬申	**壬寅**	**癸酉**	癸卯	甲戌	乙巳	乙亥	丙午	丙子	**丁未**
6日	癸酉	壬寅	癸酉	癸卯	甲戌	甲辰	乙亥	丙午	丙子	丁未	丁丑	戊申
7日	甲戌	癸卯	甲戌	甲辰	乙亥	**乙巳**	**丙子**	**丁未**	丁丑	**戊申**	**戊寅**	己酉
8日	乙亥	甲辰	乙亥	乙巳	丙子	丙午	丁丑	戊申	**戊寅**	己酉	己卯	庚戌
9日	丙子	乙巳	丙子	丙午	丁丑	丁未	戊寅	己酉	己卯	庚戌	庚辰	辛亥
10日	丁丑	丙午	丁丑	丁未	戊寅	戊申	己卯	庚戌	庚辰	辛亥	辛巳	壬子
11日	戊寅	丁未	戊寅	戊申	己卯	己酉	庚辰	辛亥	辛巳	壬子	壬午	癸丑
12日	己卯	戊申	己卯	己酉	庚辰	庚戌	辛巳	壬子	壬午	癸丑	癸未	甲寅
13日	庚辰	己酉	庚辰	庚戌	辛巳	辛亥	壬午	癸丑	癸未	甲寅	甲申	乙卯
14日	辛巳	庚戌	辛巳	辛亥	壬午	壬子	癸未	甲寅	甲申	乙卯	乙酉	丙辰
15日	壬午	辛亥	壬午	壬子	癸未	癸丑	甲申	乙卯	乙酉	丙辰	丙戌	丁巳
16日	癸未	壬子	癸未	癸丑	甲申	甲寅	乙酉	丙辰	丙戌	丁巳	丁亥	戊午
17日	甲申	癸丑	甲申	甲寅	乙酉	乙卯	丙戌	丁巳	丁亥	戊午	戊子	己未
18日	乙酉	甲寅	乙酉	乙卯	丙戌	丙辰	丁亥	戊午	戊子	己未	己丑	庚申
19日	丙戌	乙卯	丙戌	丙辰	丁亥	丁巳	戊子	己未	己丑	庚申	庚寅	辛酉
20日	丁亥	丙辰	丁亥	丁巳	戊子	戊午	己丑	庚申	庚寅	辛酉	辛卯	壬戌
21日	戊子	丁巳	戊子	戊午	己丑	己未	庚寅	辛酉	辛卯	壬戌	壬辰	癸亥
22日	己丑	戊午	己丑	己未	庚寅	庚申	辛卯	壬戌	壬辰	癸亥	癸巳	甲子
23日	庚寅	己未	庚寅	庚申	辛卯	辛酉	壬辰	癸亥	癸巳	甲子	甲午	乙丑
24日	辛卯	庚申	辛卯	辛酉	壬辰	壬戌	癸巳	甲子	甲午	乙丑	乙未	丙寅
25日	壬辰	辛酉	壬辰	壬戌	癸巳	癸亥	甲午	乙丑	乙未	丙寅	丙申	丁卯
26日	癸巳	壬戌	癸巳	癸亥	甲午	甲子	乙未	丙寅	丙申	丁卯	丁酉	戊辰
27日	甲午	癸亥	甲午	甲子	乙未	乙丑	丙申	丁卯	丁酉	戊辰	戊戌	己巳
28日	乙未	甲子	乙未	乙丑	丙申	丙寅	丁酉	戊辰	戊戌	己巳	己亥	庚午
29日	丙申	乙丑	丙申	丙寅	丁酉	丁卯	戊戌	己巳	己亥	庚午	庚子	辛未
30日		丙寅	丁酉	丁卯	戊戌	戊辰	己亥	庚午	庚子	辛未	辛丑	壬申
31日		丁卯		戊辰		己巳	庚子		辛丑		壬寅	癸酉

1997年〈平成9年〉◆丁丑

月	2月	3月	4月	5月	6月	7月	8月	9月	10月	11月	12月	1月
干支	壬寅	癸卯	甲辰	乙巳	丙午	丁未	戊申	己酉	庚戌	辛亥	壬子	癸丑
節入	4日	5日	5日	5日	6日	7日	7日	7日	8日	7日	7日	5日
時刻	4:02	22:04	2:56	20:19	0:33	10:49	20:36	23:29	15:05	18:15	11:05	22:18
1日	甲戌	壬寅	癸酉	癸卯	甲戌	甲辰	乙亥	丙午	丙子	丁未	丁丑	戊申
2日	乙亥	癸卯	甲戌	甲辰	乙亥	乙巳	丙子	丁未	丁丑	戊申	戊寅	己酉
3日	丙子	甲辰	乙亥	乙巳	丙子	丙午	丁丑	戊申	戊寅	己酉	己卯	庚戌
4日	**丁丑**	乙巳	丙子	丙午	丁丑	丁未	戊寅	己酉	己卯	庚戌	庚辰	辛亥
5日	戊寅	**丙午**	**丁丑**	**丁未**	戊寅	戊申	己卯	庚戌	庚辰	辛亥	辛巳	**壬子**
6日	己卯	丁未	戊寅	戊申	**己卯**	己酉	庚辰	辛亥	辛巳	壬子	壬午	癸丑
7日	庚辰	戊申	己卯	己酉	庚辰	**庚戌**	**辛巳**	**壬子**	壬午	**癸丑**	**癸未**	甲寅
8日	辛巳	己酉	庚辰	庚戌	辛巳	辛亥	壬午	癸丑	**癸未**	甲寅	甲申	乙卯
9日	壬午	庚戌	辛巳	辛亥	壬午	壬子	癸未	甲寅	甲申	乙卯	乙酉	丙辰
10日	癸未	辛亥	壬午	壬子	癸未	癸丑	甲申	乙卯	乙酉	丙辰	丙戌	丁巳
11日	甲申	壬子	癸未	癸丑	甲申	甲寅	乙酉	丙辰	丙戌	丁巳	丁亥	戊午
12日	乙酉	癸丑	甲申	甲寅	乙酉	乙卯	丙戌	丁巳	丁亥	戊午	戊子	己未
13日	丙戌	甲寅	乙酉	乙卯	丙戌	丙辰	丁亥	戊午	戊子	己未	己丑	庚申
14日	丁亥	乙卯	丙戌	丙辰	丁亥	丁巳	戊子	己未	己丑	庚申	庚寅	辛酉
15日	戊子	丙辰	丁亥	丁巳	戊子	戊午	己丑	庚申	庚寅	辛酉	辛卯	壬戌
16日	己丑	丁巳	戊子	戊午	己丑	己未	庚寅	辛酉	辛卯	壬戌	壬辰	癸亥
17日	庚寅	戊午	己丑	己未	庚寅	庚申	辛卯	壬戌	壬辰	癸亥	癸巳	甲子
18日	辛卯	己未	庚寅	庚申	辛卯	辛酉	壬辰	癸亥	癸巳	甲子	甲午	乙丑
19日	壬辰	庚申	辛卯	辛酉	壬辰	壬戌	癸巳	甲子	甲午	乙丑	乙未	丙寅
20日	癸巳	辛酉	壬辰	壬戌	癸巳	癸亥	甲午	乙丑	乙未	丙寅	丙申	丁卯
21日	甲午	壬戌	癸巳	癸亥	甲午	甲子	乙未	丙寅	丙申	丁卯	丁酉	戊辰
22日	乙未	癸亥	甲午	甲子	乙未	乙丑	丙申	丁卯	丁酉	戊辰	戊戌	己巳
23日	丙申	甲子	乙未	乙丑	丙申	丙寅	丁酉	戊辰	戊戌	己巳	己亥	庚午
24日	丁酉	乙丑	丙申	丙寅	丁酉	丁卯	戊戌	己巳	己亥	庚午	庚子	辛未
25日	戊戌	丙寅	丁酉	丁卯	戊戌	戊辰	己亥	庚午	庚子	辛未	辛丑	壬申
26日	己亥	丁卯	戊戌	戊辰	己亥	己巳	庚子	辛未	辛丑	壬申	壬寅	癸酉
27日	庚子	戊辰	己亥	己巳	庚子	庚午	辛丑	壬申	壬寅	癸酉	癸卯	甲戌
28日	辛丑	己巳	庚子	庚午	辛丑	辛未	壬寅	癸酉	癸卯	甲戌	甲辰	乙亥
29日		庚午	辛丑	辛未	壬寅	壬申	癸卯	甲戌	甲辰	乙亥	乙巳	丙子
30日		辛未	壬寅	壬申	癸卯	癸酉	甲辰	乙亥	乙巳	丙子	丙午	丁丑
31日		壬申		癸酉		甲戌	乙巳		丙午		丁未	戊寅

1998年〈平成10年〉◆戊寅

月	2月	3月	4月	5月	6月	7月	8月	9月	10月	11月	12月	1月
干支	甲寅	乙卯	丙辰	丁巳	戊午	己未	庚申	辛酉	壬戌	癸亥	甲子	乙丑
節入	4日	6日	5日	6日	6日	7日	8日	8日	8日	8日	7日	6日
時刻	9:57	3:57	8:45	2:03	6:13	16:30	2:20	5:16	20:56	0:08	17:02	4:17
1日	己卯	丁未	戊寅	戊申	己卯	己酉	庚辰	辛亥	辛巳	壬子	壬午	癸丑
2日	庚辰	戊申	己卯	己酉	庚辰	庚戌	辛巳	壬子	壬午	癸丑	癸未	甲寅
3日	辛巳	己酉	庚辰	庚戌	辛巳	辛亥	壬午	癸丑	癸未	甲寅	甲申	乙卯
4日	**壬午**	庚戌	辛巳	辛亥	壬午	壬子	癸未	甲寅	甲申	乙卯	乙酉	丙辰
5日	癸未	辛亥	**壬午**	壬子	癸未	癸丑	甲申	乙卯	乙酉	丙辰	丙戌	丁巳
6日	甲申	**壬子**	癸未	**癸丑**	**甲申**	甲寅	乙酉	丙辰	丙戌	丁巳	丁亥	**戊午**
7日	乙酉	癸丑	甲申	甲寅	乙酉	**乙卯**	丙戌	丁巳	丁亥	戊午	**戊子**	己未
8日	丙戌	甲寅	乙酉	乙卯	丙戌	丙辰	**丁亥**	**戊午**	**戊子**	**己未**	己丑	庚申
9日	丁亥	乙卯	丙戌	丙辰	丁亥	丁巳	戊子	己未	己丑	庚申	庚寅	辛酉
10日	戊子	丙辰	丁亥	丁巳	戊子	戊午	己丑	庚申	庚寅	辛酉	辛卯	壬戌
11日	己丑	丁巳	戊子	戊午	己丑	己未	庚寅	辛酉	辛卯	壬戌	壬辰	癸亥
12日	庚寅	戊午	己丑	己未	庚寅	庚申	辛卯	壬戌	壬辰	癸亥	癸巳	甲子
13日	辛卯	己未	庚寅	庚申	辛卯	辛酉	壬辰	癸亥	癸巳	甲子	甲午	乙丑
14日	壬辰	庚申	辛卯	辛酉	壬辰	壬戌	癸巳	甲子	甲午	乙丑	乙未	丙寅
15日	癸巳	辛酉	壬辰	壬戌	癸巳	癸亥	甲午	乙丑	乙未	丙寅	丙申	丁卯
16日	甲午	壬戌	癸巳	癸亥	甲午	甲子	乙未	丙寅	丙申	丁卯	丁酉	戊辰
17日	乙未	癸亥	甲午	甲子	乙未	乙丑	丙申	丁卯	丁酉	戊辰	戊戌	己巳
18日	丙申	甲子	乙未	乙丑	丙申	丙寅	丁酉	戊辰	戊戌	己巳	己亥	庚午
19日	丁酉	乙丑	丙申	丙寅	丁酉	丁卯	戊戌	己巳	己亥	庚午	庚子	辛未
20日	戊戌	丙寅	丁酉	丁卯	戊戌	戊辰	己亥	庚午	庚子	辛未	辛丑	壬申
21日	己亥	丁卯	戊戌	戊辰	己亥	己巳	庚子	辛未	辛丑	壬申	壬寅	癸酉
22日	庚子	戊辰	己亥	己巳	庚子	庚午	辛丑	壬申	壬寅	癸酉	癸卯	甲戌
23日	辛丑	己巳	庚子	庚午	辛丑	辛未	壬寅	癸酉	癸卯	甲戌	甲辰	乙亥
24日	壬寅	庚午	辛丑	辛未	壬寅	壬申	癸卯	甲戌	甲辰	乙亥	乙巳	丙子
25日	癸卯	辛未	壬寅	壬申	癸卯	癸酉	甲辰	乙亥	乙巳	丙子	丙午	丁丑
26日	甲辰	壬申	癸卯	癸酉	甲辰	甲戌	乙巳	丙子	丙午	丁丑	丁未	戊寅
27日	乙巳	癸酉	甲辰	甲戌	乙巳	乙亥	丙午	丁丑	丁未	戊寅	戊申	己卯
28日	丙午	甲戌	乙巳	乙亥	丙午	丙子	丁未	戊寅	戊申	己卯	己酉	庚辰
29日		乙亥	丙午	丙子	丁未	丁丑	戊申	己卯	己酉	庚辰	庚戌	辛巳
30日		丙子	丁未	丁丑	戊申	戊寅	己酉	庚辰	庚戌	辛巳	辛亥	壬午
31日		丁丑		戊寅		己卯	庚戌		辛亥		壬子	癸未

1999年〈平成11年〉◆己卯

月	2月	3月	4月	5月	6月	7月	8月	9月	10月	11月	12月	1月
干支	丙寅	丁卯	戊辰	己巳	庚午	辛未	壬申	癸酉	甲戌	乙亥	丙子	丁丑
節入	4日	6日	5日	6日	6日	7日	8日	8日	9日	8日	7日	6日
時刻	15:57	9:58	14:45	8:01	12:09	22:25	8:14	11:10	2:48	5:58	22:47	10:01
1日	甲申	壬子	癸未	癸丑	甲申	甲寅	乙酉	丙辰	丙戌	丁巳	丁亥	戊午
2日	乙酉	癸丑	甲申	甲寅	乙酉	乙卯	丙戌	丁巳	丁亥	戊午	戊子	己未
3日	丙戌	甲寅	乙酉	乙卯	丙戌	丙辰	丁亥	戊午	戊子	己未	己丑	庚申
4日	**丁亥**	乙卯	丙戌	丙辰	丁亥	丁巳	戊子	己未	己丑	庚申	庚寅	辛酉
5日	戊子	丙辰	**丁亥**	丁巳	戊子	戊午	己丑	庚申	庚寅	辛酉	辛卯	壬戌
6日	己丑	**丁巳**	戊子	**戊午**	**己丑**	己未	庚寅	辛酉	辛卯	壬戌	壬辰	**癸亥**
7日	庚寅	戊午	己丑	己未	庚寅	**庚申**	辛卯	壬戌	壬辰	癸亥	**癸巳**	甲子
8日	辛卯	己未	庚寅	庚申	辛卯	辛酉	**壬辰**	**癸亥**	癸巳	**甲子**	甲午	乙丑
9日	壬辰	庚申	辛卯	辛酉	壬辰	壬戌	癸巳	甲子	**甲午**	乙丑	乙未	丙寅
10日	癸巳	辛酉	壬辰	壬戌	癸巳	癸亥	甲午	乙丑	乙未	丙寅	丙申	丁卯
11日	甲午	壬戌	癸巳	癸亥	甲午	甲子	乙未	丙寅	丙申	丁卯	丁酉	戊辰
12日	乙未	癸亥	甲午	甲子	乙未	乙丑	丙申	丁卯	丁酉	戊辰	戊戌	己巳
13日	丙申	甲子	乙未	乙丑	丙申	丙寅	丁酉	戊辰	戊戌	己巳	己亥	庚午
14日	丁酉	乙丑	丙申	丙寅	丁酉	丁卯	戊戌	己巳	己亥	庚午	庚子	辛未
15日	戊戌	丙寅	丁酉	丁卯	戊戌	戊辰	己亥	庚午	庚子	辛未	辛丑	壬申
16日	己亥	丁卯	戊戌	戊辰	己亥	己巳	庚子	辛未	辛丑	壬申	壬寅	癸酉
17日	庚子	戊辰	己亥	己巳	庚子	庚午	辛丑	壬申	壬寅	癸酉	癸卯	甲戌
18日	辛丑	己巳	庚子	庚午	辛丑	辛未	壬寅	癸酉	癸卯	甲戌	甲辰	乙亥
19日	壬寅	庚午	辛丑	辛未	壬寅	壬申	癸卯	甲戌	甲辰	乙亥	乙巳	丙子
20日	癸卯	辛未	壬寅	壬申	癸卯	癸酉	甲辰	乙亥	乙巳	丙子	丙午	丁丑
21日	甲辰	壬申	癸卯	癸酉	甲辰	甲戌	乙巳	丙子	丙午	丁丑	丁未	戊寅
22日	乙巳	癸酉	甲辰	甲戌	乙巳	乙亥	丙午	丁丑	丁未	戊寅	戊申	己卯
23日	丙午	甲戌	乙巳	乙亥	丙午	丙子	丁未	戊寅	戊申	己卯	己酉	庚辰
24日	丁未	乙亥	丙午	丙子	丁未	丁丑	戊申	己卯	己酉	庚辰	庚戌	辛巳
25日	戊申	丙子	丁未	丁丑	戊申	戊寅	己酉	庚辰	庚戌	辛巳	辛亥	壬午
26日	己酉	丁丑	戊申	戊寅	己酉	己卯	庚戌	辛巳	辛亥	壬午	壬子	癸未
27日	庚戌	戊寅	己酉	己卯	庚戌	庚辰	辛亥	壬午	壬子	癸未	癸丑	甲申
28日	辛亥	己卯	庚戌	庚辰	辛亥	辛巳	壬子	癸未	癸丑	甲申	甲寅	乙酉
29日		庚辰	辛亥	辛巳	壬子	壬午	癸丑	甲申	甲寅	乙酉	乙卯	丙戌
30日		辛巳	壬子	壬午	癸丑	癸未	甲寅	乙酉	乙卯	丙戌	丙辰	丁亥
31日		壬午		癸未		甲申	乙卯		丙辰		丁巳	戊子

2000年〈平成12年〉◆庚辰

月	2月	3月	4月	5月	6月	7月	8月	9月	10月	11月	12月	1月
干支	戊寅	己卯	庚辰	辛巳	壬午	癸未	甲申	乙酉	丙戌	丁亥	戊子	己丑
節入	4日	5日	4日	5日	5日	7日	7日	7日	8日	7日	7日	5日
時刻	21:40	15:43	20:32	13:50	17:59	4:14	14:03	16:59	8:38	11:48	4:37	15:49
1日	己丑	戊午	己丑	己未	庚寅	庚申	辛卯	壬戌	壬辰	癸亥	癸巳	甲子
2日	庚寅	己未	庚寅	庚申	辛卯	辛酉	壬辰	癸亥	癸巳	甲子	甲午	乙丑
3日	辛卯	庚申	辛卯	辛酉	壬辰	壬戌	癸巳	甲子	甲午	乙丑	乙未	丙寅
4日	**壬辰**	辛酉	**壬辰**	壬戌	癸巳	癸亥	甲午	乙丑	乙未	丙寅	丙申	丁卯
5日	癸巳	**壬戌**	癸巳	**癸亥**	**甲午**	甲子	乙未	丙寅	丙申	丁卯	丁酉	**戊辰**
6日	甲午	癸亥	甲午	甲子	乙未	乙丑	丙申	丁卯	丁酉	戊辰	戊戌	己巳
7日	乙未	甲子	乙未	乙丑	丙申	**丙寅**	**丁酉**	**戊辰**	戊戌	**己巳**	**己亥**	庚午
8日	丙申	乙丑	丙申	丙寅	丁酉	丁卯	戊戌	己巳	**己亥**	庚午	庚子	辛未
9日	丁酉	丙寅	丁酉	丁卯	戊戌	戊辰	己亥	庚午	庚子	辛未	辛丑	壬申
10日	戊戌	丁卯	戊戌	戊辰	己亥	己巳	庚子	辛未	辛丑	壬申	壬寅	癸酉
11日	己亥	戊辰	己亥	己巳	庚子	庚午	辛丑	壬申	壬寅	癸酉	癸卯	甲戌
12日	庚子	己巳	庚子	庚午	辛丑	辛未	壬寅	癸酉	癸卯	甲戌	甲辰	乙亥
13日	辛丑	庚午	辛丑	辛未	壬寅	壬申	癸卯	甲戌	甲辰	乙亥	乙巳	丙子
14日	壬寅	辛未	壬寅	壬申	癸卯	癸酉	甲辰	乙亥	乙巳	丙子	丙午	丁丑
15日	癸卯	壬申	癸卯	癸酉	甲辰	甲戌	乙巳	丙子	丙午	丁丑	丁未	戊寅
16日	甲辰	癸酉	甲辰	甲戌	乙巳	乙亥	丙午	丁丑	丁未	戊寅	戊申	己卯
17日	乙巳	甲戌	乙巳	乙亥	丙午	丙子	丁未	戊寅	戊申	己卯	己酉	庚辰
18日	丙午	乙亥	丙午	丙子	丁未	丁丑	戊申	己卯	己酉	庚辰	庚戌	辛巳
19日	丁未	丙子	丁未	丁丑	戊申	戊寅	己酉	庚辰	庚戌	辛巳	辛亥	壬午
20日	戊申	丁丑	戊申	戊寅	己酉	己卯	庚戌	辛巳	辛亥	壬午	壬子	癸未
21日	己酉	戊寅	己酉	己卯	庚戌	庚辰	辛亥	壬午	壬子	癸未	癸丑	甲申
22日	庚戌	己卯	庚戌	庚辰	辛亥	辛巳	壬子	癸未	癸丑	甲申	甲寅	乙酉
23日	辛亥	庚辰	辛亥	辛巳	壬子	壬午	癸丑	甲申	甲寅	乙酉	乙卯	丙戌
24日	壬子	辛巳	壬子	壬午	癸丑	癸未	甲寅	乙酉	乙卯	丙戌	丙辰	丁亥
25日	癸丑	壬午	癸丑	癸未	甲寅	甲申	乙卯	丙戌	丙辰	丁亥	丁巳	戊子
26日	甲寅	癸未	甲寅	甲申	乙卯	乙酉	丙辰	丁亥	丁巳	戊子	戊午	己丑
27日	乙卯	甲申	乙卯	乙酉	丙辰	丙戌	丁巳	戊子	戊午	己丑	己未	庚寅
28日	丙辰	乙酉	丙辰	丙戌	丁巳	丁亥	戊午	己丑	己未	庚寅	庚申	辛卯
29日	丁巳	丙戌	丁巳	丁亥	戊午	戊子	己未	庚寅	庚申	辛卯	辛酉	壬辰
30日		丁亥	戊午	戊子	己未	己丑	庚申	辛卯	辛酉	壬辰	壬戌	癸巳
31日		戊子		己丑		庚寅	辛酉		壬戌		癸亥	甲午

2001年〈平成13年〉◆辛巳

月	2月	3月	4月	5月	6月	7月	8月	9月	10月	11月	12月	1月
干支	庚寅	辛卯	壬辰	癸巳	甲午	乙未	丙申	丁酉	戊戌	己亥	庚子	辛丑
節入	4日	5日	5日	5日	5日	7日	7日	7日	8日	7日	7日	5日
時刻	3:29	21:32	19:45	23:54	23:54	10:07	19:52	22:46	14:25	17:37	10:29	21:43
1日	乙未	癸亥	甲午	甲子	乙未	乙丑	丙申	丁卯	丁酉	戊辰	戊戌	己巳
2日	丙申	甲子	乙未	乙丑	丙申	丙寅	丁酉	戊辰	戊戌	己巳	己亥	庚午
3日	丁酉	乙丑	丙申	丙寅	丁酉	丁卯	戊戌	己巳	己亥	庚午	庚子	辛未
4日	**戊戌**	丙寅	丁酉	丁卯	戊戌	戊辰	己亥	庚午	庚子	辛未	辛丑	壬申
5日	己亥	**丁卯**	**戊戌**	**戊辰**	**己亥**	己巳	庚子	辛未	辛丑	壬申	壬寅	**癸酉**
6日	庚子	戊辰	己亥	己巳	庚子	庚午	辛丑	壬申	壬寅	癸酉	癸卯	甲戌
7日	辛丑	己巳	庚子	庚午	辛丑	**辛未**	**壬寅**	**癸酉**	癸卯	**甲戌**	**甲辰**	乙亥
8日	壬寅	庚午	辛丑	辛未	壬寅	壬申	癸卯	甲戌	**甲辰**	乙亥	乙巳	丙子
9日	癸卯	辛未	壬寅	壬申	癸卯	癸酉	甲辰	乙亥	乙巳	丙子	丙午	丁丑
10日	甲辰	壬申	癸卯	癸酉	甲辰	甲戌	乙巳	丙子	丙午	丁丑	丁未	戊寅
11日	乙巳	癸酉	甲辰	甲戌	乙巳	乙亥	丙午	丁丑	丁未	戊寅	戊申	己卯
12日	丙午	甲戌	乙巳	乙亥	丙午	丙子	丁未	戊寅	戊申	己卯	己酉	庚辰
13日	丁未	乙亥	丙午	丙子	丁未	丁丑	戊申	己卯	己酉	庚辰	庚戌	辛巳
14日	戊申	丙子	丁未	丁丑	戊申	戊寅	己酉	庚辰	庚戌	辛巳	辛亥	壬午
15日	己酉	丁丑	戊申	戊寅	己酉	己卯	庚戌	辛巳	辛亥	壬午	壬子	癸未
16日	庚戌	戊寅	己酉	己卯	庚戌	庚辰	辛亥	壬午	壬子	癸未	癸丑	甲申
17日	辛亥	己卯	庚戌	庚辰	辛亥	辛巳	壬子	癸未	癸丑	甲申	甲寅	乙酉
18日	壬子	庚辰	辛亥	辛巳	壬子	壬午	癸丑	甲申	甲寅	乙酉	乙卯	丙戌
19日	癸丑	辛巳	壬子	壬午	癸丑	癸未	甲寅	乙酉	乙卯	丙戌	丙辰	丁亥
20日	甲寅	壬午	癸丑	癸未	甲寅	甲申	乙卯	丙戌	丙辰	丁亥	丁巳	戊子
21日	乙卯	癸未	甲寅	甲申	乙卯	乙酉	丙辰	丁亥	丁巳	戊子	戊午	己丑
22日	丙辰	甲申	乙卯	乙酉	丙辰	丙戌	丁巳	戊子	戊午	己丑	己未	庚寅
23日	丁巳	乙酉	丙辰	丙戌	丁巳	丁亥	戊午	己丑	己未	庚寅	庚申	辛卯
24日	戊午	丙戌	丁巳	丁亥	戊午	戊子	己未	庚寅	庚申	辛卯	辛酉	壬辰
25日	己未	丁亥	戊午	戊子	己未	己丑	庚申	辛卯	辛酉	壬辰	壬戌	癸巳
26日	庚申	戊子	己未	己丑	庚申	庚寅	辛酉	壬辰	壬戌	癸巳	癸亥	甲午
27日	辛酉	己丑	庚申	庚寅	辛酉	辛卯	壬戌	癸巳	癸亥	甲午	甲子	乙未
28日	壬戌	庚寅	辛酉	辛卯	壬戌	壬辰	癸亥	甲午	甲子	乙未	乙丑	丙申
29日		辛卯	壬戌	壬辰	癸亥	癸巳	甲子	乙未	乙丑	丙申	丙寅	丁酉
30日		壬辰	癸亥	癸巳	甲子	甲午	乙丑	丙申	丙寅	丁酉	丁卯	戊戌
31日		癸巳		甲午		乙未	丙寅		丁卯		戊辰	己亥

2002年〈平成14年〉◆壬午

月	2月	3月	4月	5月	6月	7月	8月	9月	10月	11月	12月	1月
干支	壬寅	癸卯	甲辰	乙巳	丙午	丁未	戊申	己酉	庚戌	辛亥	壬子	癸丑
節入	4日	6日	5日	6日	6日	7日	8日	8日	8日	7日	7日	6日
時刻	9:24	3:28	8:18	1:37	5:45	15:56	1:39	4:31	20:09	23:22	16:14	3:28
1日	庚子	戊辰	己亥	己巳	庚子	庚午	辛丑	壬申	壬寅	癸酉	癸卯	甲戌
2日	辛丑	己巳	庚子	庚午	辛丑	辛未	壬寅	癸酉	癸卯	甲戌	甲辰	乙亥
3日	壬寅	庚午	辛丑	辛未	壬寅	壬申	癸卯	甲戌	甲辰	乙亥	乙巳	丙子
4日	**癸卯**	辛未	壬寅	壬申	癸卯	癸酉	甲辰	乙亥	乙巳	丙子	丙午	丁丑
5日	甲辰	壬申	**癸卯**	癸酉	甲辰	甲戌	乙巳	丙子	丙午	丁丑	丁未	戊寅
6日	乙巳	**癸酉**	甲辰	**甲戌**	**乙巳**	乙亥	丙午	丁丑	丁未	戊寅	戊申	**己卯**
7日	丙午	甲戌	乙巳	乙亥	丙午	**丙子**	丁未	戊寅	戊申	**己卯**	**己酉**	庚辰
8日	丁未	乙亥	丙午	丙子	丁未	丁丑	**戊申**	**己卯**	**己酉**	庚辰	庚戌	辛巳
9日	戊申	丙子	丁未	丁丑	戊申	戊寅	己酉	庚辰	庚戌	辛巳	辛亥	壬午
10日	己酉	丁丑	戊申	戊寅	己酉	己卯	庚戌	辛巳	辛亥	壬午	壬子	癸未
11日	庚戌	戊寅	己酉	己卯	庚戌	庚辰	辛亥	壬午	壬子	癸未	癸丑	甲申
12日	辛亥	己卯	庚戌	庚辰	辛亥	辛巳	壬子	癸未	癸丑	甲申	甲寅	乙酉
13日	壬子	庚辰	辛亥	辛巳	壬子	壬午	癸丑	甲申	甲寅	乙酉	乙卯	丙戌
14日	癸丑	辛巳	壬子	壬午	癸丑	癸未	甲寅	乙酉	乙卯	丙戌	丙辰	丁亥
15日	甲寅	壬午	癸丑	癸未	甲寅	甲申	乙卯	丙戌	丙辰	丁亥	丁巳	戊子
16日	乙卯	癸未	甲寅	甲申	乙卯	乙酉	丙辰	丁亥	丁巳	戊子	戊午	己丑
17日	丙辰	甲申	乙卯	乙酉	丙辰	丙戌	丁巳	戊子	戊午	己丑	己未	庚寅
18日	丁巳	乙酉	丙辰	丙戌	丁巳	丁亥	戊午	己丑	己未	庚寅	庚申	辛卯
19日	戊午	丙戌	丁巳	丁亥	戊午	戊子	己未	庚寅	庚申	辛卯	辛酉	壬辰
20日	己未	丁亥	戊午	戊子	己未	己丑	庚申	辛卯	辛酉	壬辰	壬戌	癸巳
21日	庚申	戊子	己未	己丑	庚申	庚寅	辛酉	壬辰	壬戌	癸巳	癸亥	甲午
22日	辛酉	己丑	庚申	庚寅	辛酉	辛卯	壬戌	癸巳	癸亥	甲午	甲子	乙未
23日	壬戌	庚寅	辛酉	辛卯	壬戌	壬辰	癸亥	甲午	甲子	乙未	乙丑	丙申
24日	癸亥	辛卯	壬戌	壬辰	癸亥	癸巳	甲子	乙未	乙丑	丙申	丙寅	丁酉
25日	甲子	壬辰	癸亥	癸巳	甲子	甲午	乙丑	丙申	丙寅	丁酉	丁卯	戊戌
26日	乙丑	癸巳	甲子	甲午	乙丑	乙未	丙寅	丁酉	丁卯	戊戌	戊辰	己亥
27日	丙寅	甲午	乙丑	乙未	丙寅	丙申	丁卯	戊戌	戊辰	己亥	己巳	庚子
28日	丁卯	乙未	丙寅	丙申	丁卯	丁酉	戊辰	己亥	己巳	庚子	庚午	辛丑
29日		丙申	丁卯	丁酉	戊辰	戊戌	己巳	庚子	庚午	辛丑	辛未	壬寅
30日		丁酉	戊辰	戊戌	己巳	己亥	庚午	辛丑	辛未	壬寅	壬申	癸卯
31日		戊戌		己亥		庚子	辛未		壬申		癸酉	甲辰

2003年〈平成15年〉◆癸未

月	2月	3月	4月	5月	6月	7月	8月	9月	10月	11月	12月	1月
干支	甲寅	乙卯	丙辰	丁巳	戊午	己未	庚申	辛酉	壬戌	癸亥	甲子	乙丑
節入	4日	6日	5日	6日	6日	7日	8日	8日	9日	8日	7日	6日
時刻	15:05	9:05	13:52	7:10	11:20	21:36	7:24	10:20	2:01	5:13	22:05	9:19
1日	乙巳	癸酉	甲辰	甲戌	乙巳	乙亥	丙午	丁丑	丁未	戊寅	戊申	己卯
2日	丙午	甲戌	乙巳	乙亥	丙午	丙子	丁未	戊寅	戊申	己卯	己酉	庚辰
3日	丁未	乙亥	丙午	丙子	丁未	丁丑	戊申	己卯	己酉	庚辰	庚戌	辛巳
4日	**戊申**	丙子	丁未	丁丑	戊申	戊寅	己酉	庚辰	庚戌	辛巳	辛亥	壬午
5日	己酉	丁丑	**戊申**	戊寅	己酉	己卯	庚戌	辛巳	辛亥	壬午	壬子	癸未
6日	庚戌	**戊寅**	己酉	**己卯**	**庚戌**	庚辰	辛亥	壬午	壬子	癸未	癸丑	**甲申**
7日	辛亥	己卯	庚戌	庚辰	辛亥	**辛巳**	壬子	癸未	癸丑	甲申	**甲寅**	乙酉
8日	壬子	庚辰	辛亥	辛巳	壬子	壬午	**癸丑**	**甲申**	甲寅	**乙酉**	乙卯	丙戌
9日	癸丑	辛巳	壬子	壬午	癸丑	癸未	甲寅	乙酉	**乙卯**	丙戌	丙辰	丁亥
10日	甲寅	壬午	癸丑	癸未	甲寅	甲申	乙卯	丙戌	丙辰	丁亥	丁巳	戊子
11日	乙卯	癸未	甲寅	甲申	乙卯	乙酉	丙辰	丁亥	丁巳	戊子	戊午	己丑
12日	丙辰	甲申	乙卯	乙酉	丙辰	丙戌	丁巳	戊子	戊午	己丑	己未	庚寅
13日	丁巳	乙酉	丙辰	丙戌	丁巳	丁亥	戊午	己丑	己未	庚寅	庚申	辛卯
14日	戊午	丙戌	丁巳	丁亥	戊午	戊子	己未	庚寅	庚申	辛卯	辛酉	壬辰
15日	己未	丁亥	戊午	戊子	己未	己丑	庚申	辛卯	辛酉	壬辰	壬戌	癸巳
16日	庚申	戊子	己未	己丑	庚申	庚寅	辛酉	壬辰	壬戌	癸巳	癸亥	甲午
17日	辛酉	己丑	庚申	庚寅	辛酉	辛卯	壬戌	癸巳	癸亥	甲午	甲子	乙未
18日	壬戌	庚寅	辛酉	辛卯	壬戌	壬辰	癸亥	甲午	甲子	乙未	乙丑	丙申
19日	癸亥	辛卯	壬戌	壬辰	癸亥	癸巳	甲子	乙未	乙丑	丙申	丙寅	丁酉
20日	甲子	壬辰	癸亥	癸巳	甲子	甲午	乙丑	丙申	丙寅	丁酉	丁卯	戊戌
21日	乙丑	癸巳	甲子	甲午	乙丑	乙未	丙寅	丁酉	丁卯	戊戌	戊辰	己亥
22日	丙寅	甲午	乙丑	乙未	丙寅	丙申	丁卯	戊戌	戊辰	己亥	己巳	庚子
23日	丁卯	乙未	丙寅	丙申	丁卯	丁酉	戊辰	己亥	己巳	庚子	庚午	辛丑
24日	戊辰	丙申	丁卯	丁酉	戊辰	戊戌	己巳	庚子	庚午	辛丑	辛未	壬寅
25日	己巳	丁酉	戊辰	戊戌	己巳	己亥	庚午	辛丑	辛未	壬寅	壬申	癸卯
26日	庚午	戊戌	己巳	己亥	庚午	庚子	辛未	壬寅	壬申	癸卯	癸酉	甲辰
27日	辛未	己亥	庚午	庚子	辛未	辛丑	壬申	癸卯	癸酉	甲辰	甲戌	乙巳
28日	壬申	庚子	辛未	辛丑	壬申	壬寅	癸酉	甲辰	甲戌	乙巳	乙亥	丙午
29日		辛丑	壬申	壬寅	癸酉	癸卯	甲戌	乙巳	乙亥	丙午	丙子	丁未
30日		壬寅	癸酉	癸卯	甲戌	甲辰	乙亥	丙午	丙子	丁未	丁丑	戊申
31日		癸卯		甲辰		乙巳	丙子		丁丑		戊寅	己酉

2004年〈平成16年〉◆甲申

月	2月	3月	4月	5月	6月	7月	8月	9月	10月	11月	12月	1月
干支	丙寅	丁卯	戊辰	己巳	庚午	辛未	壬申	癸酉	甲戌	乙亥	丙子	丁丑
節入	4日	5日	4日	5日	5日	7日	7日	7日	8日	7日	7日	5日
時刻	20:56	14:56	19:43	13:02	17:14	3:31	13:20	16:13	7:49	10:59	3:49	15:03
1日	庚戌	己卯	庚戌	庚辰	辛亥	辛巳	壬子	癸未	癸丑	甲申	甲寅	乙酉
2日	辛亥	庚辰	辛亥	辛巳	壬子	壬午	癸丑	甲申	甲寅	乙酉	乙卯	丙戌
3日	壬子	辛巳	壬子	壬午	癸丑	癸未	甲寅	乙酉	乙卯	丙戌	丙辰	丁亥
4日	**癸丑**	壬午	**癸丑**	癸未	甲寅	甲申	乙卯	丙戌	丙辰	丁亥	丁巳	戊子
5日	甲寅	**癸未**	甲寅	**甲申**	**乙卯**	乙酉	丙辰	丁亥	丁巳	戊子	戊午	**己丑**
6日	乙卯	甲申	乙卯	乙酉	丙辰	丙戌	丁巳	戊子	戊午	己丑	己未	庚寅
7日	丙辰	乙酉	丙辰	丙戌	丁巳	**丁亥**	**戊午**	**己丑**	己未	**庚寅**	**庚申**	辛卯
8日	丁巳	丙戌	丁巳	丁亥	戊午	戊子	己未	庚寅	**庚申**	辛卯	辛酉	壬辰
9日	戊午	丁亥	戊午	戊子	己未	己丑	庚申	辛卯	辛酉	壬辰	壬戌	癸巳
10日	己未	戊子	己未	己丑	庚申	庚寅	辛酉	壬辰	壬戌	癸巳	癸亥	甲午
11日	庚申	己丑	庚申	庚寅	辛酉	辛卯	壬戌	癸巳	癸亥	甲午	甲子	乙未
12日	辛酉	庚寅	辛酉	辛卯	壬戌	壬辰	癸亥	甲午	甲子	乙未	乙丑	丙申
13日	壬戌	辛卯	壬戌	壬辰	癸亥	癸巳	甲子	乙未	乙丑	丙申	丙寅	丁酉
14日	癸亥	壬辰	癸亥	癸巳	甲子	甲午	乙丑	丙申	丙寅	丁酉	丁卯	戊戌
15日	甲子	癸巳	甲子	甲午	乙丑	乙未	丙寅	丁酉	丁卯	戊戌	戊辰	己亥
16日	乙丑	甲午	乙丑	乙未	丙寅	丙申	丁卯	戊戌	戊辰	己亥	己巳	庚子
17日	丙寅	乙未	丙寅	丙申	丁卯	丁酉	戊辰	己亥	己巳	庚子	庚午	辛丑
18日	丁卯	丙申	丁卯	丁酉	戊辰	戊戌	己巳	庚子	庚午	辛丑	辛未	壬寅
19日	戊辰	丁酉	戊辰	戊戌	己巳	己亥	庚午	辛丑	辛未	壬寅	壬申	癸卯
20日	己巳	戊戌	己巳	己亥	庚午	庚子	辛未	壬寅	壬申	癸卯	癸酉	甲辰
21日	庚午	己亥	庚午	庚子	辛未	辛丑	壬申	癸卯	癸酉	甲辰	甲戌	乙巳
22日	辛未	庚子	辛未	辛丑	壬申	壬寅	癸酉	甲辰	甲戌	乙巳	乙亥	丙午
23日	壬申	辛丑	壬申	壬寅	癸酉	癸卯	甲戌	乙巳	乙亥	丙午	丙子	丁未
24日	癸酉	壬寅	癸酉	癸卯	甲戌	甲辰	乙亥	丙午	丙子	丁未	丁丑	戊申
25日	甲戌	癸卯	甲戌	甲辰	乙亥	乙巳	丙子	丁未	丁丑	戊申	戊寅	己酉
26日	乙亥	甲辰	乙亥	乙巳	丙子	丙午	丁丑	戊申	戊寅	己酉	己卯	庚戌
27日	丙子	乙巳	丙子	丙午	丁丑	丁未	戊寅	己酉	己卯	庚戌	庚辰	辛亥
28日	丁丑	丙午	丁丑	丁未	戊寅	戊申	己卯	庚戌	庚辰	辛亥	辛巳	壬子
29日	戊寅	丁未	戊寅	戊申	己卯	己酉	庚辰	辛亥	辛巳	壬子	壬午	癸丑
30日		戊申	己卯	己酉	庚辰	庚戌	辛巳	壬子	壬午	癸丑	癸未	甲寅
31日		己酉		庚戌		辛亥	壬午		癸未		甲申	乙卯

2005年〈平成17年〉◆乙酉

月	2月	3月	4月	5月	6月	7月	8月	9月	10月	11月	12月	1月
干支	戊寅	己卯	庚辰	辛巳	壬午	癸未	甲申	乙酉	丙戌	丁亥	戊子	己丑
節入	4日	5日	5日	5日	5日	7日	7日	7日	8日	7日	7日	5日
時刻	2:43	20:45	1:34	18:53	23:02	9:17	19:03	21:57	13:33	16:42	9:33	20:47
1日	丙辰	甲申	乙卯	乙酉	丙辰	丙戌	丁巳	戊子	戊午	己丑	己未	庚寅
2日	丁巳	乙酉	丙辰	丙戌	丁巳	丁亥	戊午	己丑	己未	庚寅	庚申	辛卯
3日	戊午	丙戌	丁巳	丁亥	戊午	戊子	己未	庚寅	庚申	辛卯	辛酉	壬辰
4日	**己未**	丁亥	戊午	戊子	己未	己丑	庚申	辛卯	辛酉	壬辰	壬戌	癸巳
5日	庚申	**戊子**	**己未**	**己丑**	**庚申**	庚寅	辛酉	壬辰	壬戌	癸巳	癸亥	**甲午**
6日	辛酉	己丑	庚申	庚寅	辛酉	辛卯	壬戌	癸巳	癸亥	甲午	甲子	乙未
7日	壬戌	庚寅	辛酉	辛卯	壬戌	**壬辰**	**癸亥**	**甲午**	甲子	**乙未**	**乙丑**	丙申
8日	癸亥	辛卯	壬戌	壬辰	癸亥	癸巳	甲子	乙未	**乙丑**	丙申	丙寅	丁酉
9日	甲子	壬辰	癸亥	癸巳	甲子	甲午	乙丑	丙申	丙寅	丁酉	丁卯	戊戌
10日	乙丑	癸巳	甲子	甲午	乙丑	乙未	丙寅	丁酉	丁卯	戊戌	戊辰	己亥
11日	丙寅	甲午	乙丑	乙未	丙寅	丙申	丁卯	戊戌	戊辰	己亥	己巳	庚子
12日	丁卯	乙未	丙寅	丙申	丁卯	丁酉	戊辰	己亥	己巳	庚子	庚午	辛丑
13日	戊辰	丙申	丁卯	丁酉	戊辰	戊戌	己巳	庚子	庚午	辛丑	辛未	壬寅
14日	己巳	丁酉	戊辰	戊戌	己巳	己亥	庚午	辛丑	辛未	壬寅	壬申	癸卯
15日	庚午	戊戌	己巳	己亥	庚午	庚子	辛未	壬寅	壬申	癸卯	癸酉	甲辰
16日	辛未	己亥	庚午	庚子	辛未	辛丑	壬申	癸卯	癸酉	甲辰	甲戌	乙巳
17日	壬申	庚子	辛未	辛丑	壬申	壬寅	癸酉	甲辰	甲戌	乙巳	乙亥	丙午
18日	癸酉	辛丑	壬申	壬寅	癸酉	癸卯	甲戌	乙巳	乙亥	丙午	丙子	丁未
19日	甲戌	壬寅	癸酉	癸卯	甲戌	甲辰	乙亥	丙午	丙子	丁未	丁丑	戊申
20日	乙亥	癸卯	甲戌	甲辰	乙亥	乙巳	丙子	丁未	丁丑	戊申	戊寅	己酉
21日	丙子	甲辰	乙亥	乙巳	丙子	丙午	丁丑	戊申	戊寅	己酉	己卯	庚戌
22日	丁丑	乙巳	丙子	丙午	丁丑	丁未	戊寅	己酉	己卯	庚戌	庚辰	辛亥
23日	戊寅	丙午	丁丑	丁未	戊寅	戊申	己卯	庚戌	庚辰	辛亥	辛巳	壬子
24日	己卯	丁未	戊寅	戊申	己卯	己酉	庚辰	辛亥	辛巳	壬子	壬午	癸丑
25日	庚辰	戊申	己卯	己酉	庚辰	庚戌	辛巳	壬子	壬午	癸丑	癸未	甲寅
26日	辛巳	己酉	庚辰	庚戌	辛巳	辛亥	壬午	癸丑	癸未	甲寅	甲申	乙卯
27日	壬午	庚戌	辛巳	辛亥	壬午	壬子	癸未	甲寅	甲申	乙卯	乙酉	丙辰
28日	癸未	辛亥	壬午	壬子	癸未	癸丑	甲申	乙卯	乙酉	丙辰	丙戌	丁巳
29日		壬子	癸未	癸丑	甲申	甲寅	乙酉	丙辰	丙戌	丁巳	丁亥	戊午
30日		癸丑	甲申	甲寅	乙酉	乙卯	丙戌	丁巳	丁亥	戊午	戊子	己未
31日		甲寅		乙卯		丙辰	丁亥		戊子		己丑	庚申

2006年〈平成18年〉◆丙戌

月	2月	3月	4月	5月	6月	7月	8月	9月	10月	11月	12月	1月
干支	庚寅	辛卯	壬辰	癸巳	甲午	乙未	丙申	丁酉	戊戌	己亥	庚子	辛丑
節入	4日	6日	5日	6日	6日	7日	8日	8日	8日	7日	7日	6日
時刻	8:27	2:29	7:15	0:31	4:37	14:51	0:41	3:39	19:21	22:35	15:27	2:40
1日	辛酉	己丑	庚申	庚寅	辛酉	辛卯	壬戌	癸巳	癸亥	甲午	甲子	乙未
2日	壬戌	庚寅	辛酉	辛卯	壬戌	壬辰	癸亥	甲午	甲子	乙未	乙丑	丙申
3日	癸亥	辛卯	壬戌	壬辰	癸亥	癸巳	甲子	乙未	乙丑	丙申	丙寅	丁酉
4日	**甲子**	壬辰	癸亥	癸巳	甲子	甲午	乙丑	丙申	丙寅	丁酉	丁卯	戊戌
5日	乙丑	癸巳	**甲子**	甲午	乙丑	乙未	丙寅	丁酉	丁卯	戊戌	戊辰	己亥
6日	丙寅	**甲午**	乙丑	**乙未**	**丙寅**	丙申	丁卯	戊戌	戊辰	己亥	己巳	**庚子**
7日	丁卯	乙未	丙寅	丙申	丁卯	**丁酉**	戊辰	己亥	己巳	**庚子**	**庚午**	辛丑
8日	戊辰	丙申	丁卯	丁酉	戊辰	戊戌	**己巳**	**庚子**	**庚午**	辛丑	辛未	壬寅
9日	己巳	丁酉	戊辰	戊戌	己巳	己亥	庚午	辛丑	辛未	壬寅	壬申	癸卯
10日	庚午	戊戌	己巳	己亥	庚午	庚子	辛未	壬寅	壬申	癸卯	癸酉	甲辰
11日	辛未	己亥	庚午	庚子	辛未	辛丑	壬申	癸卯	癸酉	甲辰	甲戌	乙巳
12日	壬申	庚子	辛未	辛丑	壬申	壬寅	癸酉	甲辰	甲戌	乙巳	乙亥	丙午
13日	癸酉	辛丑	壬申	壬寅	癸酉	癸卯	甲戌	乙巳	乙亥	丙午	丙子	丁未
14日	甲戌	壬寅	癸酉	癸卯	甲戌	甲辰	乙亥	丙午	丙子	丁未	丁丑	戊申
15日	乙亥	癸卯	甲戌	甲辰	乙亥	乙巳	丙子	丁未	丁丑	戊申	戊寅	己酉
16日	丙子	甲辰	乙亥	乙巳	丙子	丙午	丁丑	戊申	戊寅	己酉	己卯	庚戌
17日	丁丑	乙巳	丙子	丙午	丁丑	丁未	戊寅	己酉	己卯	庚戌	庚辰	辛亥
18日	戊寅	丙午	丁丑	丁未	戊寅	戊申	己卯	庚戌	庚辰	辛亥	辛巳	壬子
19日	己卯	丁未	戊寅	戊申	己卯	己酉	庚辰	辛亥	辛巳	壬子	壬午	癸丑
20日	庚辰	戊申	己卯	己酉	庚辰	庚戌	辛巳	壬子	壬午	癸丑	癸未	甲寅
21日	辛巳	己酉	庚辰	庚戌	辛巳	辛亥	壬午	癸丑	癸未	甲寅	甲申	乙卯
22日	壬午	庚戌	辛巳	辛亥	壬午	壬子	癸未	甲寅	甲申	乙卯	乙酉	丙辰
23日	癸未	辛亥	壬午	壬子	癸未	癸丑	甲申	乙卯	乙酉	丙辰	丙戌	丁巳
24日	甲申	壬子	癸未	癸丑	甲申	甲寅	乙酉	丙辰	丙戌	丁巳	丁亥	戊午
25日	乙酉	癸丑	甲申	甲寅	乙酉	乙卯	丙戌	丁巳	丁亥	戊午	戊子	己未
26日	丙戌	甲寅	乙酉	乙卯	丙戌	丙辰	丁亥	戊午	戊子	己未	己丑	庚申
27日	丁亥	乙卯	丙戌	丙辰	丁亥	丁巳	戊子	己未	己丑	庚申	庚寅	辛酉
28日	戊子	丙辰	丁亥	丁巳	戊子	戊午	己丑	庚申	庚寅	辛酉	辛卯	壬戌
29日		丁巳	戊子	戊午	己丑	己未	庚寅	辛酉	辛卯	壬戌	壬辰	癸亥
30日		戊午	己丑	己未	庚寅	庚申	辛卯	壬戌	壬辰	癸亥	癸巳	甲子
31日		己未		庚申		辛酉	壬辰		癸巳		甲午	乙丑

2007年〈平成19年〉◆丁亥

月	2月	3月	4月	5月	6月	7月	8月	9月	10月	11月	12月	1月
干支	壬寅	癸卯	甲辰	乙巳	丙午	丁未	戊申	己酉	庚戌	辛亥	壬子	癸丑
節入	4日	6日	5日	6日	6日	7日	8日	8日	9日	8日	7日	6日
時刻	14:18	8:18	13:05	6:20	10:27	20:42	6:31	9:29	1:12	4:24	21:14	8:25
1日	丙寅	甲午	乙丑	乙未	丙寅	丙申	丁卯	戊戌	戊辰	己亥	己巳	庚子
2日	丁卯	乙未	丙寅	丙申	丁卯	丁酉	戊辰	己亥	己巳	庚子	庚午	辛丑
3日	戊辰	丙申	丁卯	丁酉	戊辰	戊戌	己巳	庚子	庚午	辛丑	辛未	壬寅
4日	**己巳**	丁酉	戊辰	戊戌	己巳	己亥	庚午	辛丑	辛未	壬寅	壬申	癸卯
5日	庚午	戊戌	**己巳**	己亥	庚午	庚子	辛未	壬寅	壬申	癸卯	癸酉	甲辰
6日	辛未	**己亥**	庚午	**庚子**	**辛未**	辛丑	壬申	癸卯	癸酉	甲辰	甲戌	**乙巳**
7日	壬申	庚子	辛未	辛丑	壬申	**壬寅**	癸酉	甲辰	甲戌	乙巳	**乙亥**	丙午
8日	癸酉	辛丑	壬申	壬寅	癸酉	癸卯	**甲戌**	**乙巳**	乙亥	**丙午**	丙子	丁未
9日	甲戌	壬寅	癸酉	癸卯	甲戌	甲辰	乙亥	丙午	**丙子**	丁未	丁丑	戊申
10日	乙亥	癸卯	甲戌	甲辰	乙亥	乙巳	丙子	丁未	丁丑	戊申	戊寅	己酉
11日	丙子	甲辰	乙亥	乙巳	丙子	丙午	丁丑	戊申	戊寅	己酉	己卯	庚戌
12日	丁丑	乙巳	丙子	丙午	丁丑	丁未	戊寅	己酉	己卯	庚戌	庚辰	辛亥
13日	戊寅	丙午	丁丑	丁未	戊寅	戊申	己卯	庚戌	庚辰	辛亥	辛巳	壬子
14日	己卯	丁未	戊寅	戊申	己卯	己酉	庚辰	辛亥	辛巳	壬子	壬午	癸丑
15日	庚辰	戊申	己卯	己酉	庚辰	庚戌	辛巳	壬子	壬午	癸丑	癸未	甲寅
16日	辛巳	己酉	庚辰	庚戌	辛巳	辛亥	壬午	癸丑	癸未	甲寅	甲申	乙卯
17日	壬午	庚戌	辛巳	辛亥	壬午	壬子	癸未	甲寅	甲申	乙卯	乙酉	丙辰
18日	癸未	辛亥	壬午	壬子	癸未	癸丑	甲申	乙卯	乙酉	丙辰	丙戌	丁巳
19日	甲申	壬子	癸未	癸丑	甲申	甲寅	乙酉	丙辰	丙戌	丁巳	丁亥	戊午
20日	乙酉	癸丑	甲申	甲寅	乙酉	乙卯	丙戌	丁巳	丁亥	戊午	戊子	己未
21日	丙戌	甲寅	乙酉	乙卯	丙戌	丙辰	丁亥	戊午	戊子	己未	己丑	庚申
22日	丁亥	乙卯	丙戌	丙辰	丁亥	丁巳	戊子	己未	己丑	庚申	庚寅	辛酉
23日	戊子	丙辰	丁亥	丁巳	戊子	戊午	己丑	庚申	庚寅	辛酉	辛卯	壬戌
24日	己丑	丁巳	戊子	戊午	己丑	己未	庚寅	辛酉	辛卯	壬戌	壬辰	癸亥
25日	庚寅	戊午	己丑	己未	庚寅	庚申	辛卯	壬戌	壬辰	癸亥	癸巳	甲子
26日	辛卯	己未	庚寅	庚申	辛卯	辛酉	壬辰	癸亥	癸巳	甲子	甲午	乙丑
27日	壬辰	庚申	辛卯	辛酉	壬辰	壬戌	癸巳	甲子	甲午	乙丑	乙未	丙寅
28日	癸巳	辛酉	壬辰	壬戌	癸巳	癸亥	甲午	乙丑	乙未	丙寅	丙申	丁卯
29日		壬戌	癸巳	癸亥	甲午	甲子	乙未	丙寅	丙申	丁卯	丁酉	戊辰
30日		癸亥	甲午	甲子	乙未	乙丑	丙申	丁卯	丁酉	戊辰	戊戌	己巳
31日		甲子		乙丑		丙寅	丁酉		戊戌		己亥	庚午

2008年〈平成20年〉◆戊子

月	2月	3月	4月	5月	6月	7月	8月	9月	10月	11月	12月	1月
干支	甲寅	乙卯	丙辰	丁巳	戊午	己未	庚申	辛酉	壬戌	癸亥	甲子	乙丑
節入	4日	5日	4日	5日	5日	7日	7日	7日	8日	7日	7日	5日
時刻	20:00	13:59	18:46	12:03	16:12	2:27	12:16	15:14	6:57	10:11	3:02	14:14
1日	辛未	庚子	辛未	辛丑	壬申	壬寅	癸酉	甲辰	甲戌	乙巳	乙亥	丙午
2日	壬申	辛丑	壬申	壬寅	癸酉	癸卯	甲戌	乙巳	乙亥	丙午	丙子	丁未
3日	癸酉	壬寅	癸酉	癸卯	甲戌	甲辰	乙亥	丙午	丙子	丁未	丁丑	戊申
4日	**甲戌**	癸卯	**甲戌**	甲辰	乙亥	乙巳	丙子	丁未	丁丑	戊申	戊寅	己酉
5日	乙亥	**甲辰**	乙亥	**乙巳**	**丙子**	丙午	丁丑	戊申	戊寅	己酉	己卯	**庚戌**
6日	丙子	乙巳	丙子	丙午	丁丑	丁未	戊寅	己酉	己卯	庚戌	庚辰	辛亥
7日	丁丑	丙午	丁丑	丁未	戊寅	**戊申**	**己卯**	**庚戌**	庚辰	**辛亥**	**辛巳**	壬子
8日	戊寅	丁未	戊寅	戊申	己卯	己酉	庚辰	辛亥	**辛巳**	壬子	壬午	癸丑
9日	己卯	戊申	己卯	己酉	庚辰	庚戌	辛巳	壬子	壬午	癸丑	癸未	甲寅
10日	庚辰	己酉	庚辰	庚戌	辛巳	辛亥	壬午	癸丑	癸未	甲寅	甲申	乙卯
11日	辛巳	庚戌	辛巳	辛亥	壬午	壬子	癸未	甲寅	甲申	乙卯	乙酉	丙辰
12日	壬午	辛亥	壬午	壬子	癸未	癸丑	甲申	乙卯	乙酉	丙辰	丙戌	丁巳
13日	癸未	壬子	癸未	癸丑	甲申	甲寅	乙酉	丙辰	丙戌	丁巳	丁亥	戊午
14日	甲申	癸丑	甲申	甲寅	乙酉	乙卯	丙戌	丁巳	丁亥	戊午	戊子	己未
15日	乙酉	甲寅	乙酉	乙卯	丙戌	丙辰	丁亥	戊午	戊子	己未	己丑	庚申
16日	丙戌	乙卯	丙戌	丙辰	丁亥	丁巳	戊子	己未	己丑	庚申	庚寅	辛酉
17日	丁亥	丙辰	丁亥	丁巳	戊子	戊午	己丑	庚申	庚寅	辛酉	辛卯	壬戌
18日	戊子	丁巳	戊子	戊午	己丑	己未	庚寅	辛酉	辛卯	壬戌	壬辰	癸亥
19日	己丑	戊午	己丑	己未	庚寅	庚申	辛卯	壬戌	壬辰	癸亥	癸巳	甲子
20日	庚寅	己未	庚寅	庚申	辛卯	辛酉	壬辰	癸亥	癸巳	甲子	甲午	乙丑
21日	辛卯	庚申	辛卯	辛酉	壬辰	壬戌	癸巳	甲子	甲午	乙丑	乙未	丙寅
22日	壬辰	辛酉	壬辰	壬戌	癸巳	癸亥	甲午	乙丑	乙未	丙寅	丙申	丁卯
23日	癸巳	壬戌	癸巳	癸亥	甲午	甲子	乙未	丙寅	丙申	丁卯	丁酉	戊辰
24日	甲午	癸亥	甲午	甲子	乙未	乙丑	丙申	丁卯	丁酉	戊辰	戊戌	己巳
25日	乙未	甲子	乙未	乙丑	丙申	丙寅	丁酉	戊辰	戊戌	己巳	己亥	庚午
26日	丙申	乙丑	丙申	丙寅	丁酉	丁卯	戊戌	己巳	己亥	庚午	庚子	辛未
27日	丁酉	丙寅	丁酉	丁卯	戊戌	戊辰	己亥	庚午	庚子	辛未	辛丑	壬申
28日	戊戌	丁卯	戊戌	戊辰	己亥	己巳	庚子	辛未	辛丑	壬申	壬寅	癸酉
29日	己亥	戊辰	己亥	己巳	庚子	庚午	辛丑	壬申	壬寅	癸酉	癸卯	甲戌
30日		己巳	庚子	庚午	辛丑	辛未	壬寅	癸酉	癸卯	甲戌	甲辰	乙亥
31日		庚午		辛未		壬申	癸卯		甲辰		乙巳	丙子

2009年〈平成21年〉◆己丑

月	2月	3月	4月	5月	6月	7月	8月	9月	10月	11月	12月	1月
干支	丙寅	丁卯	戊辰	己巳	庚午	辛未	壬申	癸酉	甲戌	乙亥	丙子	丁丑
節入	4日	5日	5日	5日	5日	7日	7日	7日	8日	7日	7日	5日
時刻	1:50	19:48	0:34	17:51	21:59	8:13	18:01	20:58	12:40	15:56	8:52	20:09
1日	丁丑	乙巳	丙子	丙午	丁丑	丁未	戊寅	己酉	己卯	庚戌	庚辰	辛亥
2日	戊寅	丙午	丁丑	丁未	戊寅	戊申	己卯	庚戌	庚辰	辛亥	辛巳	壬子
3日	己卯	丁未	戊寅	戊申	己卯	己酉	庚辰	辛亥	辛巳	壬子	壬午	癸丑
4日	**庚辰**	戊申	己卯	己酉	庚辰	庚戌	辛巳	壬子	壬午	癸丑	癸未	甲寅
5日	辛巳	**己酉**	**庚辰**	**庚戌**	**辛巳**	辛亥	壬午	癸丑	癸未	甲寅	甲申	**乙卯**
6日	壬午	庚戌	辛巳	辛亥	壬午	壬子	癸未	甲寅	甲申	乙卯	乙酉	丙辰
7日	癸未	辛亥	壬午	壬子	癸未	**癸丑**	**甲申**	**乙卯**	乙酉	**丙辰**	**丙戌**	丁巳
8日	甲申	壬子	癸未	癸丑	甲申	甲寅	乙酉	丙辰	**丙戌**	丁巳	丁亥	戊午
9日	乙酉	癸丑	甲申	甲寅	乙酉	乙卯	丙戌	丁巳	丁亥	戊午	戊子	己未
10日	丙戌	甲寅	乙酉	乙卯	丙戌	丙辰	丁亥	戊午	戊子	己未	己丑	庚申
11日	丁亥	乙卯	丙戌	丙辰	丁亥	丁巳	戊子	己未	己丑	庚申	庚寅	辛酉
12日	戊子	丙辰	丁亥	丁巳	戊子	戊午	己丑	庚申	庚寅	辛酉	辛卯	壬戌
13日	己丑	丁巳	戊子	戊午	己丑	己未	庚寅	辛酉	辛卯	壬戌	壬辰	癸亥
14日	庚寅	戊午	己丑	己未	庚寅	庚申	辛卯	壬戌	壬辰	癸亥	癸巳	甲子
15日	辛卯	己未	庚寅	庚申	辛卯	辛酉	壬辰	癸亥	癸巳	甲子	甲午	乙丑
16日	壬辰	庚申	辛卯	辛酉	壬辰	壬戌	癸巳	甲子	甲午	乙丑	乙未	丙寅
17日	癸巳	辛酉	壬辰	壬戌	癸巳	癸亥	甲午	乙丑	乙未	丙寅	丙申	丁卯
18日	甲午	壬戌	癸巳	癸亥	甲午	甲子	乙未	丙寅	丙申	丁卯	丁酉	戊辰
19日	乙未	癸亥	甲午	甲子	乙未	乙丑	丙申	丁卯	丁酉	戊辰	戊戌	己巳
20日	丙申	甲子	乙未	乙丑	丙申	丙寅	丁酉	戊辰	戊戌	己巳	己亥	庚午
21日	丁酉	乙丑	丙申	丙寅	丁酉	丁卯	戊戌	己巳	己亥	庚午	庚子	辛未
22日	戊戌	丙寅	丁酉	丁卯	戊戌	戊辰	己亥	庚午	庚子	辛未	辛丑	壬申
23日	己亥	丁卯	戊戌	戊辰	己亥	己巳	庚子	辛未	辛丑	壬申	壬寅	癸酉
24日	庚子	戊辰	己亥	己巳	庚子	庚午	辛丑	壬申	壬寅	癸酉	癸卯	甲戌
25日	辛丑	己巳	庚子	庚午	辛丑	辛未	壬寅	癸酉	癸卯	甲戌	甲辰	乙亥
26日	壬寅	庚午	辛丑	辛未	壬寅	壬申	癸卯	甲戌	甲辰	乙亥	乙巳	丙子
27日	癸卯	辛未	壬寅	壬申	癸卯	癸酉	甲辰	乙亥	乙巳	丙子	丙午	丁丑
28日	甲辰	壬申	癸卯	癸酉	甲辰	甲戌	乙巳	丙子	丙午	丁丑	丁未	戊寅
29日		癸酉	甲辰	甲戌	乙巳	乙亥	丙午	丁丑	丁未	戊寅	戊申	己卯
30日		甲戌	乙巳	乙亥	丙午	丙子	丁未	戊寅	戊申	己卯	己酉	庚辰
31日		乙亥		丙子		丁丑	戊申		己酉		庚戌	辛巳

2010年〈平成22年〉◆庚寅

月	2月	3月	4月	5月	6月	7月	8月	9月	10月	11月	12月	1月
干支	戊寅	己卯	庚辰	辛巳	壬午	癸未	甲申	乙酉	丙戌	丁亥	戊子	己丑
節入	4日	6日	5日	5日	6日	7日	7日	8日	8日	7日	7日	6日
時刻	7:48	1:46	6:30	23:44	3:49	14:02	23:49	2:45	18:26	21:43	14:38	1:55
1日	壬午	庚戌	辛巳	辛亥	壬午	壬子	癸未	甲寅	甲申	乙卯	乙酉	丙辰
2日	癸未	辛亥	壬午	壬子	癸未	癸丑	甲申	乙卯	乙酉	丙辰	丙戌	丁巳
3日	甲申	壬子	癸未	癸丑	甲申	甲寅	乙酉	丙辰	丙戌	丁巳	丁亥	戊午
4日	**乙酉**	癸丑	甲申	甲寅	乙酉	乙卯	丙戌	丁巳	丁亥	戊午	戊子	己未
5日	丙戌	甲寅	**乙酉**	**乙卯**	丙戌	丙辰	丁亥	戊午	戊子	己未	己丑	庚申
6日	丁亥	**乙卯**	丙戌	丙辰	**丁亥**	丁巳	戊子	己未	己丑	庚申	庚寅	**辛酉**
7日	戊子	丙辰	丁亥	丁巳	戊子	**戊午**	**己丑**	庚申	庚寅	**辛酉**	**辛卯**	壬戌
8日	己丑	丁巳	戊子	戊午	己丑	己未	庚寅	**辛酉**	**辛卯**	壬戌	壬辰	癸亥
9日	庚寅	戊午	己丑	己未	庚寅	庚申	辛卯	壬戌	壬辰	癸亥	癸巳	甲子
10日	辛卯	己未	庚寅	庚申	辛卯	辛酉	壬辰	癸亥	癸巳	甲子	甲午	乙丑
11日	壬辰	庚申	辛卯	辛酉	壬辰	壬戌	癸巳	甲子	甲午	乙丑	乙未	丙寅
12日	癸巳	辛酉	壬辰	壬戌	癸巳	癸亥	甲午	乙丑	乙未	丙寅	丙申	丁卯
13日	甲午	壬戌	癸巳	癸亥	甲午	甲子	乙未	丙寅	丙申	丁卯	丁酉	戊辰
14日	乙未	癸亥	甲午	甲子	乙未	乙丑	丙申	丁卯	丁酉	戊辰	戊戌	己巳
15日	丙申	甲子	乙未	乙丑	丙申	丙寅	丁酉	戊辰	戊戌	己巳	己亥	庚午
16日	丁酉	乙丑	丙申	丙寅	丁酉	丁卯	戊戌	己巳	己亥	庚午	庚子	辛未
17日	戊戌	丙寅	丁酉	丁卯	戊戌	戊辰	己亥	庚午	庚子	辛未	辛丑	壬申
18日	己亥	丁卯	戊戌	戊辰	己亥	己巳	庚子	辛未	辛丑	壬申	壬寅	癸酉
19日	庚子	戊辰	己亥	己巳	庚子	庚午	辛丑	壬申	壬寅	癸酉	癸卯	甲戌
20日	辛丑	己巳	庚子	庚午	辛丑	辛未	壬寅	癸酉	癸卯	甲戌	甲辰	乙亥
21日	壬寅	庚午	辛丑	辛未	壬寅	壬申	癸卯	甲戌	甲辰	乙亥	乙巳	丙子
22日	癸卯	辛未	壬寅	壬申	癸卯	癸酉	甲辰	乙亥	乙巳	丙子	丙午	丁丑
23日	甲辰	壬申	癸卯	癸酉	甲辰	甲戌	乙巳	丙子	丙午	丁丑	丁未	戊寅
24日	乙巳	癸酉	甲辰	甲戌	乙巳	乙亥	丙午	丁丑	丁未	戊寅	戊申	己卯
25日	丙午	甲戌	乙巳	乙亥	丙午	丙子	丁未	戊寅	戊申	己卯	己酉	庚辰
26日	丁未	乙亥	丙午	丙子	丁未	丁丑	戊申	己卯	己酉	庚辰	庚戌	辛巳
27日	戊申	丙子	丁未	丁丑	戊申	戊寅	己酉	庚辰	庚戌	辛巳	辛亥	壬午
28日	己酉	丁丑	戊申	戊寅	己酉	己卯	庚戌	辛巳	辛亥	壬午	壬子	癸未
29日		戊寅	己酉	己卯	庚戌	庚辰	辛亥	壬午	壬子	癸未	癸丑	甲申
30日		己卯	庚戌	庚辰	辛亥	辛巳	壬子	癸未	癸丑	甲申	甲寅	乙酉
31日		庚辰		辛巳		壬午	癸丑		甲寅		乙卯	丙戌

2011年〈平成23年〉◆辛卯

月	2月	3月	4月	5月	6月	7月	8月	9月	10月	11月	12月	1月
干支	庚寅	辛卯	壬辰	癸巳	甲午	乙未	丙申	丁酉	戊戌	己亥	庚子	辛丑
節入	4日	6日	5日	6日	6日	7日	8日	8日	9日	8日	7日	6日
時刻	13:33	7:30	12:12	5:23	9:27	19:42	5:33	8:34	0:19	3:35	20:29	7:44
1日	丁亥	乙卯	丙戌	丙辰	丁亥	丁巳	戊子	己未	己丑	庚申	庚寅	辛酉
2日	戊子	丙辰	丁亥	丁巳	戊子	戊午	己丑	庚申	庚寅	辛酉	辛卯	壬戌
3日	己丑	丁巳	戊子	戊午	己丑	己未	庚寅	辛酉	辛卯	壬戌	壬辰	癸亥
4日	**庚寅**	戊午	己丑	己未	庚寅	庚申	辛卯	壬戌	壬辰	癸亥	癸巳	甲子
5日	辛卯	己未	**庚寅**	庚申	辛卯	辛酉	壬辰	癸亥	癸巳	甲子	甲午	乙丑
6日	壬辰	**庚申**	辛卯	**辛酉**	**壬辰**	壬戌	癸巳	甲子	甲午	乙丑	乙未	**丙寅**
7日	癸巳	辛酉	壬辰	壬戌	癸巳	**癸亥**	甲午	乙丑	乙未	丙寅	**丙申**	丁卯
8日	甲午	壬戌	癸巳	癸亥	甲午	甲子	**乙未**	**丙寅**	丙申	**丁卯**	丁酉	戊辰
9日	乙未	癸亥	甲午	甲子	乙未	乙丑	丙申	丁卯	**丁酉**	戊辰	戊戌	己巳
10日	丙申	甲子	乙未	乙丑	丙申	丙寅	丁酉	戊辰	戊戌	己巳	己亥	庚午
11日	丁酉	乙丑	丙申	丙寅	丁酉	丁卯	戊戌	己巳	己亥	庚午	庚子	辛未
12日	戊戌	丙寅	丁酉	丁卯	戊戌	戊辰	己亥	庚午	庚子	辛未	辛丑	壬申
13日	己亥	丁卯	戊戌	戊辰	己亥	己巳	庚子	辛未	辛丑	壬申	壬寅	癸酉
14日	庚子	戊辰	己亥	己巳	庚子	庚午	辛丑	壬申	壬寅	癸酉	癸卯	甲戌
15日	辛丑	己巳	庚子	庚午	辛丑	辛未	壬寅	癸酉	癸卯	甲戌	甲辰	乙亥
16日	壬寅	庚午	辛丑	辛未	壬寅	壬申	癸卯	甲戌	甲辰	乙亥	乙巳	丙子
17日	癸卯	辛未	壬寅	壬申	癸卯	癸酉	甲辰	乙亥	乙巳	丙子	丙午	丁丑
18日	甲辰	壬申	癸卯	癸酉	甲辰	甲戌	乙巳	丙子	丙午	丁丑	丁未	戊寅
19日	乙巳	癸酉	甲辰	甲戌	乙巳	乙亥	丙午	丁丑	丁未	戊寅	戊申	己卯
20日	丙午	甲戌	乙巳	乙亥	丙午	丙子	丁未	戊寅	戊申	己卯	己酉	庚辰
21日	丁未	乙亥	丙午	丙子	丁未	丁丑	戊申	己卯	己酉	庚辰	庚戌	辛巳
22日	戊申	丙子	丁未	丁丑	戊申	戊寅	己酉	庚辰	庚戌	辛巳	辛亥	壬午
23日	己酉	丁丑	戊申	戊寅	己酉	己卯	庚戌	辛巳	辛亥	壬午	壬子	癸未
24日	庚戌	戊寅	己酉	己卯	庚戌	庚辰	辛亥	壬午	壬子	癸未	癸丑	甲申
25日	辛亥	己卯	庚戌	庚辰	辛亥	辛巳	壬子	癸未	癸丑	甲申	甲寅	乙酉
26日	壬子	庚辰	辛亥	辛巳	壬子	壬午	癸丑	甲申	甲寅	乙酉	乙卯	丙戌
27日	癸丑	辛巳	壬子	壬午	癸丑	癸未	甲寅	乙酉	乙卯	丙戌	丙辰	丁亥
28日	甲寅	壬午	癸丑	癸未	甲寅	甲申	乙卯	丙戌	丙辰	丁亥	丁巳	戊子
29日		癸未	甲寅	甲申	乙卯	乙酉	丙辰	丁亥	丁巳	戊子	戊午	己丑
30日		甲申	乙卯	乙酉	丙辰	丙戌	丁巳	戊子	戊午	己丑	己未	庚寅
31日		乙酉		丙戌		丁亥	戊午		己未		庚申	辛卯

2012年〈平成24年〉◆壬辰

月	2月	3月	4月	5月	6月	7月	8月	9月	10月	11月	12月	1月
干支	壬寅	癸卯	甲辰	乙巳	丙午	丁未	戊申	己酉	庚戌	辛亥	壬子	癸丑
節入	4日	5日	4日	5日	5日	7日	7日	7日	8日	7日	7日	5日
時刻	19:22	13:21	18:06	11:20	15:26	1:41	11:31	14:29	6:12	9:26	2:19	13:34
1日	壬辰	辛酉	壬辰	壬戌	癸巳	癸亥	甲午	乙丑	乙未	丙寅	丙申	丁卯
2日	癸巳	壬戌	癸巳	癸亥	甲午	甲子	乙未	丙寅	丙申	丁卯	丁酉	戊辰
3日	甲午	癸亥	甲午	甲子	乙未	乙丑	丙申	丁卯	丁酉	戊辰	戊戌	己巳
4日	**乙未**	甲子	**乙未**	乙丑	丙申	丙寅	丁酉	戊辰	戊戌	己巳	己亥	庚午
5日	丙申	**乙丑**	丙申	**丙寅**	**丁酉**	丁卯	戊戌	己巳	己亥	庚午	庚子	**辛未**
6日	丁酉	丙寅	丁酉	丁卯	戊戌	戊辰	己亥	庚午	庚子	辛未	辛丑	壬申
7日	戊戌	丁卯	戊戌	戊辰	己亥	**己巳**	**庚子**	**辛未**	辛丑	**壬申**	**壬寅**	癸酉
8日	己亥	戊辰	己亥	己巳	庚子	庚午	辛丑	壬申	**壬寅**	癸酉	癸卯	甲戌
9日	庚子	己巳	庚子	庚午	辛丑	辛未	壬寅	癸酉	癸卯	甲戌	甲辰	乙亥
10日	辛丑	庚午	辛丑	辛未	壬寅	壬申	癸卯	甲戌	甲辰	乙亥	乙巳	丙子
11日	壬寅	辛未	壬寅	壬申	癸卯	癸酉	甲辰	乙亥	乙巳	丙子	丙午	丁丑
12日	癸卯	壬申	癸卯	癸酉	甲辰	甲戌	乙巳	丙子	丙午	丁丑	丁未	戊寅
13日	甲辰	癸酉	甲辰	甲戌	乙巳	乙亥	丙午	丁丑	丁未	戊寅	戊申	己卯
14日	乙巳	甲戌	乙巳	乙亥	丙午	丙子	丁未	戊寅	戊申	己卯	己酉	庚辰
15日	丙午	乙亥	丙午	丙子	丁未	丁丑	戊申	己卯	己酉	庚辰	庚戌	辛巳
16日	丁未	丙子	丁未	丁丑	戊申	戊寅	己酉	庚辰	庚戌	辛巳	辛亥	壬午
17日	戊申	丁丑	戊申	戊寅	己酉	己卯	庚戌	辛巳	辛亥	壬午	壬子	癸未
18日	己酉	戊寅	己酉	己卯	庚戌	庚辰	辛亥	壬午	壬子	癸未	癸丑	甲申
19日	庚戌	己卯	庚戌	庚辰	辛亥	辛巳	壬子	癸未	癸丑	甲申	甲寅	乙酉
20日	辛亥	庚辰	辛亥	辛巳	壬子	壬午	癸丑	甲申	甲寅	乙酉	乙卯	丙戌
21日	壬子	辛巳	壬子	壬午	癸丑	癸未	甲寅	乙酉	乙卯	丙戌	丙辰	丁亥
22日	癸丑	壬午	癸丑	癸未	甲寅	甲申	乙卯	丙戌	丙辰	丁亥	丁巳	戊子
23日	甲寅	癸未	甲寅	甲申	乙卯	乙酉	丙辰	丁亥	丁巳	戊子	戊午	己丑
24日	乙卯	甲申	乙卯	乙酉	丙辰	丙戌	丁巳	戊子	戊午	己丑	己未	庚寅
25日	丙辰	乙酉	丙辰	丙戌	丁巳	丁亥	戊午	己丑	己未	庚寅	庚申	辛卯
26日	丁巳	丙戌	丁巳	丁亥	戊午	戊子	己未	庚寅	庚申	辛卯	辛酉	壬辰
27日	戊午	丁亥	戊午	戊子	己未	己丑	庚申	辛卯	辛酉	壬辰	壬戌	癸巳
28日	己未	戊子	己未	己丑	庚申	庚寅	辛酉	壬辰	壬戌	癸巳	癸亥	甲午
29日	庚申	己丑	庚申	庚寅	辛酉	辛卯	壬戌	癸巳	癸亥	甲午	甲子	乙未
30日		庚寅	辛酉	辛卯	壬戌	壬辰	癸亥	甲午	甲子	乙未	乙丑	丙申
31日		辛卯		壬辰		癸巳	甲子		乙丑		丙寅	丁酉

2013年〈平成25年〉◆癸巳

月	2月	3月	4月	5月	6月	7月	8月	9月	10月	11月	12月	1月
干支	甲寅	乙卯	丙辰	丁巳	戊午	己未	庚申	辛酉	壬戌	癸亥	甲子	乙丑
節入	4日	5日	5日	5日	5日	7日	7日	7日	8日	7日	7日	5日
時刻	1:13	19:15	0:02	17:18	21:23	7:35	17:20	20:16	11:58	15:14	8:09	19:24
1日	戊戌	丙寅	丁酉	丁卯	戊戌	戊辰	己亥	庚午	庚子	辛未	辛丑	壬申
2日	己亥	丁卯	戊戌	戊辰	己亥	己巳	庚子	辛未	辛丑	壬申	壬寅	癸酉
3日	庚子	戊辰	己亥	己巳	庚子	庚午	辛丑	壬申	壬寅	癸酉	癸卯	甲戌
4日	**辛丑**	己巳	庚子	庚午	辛丑	辛未	壬寅	癸酉	癸卯	甲戌	甲辰	乙亥
5日	壬寅	**庚午**	**辛丑**	**辛未**	**壬寅**	壬申	癸卯	甲戌	甲辰	乙亥	乙巳	**丙子**
6日	癸卯	辛未	壬寅	壬申	癸卯	癸酉	甲辰	乙亥	乙巳	丙子	丙午	丁丑
7日	甲辰	壬申	癸卯	癸酉	甲辰	**甲戌**	**乙巳**	**丙子**	丙午	**丁丑**	**丁未**	戊寅
8日	乙巳	癸酉	甲辰	甲戌	乙巳	乙亥	丙午	丁丑	**丁未**	戊寅	戊申	己卯
9日	丙午	甲戌	乙巳	乙亥	丙午	丙子	丁未	戊寅	戊申	己卯	己酉	庚辰
10日	丁未	乙亥	丙午	丙子	丁未	丁丑	戊申	己卯	己酉	庚辰	庚戌	辛巳
11日	戊申	丙子	丁未	丁丑	戊申	戊寅	己酉	庚辰	庚戌	辛巳	辛亥	壬午
12日	己酉	丁丑	戊申	戊寅	己酉	己卯	庚戌	辛巳	辛亥	壬午	壬子	癸未
13日	庚戌	戊寅	己酉	己卯	庚戌	庚辰	辛亥	壬午	壬子	癸未	癸丑	甲申
14日	辛亥	己卯	庚戌	庚辰	辛亥	辛巳	壬子	癸未	癸丑	甲申	甲寅	乙酉
15日	壬子	庚辰	辛亥	辛巳	壬子	壬午	癸丑	甲申	甲寅	乙酉	乙卯	丙戌
16日	癸丑	辛巳	壬子	壬午	癸丑	癸未	甲寅	乙酉	乙卯	丙戌	丙辰	丁亥
17日	甲寅	壬午	癸丑	癸未	甲寅	甲申	乙卯	丙戌	丙辰	丁亥	丁巳	戊子
18日	乙卯	癸未	甲寅	甲申	乙卯	乙酉	丙辰	丁亥	丁巳	戊子	戊午	己丑
19日	丙辰	甲申	乙卯	乙酉	丙辰	丙戌	丁巳	戊子	戊午	己丑	己未	庚寅
20日	丁巳	乙酉	丙辰	丙戌	丁巳	丁亥	戊午	己丑	己未	庚寅	庚申	辛卯
21日	戊午	丙戌	丁巳	丁亥	戊午	戊子	己未	庚寅	庚申	辛卯	辛酉	壬辰
22日	己未	丁亥	戊午	戊子	己未	己丑	庚申	辛卯	辛酉	壬辰	壬戌	癸巳
23日	庚申	戊子	己未	己丑	庚申	庚寅	辛酉	壬辰	壬戌	癸巳	癸亥	甲午
24日	辛酉	己丑	庚申	庚寅	辛酉	辛卯	壬戌	癸巳	癸亥	甲午	甲子	乙未
25日	壬戌	庚寅	辛酉	辛卯	壬戌	壬辰	癸亥	甲午	甲子	乙未	乙丑	丙申
26日	癸亥	辛卯	壬戌	壬辰	癸亥	癸巳	甲子	乙未	乙丑	丙申	丙寅	丁酉
27日	甲子	壬辰	癸亥	癸巳	甲子	甲午	乙丑	丙申	丙寅	丁酉	丁卯	戊戌
28日	乙丑	癸巳	甲子	甲午	乙丑	乙未	丙寅	丁酉	丁卯	戊戌	戊辰	己亥
29日		甲午	乙丑	乙未	丙寅	丙申	丁卯	戊戌	戊辰	己亥	己巳	庚子
30日		乙未	丙寅	丙申	丁卯	丁酉	戊辰	己亥	己巳	庚子	庚午	辛丑
31日		丙申		丁酉		戊戌	己巳		庚午		辛未	壬寅

2014年〈平成26年〉◆甲午

月	2月	3月	4月	5月	6月	7月	8月	9月	10月	11月	12月	1月
干支	丙寅	丁卯	戊辰	己巳	庚午	辛未	壬申	癸酉	甲戌	乙亥	丙子	丁丑
節入	4日	6日	5日	5日	6日	7日	7日	8日	8日	7日	7日	6日
時刻	7:03	1:02	5:47	22:59	3:03	13:15	23:02	2:01	17:48	21:07	14:04	1:21
1日	癸卯	辛未	壬寅	壬申	癸卯	癸酉	甲辰	乙亥	乙巳	丙子	丙午	丁丑
2日	甲辰	壬申	癸卯	癸酉	甲辰	甲戌	乙巳	丙子	丙午	丁丑	丁未	戊寅
3日	乙巳	癸酉	甲辰	甲戌	乙巳	乙亥	丙午	丁丑	丁未	戊寅	戊申	己卯
4日	**丙午**	甲戌	乙巳	乙亥	丙午	丙子	丁未	戊寅	戊申	己卯	己酉	庚辰
5日	丁未	乙亥	**丙午**	**丙子**	丁未	丁丑	戊申	己卯	己酉	庚辰	庚戌	辛巳
6日	戊申	**丙子**	丁未	丁丑	**戊申**	戊寅	己酉	庚辰	庚戌	辛巳	辛亥	**壬午**
7日	己酉	丁丑	戊申	戊寅	己酉	**己卯**	**庚戌**	辛巳	辛亥	**壬午**	**壬子**	癸未
8日	庚戌	戊寅	己酉	己卯	庚戌	庚辰	辛亥	**壬午**	**壬子**	癸未	癸丑	甲申
9日	辛亥	己卯	庚戌	庚辰	辛亥	辛巳	壬子	癸未	癸丑	甲申	甲寅	乙酉
10日	壬子	庚辰	辛亥	辛巳	壬子	壬午	癸丑	甲申	甲寅	乙酉	乙卯	丙戌
11日	癸丑	辛巳	壬子	壬午	癸丑	癸未	甲寅	乙酉	乙卯	丙戌	丙辰	丁亥
12日	甲寅	壬午	癸丑	癸未	甲寅	甲申	乙卯	丙戌	丙辰	丁亥	丁巳	戊子
13日	乙卯	癸未	甲寅	甲申	乙卯	乙酉	丙辰	丁亥	丁巳	戊子	戊午	己丑
14日	丙辰	甲申	乙卯	乙酉	丙辰	丙戌	丁巳	戊子	戊午	己丑	己未	庚寅
15日	丁巳	乙酉	丙辰	丙戌	丁巳	丁亥	戊午	己丑	己未	庚寅	庚申	辛卯
16日	戊午	丙戌	丁巳	丁亥	戊午	戊子	己未	庚寅	庚申	辛卯	辛酉	壬辰
17日	己未	丁亥	戊午	戊子	己未	己丑	庚申	辛卯	辛酉	壬辰	壬戌	癸巳
18日	庚申	戊子	己未	己丑	庚申	庚寅	辛酉	壬辰	壬戌	癸巳	癸亥	甲午
19日	辛酉	己丑	庚申	庚寅	辛酉	辛卯	壬戌	癸巳	癸亥	甲午	甲子	乙未
20日	壬戌	庚寅	辛酉	辛卯	壬戌	壬辰	癸亥	甲午	甲子	乙未	乙丑	丙申
21日	癸亥	辛卯	壬戌	壬辰	癸亥	癸巳	甲子	乙未	乙丑	丙申	丙寅	丁酉
22日	甲子	壬辰	癸亥	癸巳	甲子	甲午	乙丑	丙申	丙寅	丁酉	丁卯	戊戌
23日	乙丑	癸巳	甲子	甲午	乙丑	乙未	丙寅	丁酉	丁卯	戊戌	戊辰	己亥
24日	丙寅	甲午	乙丑	乙未	丙寅	丙申	丁卯	戊戌	戊辰	己亥	己巳	庚子
25日	丁卯	乙未	丙寅	丙申	丁卯	丁酉	戊辰	己亥	己巳	庚子	庚午	辛丑
26日	戊辰	丙申	丁卯	丁酉	戊辰	戊戌	己巳	庚子	庚午	辛丑	辛未	壬寅
27日	己巳	丁酉	戊辰	戊戌	己巳	己亥	庚午	辛丑	辛未	壬寅	壬申	癸卯
28日	庚午	戊戌	己巳	己亥	庚午	庚子	辛未	壬寅	壬申	癸卯	癸酉	甲辰
29日		己亥	庚午	庚子	辛未	辛丑	壬申	癸卯	癸酉	甲辰	甲戌	乙巳
30日		庚子	辛未	辛丑	壬申	壬寅	癸酉	甲辰	甲戌	乙巳	乙亥	丙午
31日		辛丑		壬寅		癸卯	甲戌		乙亥		丙子	丁未

2015年〈平成27年〉◆乙未

月	2月	3月	4月	5月	6月	7月	8月	9月	10月	11月	12月	1月
干支	戊寅	己卯	庚辰	辛巳	壬午	癸未	甲申	乙酉	丙戌	丁亥	戊子	己丑
節入	4日	6日	5日	6日	6日	7日	8日	8日	8日	8日	7日	6日
時刻	12:58	6:56	11:39	4:53	8:58	19:12	5:01	8:00	23:43	2:59	19:53	7:08
1日	戊申	丙子	丁未	丁丑	戊申	戊寅	己酉	庚辰	庚戌	辛巳	辛亥	壬午
2日	己酉	丁丑	戊申	戊寅	己酉	己卯	庚戌	辛巳	辛亥	壬午	壬子	癸未
3日	庚戌	戊寅	己酉	己卯	庚戌	庚辰	辛亥	壬午	壬子	癸未	癸丑	甲申
4日	**辛亥**	己卯	庚戌	庚辰	辛亥	辛巳	壬子	癸未	癸丑	甲申	甲寅	乙酉
5日	壬子	庚辰	**辛亥**	辛巳	壬子	壬午	癸丑	甲申	甲寅	乙酉	乙卯	丙戌
6日	癸丑	**辛巳**	壬子	**壬午**	**癸丑**	癸未	甲寅	乙酉	乙卯	丙戌	丙辰	**丁亥**
7日	甲寅	壬午	癸丑	癸未	甲寅	**甲申**	乙卯	丙戌	丙辰	丁亥	**丁巳**	戊子
8日	乙卯	癸未	甲寅	甲申	乙卯	乙酉	**丙辰**	**丁亥**	**丁巳**	**戊子**	戊午	己丑
9日	丙辰	甲申	乙卯	乙酉	丙辰	丙戌	丁巳	戊子	戊午	己丑	己未	庚寅
10日	丁巳	乙酉	丙辰	丙戌	丁巳	丁亥	戊午	己丑	己未	庚寅	庚申	辛卯
11日	戊午	丙戌	丁巳	丁亥	戊午	戊子	己未	庚寅	庚申	辛卯	辛酉	壬辰
12日	己未	丁亥	戊午	戊子	己未	己丑	庚申	辛卯	辛酉	壬辰	壬戌	癸巳
13日	庚申	戊子	己未	己丑	庚申	庚寅	辛酉	壬辰	壬戌	癸巳	癸亥	甲午
14日	辛酉	己丑	庚申	庚寅	辛酉	辛卯	壬戌	癸巳	癸亥	甲午	甲子	乙未
15日	壬戌	庚寅	辛酉	辛卯	壬戌	壬辰	癸亥	甲午	甲子	乙未	乙丑	丙申
16日	癸亥	辛卯	壬戌	壬辰	癸亥	癸巳	甲子	乙未	乙丑	丙申	丙寅	丁酉
17日	甲子	壬辰	癸亥	癸巳	甲子	甲午	乙丑	丙申	丙寅	丁酉	丁卯	戊戌
18日	乙丑	癸巳	甲子	甲午	乙丑	乙未	丙寅	丁酉	丁卯	戊戌	戊辰	己亥
19日	丙寅	甲午	乙丑	乙未	丙寅	丙申	丁卯	戊戌	戊辰	己亥	己巳	庚子
20日	丁卯	乙未	丙寅	丙申	丁卯	丁酉	戊辰	己亥	己巳	庚子	庚午	辛丑
21日	戊辰	丙申	丁卯	丁酉	戊辰	戊戌	己巳	庚子	庚午	辛丑	辛未	壬寅
22日	己巳	丁酉	戊辰	戊戌	己巳	己亥	庚午	辛丑	辛未	壬寅	壬申	癸卯
23日	庚午	戊戌	己巳	己亥	庚午	庚子	辛未	壬寅	壬申	癸卯	癸酉	甲辰
24日	辛未	己亥	庚午	庚子	辛未	辛丑	壬申	癸卯	癸酉	甲辰	甲戌	乙巳
25日	壬申	庚子	辛未	辛丑	壬申	壬寅	癸酉	甲辰	甲戌	乙巳	乙亥	丙午
26日	癸酉	辛丑	壬申	壬寅	癸酉	癸卯	甲戌	乙巳	乙亥	丙午	丙子	丁未
27日	甲戌	壬寅	癸酉	癸卯	甲戌	甲辰	乙亥	丙午	丙子	丁未	丁丑	戊申
28日	乙亥	癸卯	甲戌	甲辰	乙亥	乙巳	丙子	丁未	丁丑	戊申	戊寅	己酉
29日		甲辰	乙亥	乙巳	丙子	丙午	丁丑	戊申	戊寅	己酉	己卯	庚戌
30日		乙巳	丙子	丙午	丁丑	丁未	戊寅	己酉	己卯	庚戌	庚辰	辛亥
31日		丙午		丁未		戊申	己卯		庚辰		辛巳	壬子

2016年〈平成28年〉◆丙申

月	2月	3月	4月	5月	6月	7月	8月	9月	10月	11月	12月	1月
干支	庚寅	辛卯	壬辰	癸巳	甲午	乙未	丙申	丁酉	戊戌	己亥	庚子	辛丑
節入	4日	5日	4日	5日	5日	7日	7日	7日	8日	7日	7日	5日
時刻	18:46	12:44	17:28	10:42	14:49	1:03	10:53	13:51	5:33	8:48	1:41	12:56
1日	癸丑	壬午	癸丑	癸未	甲寅	甲申	乙卯	丙戌	丙辰	丁亥	丁巳	戊子
2日	甲寅	癸未	甲寅	甲申	乙卯	乙酉	丙辰	丁亥	丁巳	戊子	戊午	己丑
3日	乙卯	甲申	乙卯	乙酉	丙辰	丙戌	丁巳	戊子	戊午	己丑	己未	庚寅
4日	**丙辰**	乙酉	**丙辰**	丙戌	丁巳	丁亥	戊午	己丑	己未	庚寅	庚申	辛卯
5日	丁巳	**丙戌**	丁巳	**丁亥**	**戊午**	戊子	己未	庚寅	庚申	辛卯	辛酉	**壬辰**
6日	戊午	丁亥	戊午	戊子	己未	己丑	庚申	辛卯	辛酉	壬辰	壬戌	癸巳
7日	己未	戊子	己未	己丑	庚申	**庚寅**	**辛酉**	**壬辰**	壬戌	**癸巳**	**癸亥**	甲午
8日	庚申	己丑	庚申	庚寅	辛酉	辛卯	壬戌	癸巳	**癸亥**	甲午	甲子	乙未
9日	辛酉	庚寅	辛酉	辛卯	壬戌	壬辰	癸亥	甲午	甲子	乙未	乙丑	丙申
10日	壬戌	辛卯	壬戌	壬辰	癸亥	癸巳	甲子	乙未	乙丑	丙申	丙寅	丁酉
11日	癸亥	壬辰	癸亥	癸巳	甲子	甲午	乙丑	丙申	丙寅	丁酉	丁卯	戊戌
12日	甲子	癸巳	甲子	甲午	乙丑	乙未	丙寅	丁酉	丁卯	戊戌	戊辰	己亥
13日	乙丑	甲午	乙丑	乙未	丙寅	丙申	丁卯	戊戌	戊辰	己亥	己巳	庚子
14日	丙寅	乙未	丙寅	丙申	丁卯	丁酉	戊辰	己亥	己巳	庚子	庚午	辛丑
15日	丁卯	丙申	丁卯	丁酉	戊辰	戊戌	己巳	庚子	庚午	辛丑	辛未	壬寅
16日	戊辰	丁酉	戊辰	戊戌	己巳	己亥	庚午	辛丑	辛未	壬寅	壬申	癸卯
17日	己巳	戊戌	己巳	己亥	庚午	庚子	辛未	壬寅	壬申	癸卯	癸酉	甲辰
18日	庚午	己亥	庚午	庚子	辛未	辛丑	壬申	癸卯	癸酉	甲辰	甲戌	乙巳
19日	辛未	庚子	辛未	辛丑	壬申	壬寅	癸酉	甲辰	甲戌	乙巳	乙亥	丙午
20日	壬申	辛丑	壬申	壬寅	癸酉	癸卯	甲戌	乙巳	乙亥	丙午	丙子	丁未
21日	癸酉	壬寅	癸酉	癸卯	甲戌	甲辰	乙亥	丙午	丙子	丁未	丁丑	戊申
22日	甲戌	癸卯	甲戌	甲辰	乙亥	乙巳	丙子	丁未	丁丑	戊申	戊寅	己酉
23日	乙亥	甲辰	乙亥	乙巳	丙子	丙午	丁丑	戊申	戊寅	己酉	己卯	庚戌
24日	丙子	乙巳	丙子	丙午	丁丑	丁未	戊寅	己酉	己卯	庚戌	庚辰	辛亥
25日	丁丑	丙午	丁丑	丁未	戊寅	戊申	己卯	庚戌	庚辰	辛亥	辛巳	壬子
26日	戊寅	丁未	戊寅	戊申	己卯	己酉	庚辰	辛亥	辛巳	壬子	壬午	癸丑
27日	己卯	戊申	己卯	己酉	庚辰	庚戌	辛巳	壬子	壬午	癸丑	癸未	甲寅
28日	庚辰	己酉	庚辰	庚戌	辛巳	辛亥	壬午	癸丑	癸未	甲寅	甲申	乙卯
29日	辛巳	庚戌	辛巳	辛亥	壬午	壬子	癸未	甲寅	甲申	乙卯	乙酉	丙辰
30日		辛亥	壬午	壬子	癸未	癸丑	甲申	乙卯	乙酉	丙辰	丙戌	丁巳
31日		壬子		癸丑		甲寅	乙酉		丙戌		丁亥	戊午

2017年〈平成29年〉◆丁酉

月	2月	3月	4月	5月	6月	7月	8月	9月	10月	11月	12月	1月
干支	壬寅	癸卯	甲辰	乙巳	丙午	丁未	戊申	己酉	庚戌	辛亥	壬子	癸丑
節入	4日	5日	4日	5日	5日	7日	7日	7日	8日	7日	7日	5日
時刻	0:34	18:33	23:17	16:31	20:37	6:51	16:40	19:39	11:22	14:38	7:33	18:49
1日	己未	丁亥	戊午	戊子	己未	己丑	庚申	辛卯	辛酉	壬辰	壬戌	癸巳
2日	庚申	戊子	己未	己丑	庚申	庚寅	辛酉	壬辰	壬戌	癸巳	癸亥	甲午
3日	辛酉	己丑	庚申	庚寅	辛酉	辛卯	壬戌	癸巳	癸亥	甲午	甲子	乙未
4日	**壬戌**	庚寅	**辛酉**	辛卯	壬戌	壬辰	癸亥	甲午	甲子	乙未	乙丑	丙申
5日	癸亥	**辛卯**	壬戌	**壬辰**	**癸亥**	癸巳	甲子	乙未	乙丑	丙申	丙寅	**丁酉**
6日	甲子	壬辰	癸亥	癸巳	甲子	甲午	乙丑	丙申	丙寅	丁酉	丁卯	戊戌
7日	乙丑	癸巳	甲子	甲午	乙丑	**乙未**	**丙寅**	**丁酉**	丁卯	**戊戌**	**戊辰**	己亥
8日	丙寅	甲午	乙丑	乙未	丙寅	丙申	丁卯	戊戌	**戊辰**	己亥	己巳	庚子
9日	丁卯	乙未	丙寅	丙申	丁卯	丁酉	戊辰	己亥	己巳	庚子	庚午	辛丑
10日	戊辰	丙申	丁卯	丁酉	戊辰	戊戌	己巳	庚子	庚午	辛丑	辛未	壬寅
11日	己巳	丁酉	戊辰	戊戌	己巳	己亥	庚午	辛丑	辛未	壬寅	壬申	癸卯
12日	庚午	戊戌	己巳	己亥	庚午	庚子	辛未	壬寅	壬申	癸卯	癸酉	甲辰
13日	辛未	己亥	庚午	庚子	辛未	辛丑	壬申	癸卯	癸酉	甲辰	甲戌	乙巳
14日	壬申	庚子	辛未	辛丑	壬申	壬寅	癸酉	甲辰	甲戌	乙巳	乙亥	丙午
15日	癸酉	辛丑	壬申	壬寅	癸酉	癸卯	甲戌	乙巳	乙亥	丙午	丙子	丁未
16日	甲戌	壬寅	癸酉	癸卯	甲戌	甲辰	乙亥	丙午	丙子	丁未	丁丑	戊申
17日	乙亥	癸卯	甲戌	甲辰	乙亥	乙巳	丙子	丁未	丁丑	戊申	戊寅	己酉
18日	丙子	甲辰	乙亥	乙巳	丙子	丙午	丁丑	戊申	戊寅	己酉	己卯	庚戌
19日	丁丑	乙巳	丙子	丙午	丁丑	丁未	戊寅	己酉	己卯	庚戌	庚辰	辛亥
20日	戊寅	丙午	丁丑	丁未	戊寅	戊申	己卯	庚戌	庚辰	辛亥	辛巳	壬子
21日	己卯	丁未	戊寅	戊申	己卯	己酉	庚辰	辛亥	辛巳	壬子	壬午	癸丑
22日	庚辰	戊申	己卯	己酉	庚辰	庚戌	辛巳	壬子	壬午	癸丑	癸未	甲寅
23日	辛巳	己酉	庚辰	庚戌	辛巳	辛亥	壬午	癸丑	癸未	甲寅	甲申	乙卯
24日	壬午	庚戌	辛巳	辛亥	壬午	壬子	癸未	甲寅	甲申	乙卯	乙酉	丙辰
25日	癸未	辛亥	壬午	壬子	癸未	癸丑	甲申	乙卯	乙酉	丙辰	丙戌	丁巳
26日	甲申	壬子	癸未	癸丑	甲申	甲寅	乙酉	丙辰	丙戌	丁巳	丁亥	戊午
27日	乙酉	癸丑	甲申	甲寅	乙酉	乙卯	丙戌	丁巳	丁亥	戊午	戊子	己未
28日	丙戌	甲寅	乙酉	乙卯	丙戌	丙辰	丁亥	戊午	戊子	己未	己丑	庚申
29日		乙卯	丙戌	丙辰	丁亥	丁巳	戊子	己未	己丑	庚申	庚寅	辛酉
30日		丙辰	丁亥	丁巳	戊子	戊午	己丑	庚申	庚寅	辛酉	辛卯	壬戌
31日		丁巳		戊午		己未	庚寅		辛卯		壬辰	癸亥

2018年〈平成30年〉◆戊戌

月	2月	3月	4月	5月	6月	7月	8月	9月	10月	11月	12月	1月
干支	甲寅	乙卯	丙辰	丁巳	戊午	己未	庚申	辛酉	壬戌	癸亥	甲子	乙丑
節入	4日	6日	5日	5日	6日	7日	7日	8日	8日	7日	7日	6日
時刻	6:28	0:28	5:13	22:25	2:29	12:42	22:31	1:30	17:15	20:32	13:26	0:39
1日	甲子	壬辰	癸亥	癸巳	甲子	甲午	乙丑	丙申	丙寅	丁酉	丁卯	戊戌
2日	乙丑	癸巳	甲子	甲午	乙丑	乙未	丙寅	丁酉	丁卯	戊戌	戊辰	己亥
3日	丙寅	甲午	乙丑	乙未	丙寅	丙申	丁卯	戊戌	戊辰	己亥	己巳	庚子
4日	**丁卯**	乙未	丙寅	丙申	丁卯	丁酉	戊辰	己亥	己巳	庚子	庚午	辛丑
5日	戊辰	丙申	**丁卯**	**丁酉**	戊辰	戊戌	己巳	庚子	庚午	辛丑	辛未	壬寅
6日	己巳	**丁酉**	戊辰	戊戌	**己巳**	己亥	庚午	辛丑	辛未	壬寅	壬申	**癸卯**
7日	庚午	戊戌	己巳	己亥	庚午	**庚子**	**辛未**	壬寅	壬申	**癸卯**	**癸酉**	甲辰
8日	辛未	己亥	庚午	庚子	辛未	辛丑	壬申	**癸卯**	**癸酉**	甲辰	甲戌	乙巳
9日	壬申	庚子	辛未	辛丑	壬申	壬寅	癸酉	甲辰	甲戌	乙巳	乙亥	丙午
10日	癸酉	辛丑	壬申	壬寅	癸酉	癸卯	甲戌	乙巳	乙亥	丙午	丙子	丁未
11日	甲戌	壬寅	癸酉	癸卯	甲戌	甲辰	乙亥	丙午	丙子	丁未	丁丑	戊申
12日	乙亥	癸卯	甲戌	甲辰	乙亥	乙巳	丙子	丁未	丁丑	戊申	戊寅	己酉
13日	丙子	甲辰	乙亥	乙巳	丙子	丙午	丁丑	戊申	戊寅	己酉	己卯	庚戌
14日	丁丑	乙巳	丙子	丙午	丁丑	丁未	戊寅	己酉	己卯	庚戌	庚辰	辛亥
15日	戊寅	丙午	丁丑	丁未	戊寅	戊申	己卯	庚戌	庚辰	辛亥	辛巳	壬子
16日	己卯	丁未	戊寅	戊申	己卯	己酉	庚辰	辛亥	辛巳	壬子	壬午	癸丑
17日	庚辰	戊申	己卯	己酉	庚辰	庚戌	辛巳	壬子	壬午	癸丑	癸未	甲寅
18日	辛巳	己酉	庚辰	庚戌	辛巳	辛亥	壬午	癸丑	癸未	甲寅	甲申	乙卯
19日	壬午	庚戌	辛巳	辛亥	壬午	壬子	癸未	甲寅	甲申	乙卯	乙酉	丙辰
20日	癸未	辛亥	壬午	壬子	癸未	癸丑	甲申	乙卯	乙酉	丙辰	丙戌	丁巳
21日	甲申	壬子	癸未	癸丑	甲申	甲寅	乙酉	丙辰	丙戌	丁巳	丁亥	戊午
22日	乙酉	癸丑	甲申	甲寅	乙酉	乙卯	丙戌	丁巳	丁亥	戊午	戊子	己未
23日	丙戌	甲寅	乙酉	乙卯	丙戌	丙辰	丁亥	戊午	戊子	己未	己丑	庚申
24日	丁亥	乙卯	丙戌	丙辰	丁亥	丁巳	戊子	己未	己丑	庚申	庚寅	辛酉
25日	戊子	丙辰	丁亥	丁巳	戊子	戊午	己丑	庚申	庚寅	辛酉	辛卯	壬戌
26日	己丑	丁巳	戊子	戊午	己丑	己未	庚寅	辛酉	辛卯	壬戌	壬辰	癸亥
27日	庚寅	戊午	己丑	己未	庚寅	庚申	辛卯	壬戌	壬辰	癸亥	癸巳	甲子
28日	辛卯	己未	庚寅	庚申	辛卯	辛酉	壬辰	癸亥	癸巳	甲子	甲午	乙丑
29日		庚申	辛卯	辛酉	壬辰	壬戌	癸巳	甲子	甲午	乙丑	乙未	丙寅
30日		辛酉	壬辰	壬戌	癸巳	癸亥	甲午	乙丑	乙未	丙寅	丙申	丁卯
31日		壬戌		癸亥		甲子	乙未		丙申		丁酉	戊辰

2019年〈令和元年〉◆己亥

月	2月	3月	4月	5月	6月	7月	8月	9月	10月	11月	12月	1月
干支	丙寅	丁卯	戊辰	己巳	庚午	辛未	壬申	癸酉	甲戌	乙亥	丙子	丁丑
節入	4日	6日	5日	6日	6日	7日	8日	8日	8日	8日	7日	6日
時刻	12:14	6:10	10:51	4:03	8:06	18:21	4:13	7:17	23:06	2:24	19:18	6:30
1日	己巳	丁酉	戊辰	戊戌	己巳	己亥	庚午	辛丑	辛未	壬寅	壬申	癸卯
2日	庚午	戊戌	己巳	己亥	庚午	庚子	辛未	壬寅	壬申	癸卯	癸酉	甲辰
3日	辛未	己亥	庚午	庚子	辛未	辛丑	壬申	癸卯	癸酉	甲辰	甲戌	乙巳
4日	**壬申**	庚子	辛未	辛丑	壬申	壬寅	癸酉	甲辰	甲戌	乙巳	乙亥	丙午
5日	癸酉	辛丑	**壬申**	壬寅	癸酉	癸卯	甲戌	乙巳	乙亥	丙午	丙子	丁未
6日	甲戌	**壬寅**	癸酉	**癸卯**	**甲戌**	甲辰	乙亥	丙午	丙子	丁未	丁丑	**戊申**
7日	乙亥	癸卯	甲戌	甲辰	乙亥	**乙巳**	丙子	丁未	丁丑	戊申	**戊寅**	己酉
8日	丙子	甲辰	乙亥	乙巳	丙子	丙午	**丁丑**	**戊申**	**戊寅**	**己酉**	己卯	庚戌
9日	丁丑	乙巳	丙子	丙午	丁丑	丁未	戊寅	己酉	己卯	庚戌	庚辰	辛亥
10日	戊寅	丙午	丁丑	丁未	戊寅	戊申	己卯	庚戌	庚辰	辛亥	辛巳	壬子
11日	己卯	丁未	戊寅	戊申	己卯	己酉	庚辰	辛亥	辛巳	壬子	壬午	癸丑
12日	庚辰	戊申	己卯	己酉	庚辰	庚戌	辛巳	壬子	壬午	癸丑	癸未	甲寅
13日	辛巳	己酉	庚辰	庚戌	辛巳	辛亥	壬午	癸丑	癸未	甲寅	甲申	乙卯
14日	壬午	庚戌	辛巳	辛亥	壬午	壬子	癸未	甲寅	甲申	乙卯	乙酉	丙辰
15日	癸未	辛亥	壬午	壬子	癸未	癸丑	甲申	乙卯	乙酉	丙辰	丙戌	丁巳
16日	甲申	壬子	癸未	癸丑	甲申	甲寅	乙酉	丙辰	丙戌	丁巳	丁亥	戊午
17日	乙酉	癸丑	甲申	甲寅	乙酉	乙卯	丙戌	丁巳	丁亥	戊午	戊子	己未
18日	丙戌	甲寅	乙酉	乙卯	丙戌	丙辰	丁亥	戊午	戊子	己未	己丑	庚申
19日	丁亥	乙卯	丙戌	丙辰	丁亥	丁巳	戊子	己未	己丑	庚申	庚寅	辛酉
20日	戊子	丙辰	丁亥	丁巳	戊子	戊午	己丑	庚申	庚寅	辛酉	辛卯	壬戌
21日	己丑	丁巳	戊子	戊午	己丑	己未	庚寅	辛酉	辛卯	壬戌	壬辰	癸亥
22日	庚寅	戊午	己丑	己未	庚寅	庚申	辛卯	壬戌	壬辰	癸亥	癸巳	甲子
23日	辛卯	己未	庚寅	庚申	辛卯	辛酉	壬辰	癸亥	癸巳	甲子	甲午	乙丑
24日	壬辰	庚申	辛卯	辛酉	壬辰	壬戌	癸巳	甲子	甲午	乙丑	乙未	丙寅
25日	癸巳	辛酉	壬辰	壬戌	癸巳	癸亥	甲午	乙丑	乙未	丙寅	丙申	丁卯
26日	甲午	壬戌	癸巳	癸亥	甲午	甲子	乙未	丙寅	丙申	丁卯	丁酉	戊辰
27日	乙未	癸亥	甲午	甲子	乙未	乙丑	丙申	丁卯	丁酉	戊辰	戊戌	己巳
28日	丙申	甲子	乙未	乙丑	丙申	丙寅	丁酉	戊辰	戊戌	己巳	己亥	庚午
29日		乙丑	丙申	丙寅	丁酉	丁卯	戊戌	己巳	己亥	庚午	庚子	辛未
30日		丙寅	丁酉	丁卯	戊戌	戊辰	己亥	庚午	庚子	辛未	辛丑	壬申
31日		丁卯		戊辰		己巳	庚子		辛丑		壬寅	癸酉

2020年〈令和2年〉◆庚子

月	2月	3月	4月	5月	6月	7月	8月	9月	10月	11月	12月	1月
干支	戊寅	己卯	庚辰	辛巳	壬午	癸未	甲申	乙酉	丙戌	丁亥	戊子	己丑
節入	4日	5日	4日	5日	5日	7日	7日	7日	8日	7日	7日	5日
時刻	18:03	11:57	16:38	9:51	13:58	0:14	10:06	13:08	4:55	8:14	1:09	12:23
1日	甲戌	癸卯	甲戌	甲辰	乙亥	乙巳	丙子	丁未	丁丑	戊申	戊寅	己酉
2日	乙亥	甲辰	乙亥	乙巳	丙子	丙午	丁丑	戊申	戊寅	己酉	己卯	庚戌
3日	丙子	乙巳	丙子	丙午	丁丑	丁未	戊寅	己酉	己卯	庚戌	庚辰	辛亥
4日	**丁丑**	丙午	**丁丑**	丁未	戊寅	戊申	己卯	庚戌	庚辰	辛亥	辛巳	壬子
5日	戊寅	**丁未**	戊寅	**戊申**	**己卯**	己酉	庚辰	辛亥	辛巳	壬子	壬午	**癸丑**
6日	己卯	戊申	己卯	己酉	庚辰	庚戌	辛巳	壬子	壬午	癸丑	癸未	甲寅
7日	庚辰	己酉	庚辰	庚戌	辛巳	**辛亥**	**壬午**	**癸丑**	癸未	**甲寅**	**甲申**	乙卯
8日	辛巳	庚戌	辛巳	辛亥	壬午	壬子	癸未	甲寅	**甲申**	乙卯	乙酉	丙辰
9日	壬午	辛亥	壬午	壬子	癸未	癸丑	甲申	乙卯	乙酉	丙辰	丙戌	丁巳
10日	癸未	壬子	癸未	癸丑	甲申	甲寅	乙酉	丙辰	丙戌	丁巳	丁亥	戊午
11日	甲申	癸丑	甲申	甲寅	乙酉	乙卯	丙戌	丁巳	丁亥	戊午	戊子	己未
12日	乙酉	甲寅	乙酉	乙卯	丙戌	丙辰	丁亥	戊午	戊子	己未	己丑	庚申
13日	丙戌	乙卯	丙戌	丙辰	丁亥	丁巳	戊子	己未	己丑	庚申	庚寅	辛酉
14日	丁亥	丙辰	丁亥	丁巳	戊子	戊午	己丑	庚申	庚寅	辛酉	辛卯	壬戌
15日	戊子	丁巳	戊子	戊午	己丑	己未	庚寅	辛酉	辛卯	壬戌	壬辰	癸亥
16日	己丑	戊午	己丑	己未	庚寅	庚申	辛卯	壬戌	壬辰	癸亥	癸巳	甲子
17日	庚寅	己未	庚寅	庚申	辛卯	辛酉	壬辰	癸亥	癸巳	甲子	甲午	乙丑
18日	辛卯	庚申	辛卯	辛酉	壬辰	壬戌	癸巳	甲子	甲午	乙丑	乙未	丙寅
19日	壬辰	辛酉	壬辰	壬戌	癸巳	癸亥	甲午	乙丑	乙未	丙寅	丙申	丁卯
20日	癸巳	壬戌	癸巳	癸亥	甲午	甲子	乙未	丙寅	丙申	丁卯	丁酉	戊辰
21日	甲午	癸亥	甲午	甲子	乙未	乙丑	丙申	丁卯	丁酉	戊辰	戊戌	己巳
22日	乙未	甲子	乙未	乙丑	丙申	丙寅	丁酉	戊辰	戊戌	己巳	己亥	庚午
23日	丙申	乙丑	丙申	丙寅	丁酉	丁卯	戊戌	己巳	己亥	庚午	庚子	辛未
24日	丁酉	丙寅	丁酉	丁卯	戊戌	戊辰	己亥	庚午	庚子	辛未	辛丑	壬申
25日	戊戌	丁卯	戊戌	戊辰	己亥	己巳	庚子	辛未	辛丑	壬申	壬寅	癸酉
26日	己亥	戊辰	己亥	己巳	庚子	庚午	辛丑	壬申	壬寅	癸酉	癸卯	甲戌
27日	庚子	己巳	庚子	庚午	辛丑	辛未	壬寅	癸酉	癸卯	甲戌	甲辰	乙亥
28日	辛丑	庚午	辛丑	辛未	壬寅	壬申	癸卯	甲戌	甲辰	乙亥	乙巳	丙子
29日	壬寅	辛未	壬寅	壬申	癸卯	癸酉	甲辰	乙亥	乙巳	丙子	丙午	丁丑
30日		壬申	癸卯	癸酉	甲辰	甲戌	乙巳	丙子	丙午	丁丑	丁未	戊寅
31日		癸酉		甲戌		乙亥	丙午		丁未		戊申	己卯

2021年〈令和3年〉◆辛丑

月	2月	3月	4月	5月	6月	7月	8月	9月	10月	11月	12月	1月
干支	庚寅	辛卯	壬辰	癸巳	甲午	乙未	丙申	丁酉	戊戌	己亥	庚子	辛丑
節入	3日	5日	4日	5日	5日	7日	7日	7日	8日	7日	7日	5日
時刻	23:59	17:54	22:35	15:47	19:52	6:05	15:54	18:53	10:39	13:59	6:57	18:14
1日	庚辰	戊申	己卯	己酉	庚辰	庚戌	辛巳	壬子	壬午	癸丑	癸未	甲寅
2日	辛巳	己酉	庚辰	庚戌	辛巳	辛亥	壬午	癸丑	癸未	甲寅	甲申	乙卯
3日	**壬午**	庚戌	辛巳	辛亥	壬午	壬子	癸未	甲寅	甲申	乙卯	乙酉	丙辰
4日	癸未	辛亥	**壬午**	壬子	癸未	癸丑	甲申	乙卯	乙酉	丙辰	丙戌	丁巳
5日	甲申	**壬子**	癸未	**癸丑**	**甲申**	甲寅	乙酉	丙辰	丙戌	丁巳	丁亥	**戊午**
6日	乙酉	癸丑	甲申	甲寅	乙酉	乙卯	丙戌	丁巳	丁亥	戊午	戊子	己未
7日	丙戌	甲寅	乙酉	乙卯	丙戌	**丙辰**	**丁亥**	**戊午**	戊子	**己未**	**己丑**	庚申
8日	丁亥	乙卯	丙戌	丙辰	丁亥	丁巳	戊子	己未	**己丑**	庚申	庚寅	辛酉
9日	戊子	丙辰	丁亥	丁巳	戊子	戊午	己丑	庚申	庚寅	辛酉	辛卯	壬戌
10日	己丑	丁巳	戊子	戊午	己丑	己未	庚寅	辛酉	辛卯	壬戌	壬辰	癸亥
11日	庚寅	戊午	己丑	己未	庚寅	庚申	辛卯	壬戌	壬辰	癸亥	癸巳	甲子
12日	辛卯	己未	庚寅	庚申	辛卯	辛酉	壬辰	癸亥	癸巳	甲子	甲午	乙丑
13日	壬辰	庚申	辛卯	辛酉	壬辰	壬戌	癸巳	甲子	甲午	乙丑	乙未	丙寅
14日	癸巳	辛酉	壬辰	壬戌	癸巳	癸亥	甲午	乙丑	乙未	丙寅	丙申	丁卯
15日	甲午	壬戌	癸巳	癸亥	甲午	甲子	乙未	丙寅	丙申	丁卯	丁酉	戊辰
16日	乙未	癸亥	甲午	甲子	乙未	乙丑	丙申	丁卯	丁酉	戊辰	戊戌	己巳
17日	丙申	甲子	乙未	乙丑	丙申	丙寅	丁酉	戊辰	戊戌	己巳	己亥	庚午
18日	丁酉	乙丑	丙申	丙寅	丁酉	丁卯	戊戌	己巳	己亥	庚午	庚子	辛未
19日	戊戌	丙寅	丁酉	丁卯	戊戌	戊辰	己亥	庚午	庚子	辛未	辛丑	壬申
20日	己亥	丁卯	戊戌	戊辰	己亥	己巳	庚子	辛未	辛丑	壬申	壬寅	癸酉
21日	庚子	戊辰	己亥	己巳	庚子	庚午	辛丑	壬申	壬寅	癸酉	癸卯	甲戌
22日	辛丑	己巳	庚子	庚午	辛丑	辛未	壬寅	癸酉	癸卯	甲戌	甲辰	乙亥
23日	壬寅	庚午	辛丑	辛未	壬寅	壬申	癸卯	甲戌	甲辰	乙亥	乙巳	丙子
24日	癸卯	辛未	壬寅	壬申	癸卯	癸酉	甲辰	乙亥	乙巳	丙子	丙午	丁丑
25日	甲辰	壬申	癸卯	癸酉	甲辰	甲戌	乙巳	丙子	丙午	丁丑	丁未	戊寅
26日	乙巳	癸酉	甲辰	甲戌	乙巳	乙亥	丙午	丁丑	丁未	戊寅	戊申	己卯
27日	丙午	甲戌	乙巳	乙亥	丙午	丙子	丁未	戊寅	戊申	己卯	己酉	庚辰
28日	丁未	乙亥	丙午	丙子	丁未	丁丑	戊申	己卯	己酉	庚辰	庚戌	辛巳
29日		丙子	丁未	丁丑	戊申	戊寅	己酉	庚辰	庚戌	辛巳	辛亥	壬午
30日		丁丑	戊申	戊寅	己酉	己卯	庚戌	辛巳	辛亥	壬午	壬子	癸未
31日		戊寅		己卯		庚辰	辛亥		壬子		癸丑	甲申

2022年〈令和4年〉◆壬寅

月	2月	3月	4月	5月	6月	7月	8月	9月	10月	11月	12月	1月
干支	壬寅	癸卯	甲辰	乙巳	丙午	丁未	戊申	己酉	庚戌	辛亥	壬子	癸丑
節入	4日	5日	5日	5日	6日	7日	7日	8日	8日	7日	7日	6日
時刻	5:51	23:44	4:20	21:26	1:26	11:38	21:29	0:32	16:22	19:45	12:46	0:05
1日	乙酉	癸丑	甲申	甲寅	乙酉	乙卯	丙戌	丁巳	丁亥	戊午	戊子	己未
2日	丙戌	甲寅	乙酉	乙卯	丙戌	丙辰	丁亥	戊午	戊子	己未	己丑	庚申
3日	丁亥	乙卯	丙戌	丙辰	丁亥	丁巳	戊子	己未	己丑	庚申	庚寅	辛酉
4日	**戊子**	丙辰	丁亥	丁巳	戊子	戊午	己丑	庚申	庚寅	辛酉	辛卯	壬戌
5日	己丑	**丁巳**	**戊子**	**戊午**	己丑	己未	庚寅	辛酉	辛卯	壬戌	壬辰	癸亥
6日	庚寅	戊午	己丑	己未	**庚寅**	庚申	辛卯	壬戌	壬辰	癸亥	癸巳	**甲子**
7日	辛卯	己未	庚寅	庚申	辛卯	**辛酉**	**壬辰**	癸亥	癸巳	**甲子**	**甲午**	乙丑
8日	壬辰	庚申	辛卯	辛酉	壬辰	壬戌	癸巳	**甲子**	**甲午**	乙丑	乙未	丙寅
9日	癸巳	辛酉	壬辰	壬戌	癸巳	癸亥	甲午	乙丑	乙未	丙寅	丙申	丁卯
10日	甲午	壬戌	癸巳	癸亥	甲午	甲子	乙未	丙寅	丙申	丁卯	丁酉	戊辰
11日	乙未	癸亥	甲午	甲子	乙未	乙丑	丙申	丁卯	丁酉	戊辰	戊戌	己巳
12日	丙申	甲子	乙未	乙丑	丙申	丙寅	丁酉	戊辰	戊戌	己巳	己亥	庚午
13日	丁酉	乙丑	丙申	丙寅	丁酉	丁卯	戊戌	己巳	己亥	庚午	庚子	辛未
14日	戊戌	丙寅	丁酉	丁卯	戊戌	戊辰	己亥	庚午	庚子	辛未	辛丑	壬申
15日	己亥	丁卯	戊戌	戊辰	己亥	己巳	庚子	辛未	辛丑	壬申	壬寅	癸酉
16日	庚子	戊辰	己亥	己巳	庚子	庚午	辛丑	壬申	壬寅	癸酉	癸卯	甲戌
17日	辛丑	己巳	庚子	庚午	辛丑	辛未	壬寅	癸酉	癸卯	甲戌	甲辰	乙亥
18日	壬寅	庚午	辛丑	辛未	壬寅	壬申	癸卯	甲戌	甲辰	乙亥	乙巳	丙子
19日	癸卯	辛未	壬寅	壬申	癸卯	癸酉	甲辰	乙亥	乙巳	丙子	丙午	丁丑
20日	甲辰	壬申	癸卯	癸酉	甲辰	甲戌	乙巳	丙子	丙午	丁丑	丁未	戊寅
21日	乙巳	癸酉	甲辰	甲戌	乙巳	乙亥	丙午	丁丑	丁未	戊寅	戊申	己卯
22日	丙午	甲戌	乙巳	乙亥	丙午	丙子	丁未	戊寅	戊申	己卯	己酉	庚辰
23日	丁未	乙亥	丙午	丙子	丁未	丁丑	戊申	己卯	己酉	庚辰	庚戌	辛巳
24日	戊申	丙子	丁未	丁丑	戊申	戊寅	己酉	庚辰	庚戌	辛巳	辛亥	壬午
25日	己酉	丁丑	戊申	戊寅	己酉	己卯	庚戌	辛巳	辛亥	壬午	壬子	癸未
26日	庚戌	戊寅	己酉	己卯	庚戌	庚辰	辛亥	壬午	壬子	癸未	癸丑	甲申
27日	辛亥	己卯	庚戌	庚辰	辛亥	辛巳	壬子	癸未	癸丑	甲申	甲寅	乙酉
28日	壬子	庚辰	辛亥	辛巳	壬子	壬午	癸丑	甲申	甲寅	乙酉	乙卯	丙戌
29日		辛巳	壬子	壬午	癸丑	癸未	甲寅	乙酉	乙卯	丙戌	丙辰	丁亥
30日		壬午	癸丑	癸未	甲寅	甲申	乙卯	丙戌	丙辰	丁亥	丁巳	戊子
31日		癸未		甲申		乙酉	丙辰		丁巳		戊午	己丑

2023年〈令和5年〉◆癸卯

月	2月	3月	4月	5月	6月	7月	8月	9月	10月	11月	12月	1月
干支	甲寅	乙卯	丙辰	丁巳	戊午	己未	庚申	辛酉	壬戌	癸亥	甲子	乙丑
節入	4日	6日	5日	6日	6日	7日	8日	8日	8日	8日	7日	6日
時刻	11:43	5:36	10:13	3:19	7:18	17:31	3:23	6:27	22:16	1:36	18:33	5:49
1日	庚寅	戊午	己丑	己未	庚寅	庚申	辛卯	壬戌	壬辰	癸亥	癸巳	甲子
2日	辛卯	己未	庚寅	庚申	辛卯	辛酉	壬辰	癸亥	癸巳	甲子	甲午	乙丑
3日	壬辰	庚申	辛卯	辛酉	壬辰	壬戌	癸巳	甲子	甲午	乙丑	乙未	丙寅
4日	**癸巳**	辛酉	壬辰	壬戌	癸巳	癸亥	甲午	乙丑	乙未	丙寅	丙申	丁卯
5日	甲午	壬戌	**癸巳**	癸亥	甲午	甲子	乙未	丙寅	丙申	丁卯	丁酉	戊辰
6日	乙未	**癸亥**	甲午	**甲子**	**乙未**	乙丑	丙申	丁卯	丁酉	戊辰	戊戌	**己巳**
7日	丙申	甲子	乙未	乙丑	丙申	**丙寅**	丁酉	戊辰	戊戌	己巳	**己亥**	庚午
8日	丁酉	乙丑	丙申	丙寅	丁酉	丁卯	**戊戌**	**己巳**	**己亥**	**庚午**	庚子	辛未
9日	戊戌	丙寅	丁酉	丁卯	戊戌	戊辰	己亥	庚午	庚子	辛未	辛丑	壬申
10日	己亥	丁卯	戊戌	戊辰	己亥	己巳	庚子	辛未	辛丑	壬申	壬寅	癸酉
11日	庚子	戊辰	己亥	己巳	庚子	庚午	辛丑	壬申	壬寅	癸酉	癸卯	甲戌
12日	辛丑	己巳	庚子	庚午	辛丑	辛未	壬寅	癸酉	癸卯	甲戌	甲辰	乙亥
13日	壬寅	庚午	辛丑	辛未	壬寅	壬申	癸卯	甲戌	甲辰	乙亥	乙巳	丙子
14日	癸卯	辛未	壬寅	壬申	癸卯	癸酉	甲辰	乙亥	乙巳	丙子	丙午	丁丑
15日	甲辰	壬申	癸卯	癸酉	甲辰	甲戌	乙巳	丙子	丙午	丁丑	丁未	戊寅
16日	乙巳	癸酉	甲辰	甲戌	乙巳	乙亥	丙午	丁丑	丁未	戊寅	戊申	己卯
17日	丙午	甲戌	乙巳	乙亥	丙午	丙子	丁未	戊寅	戊申	己卯	己酉	庚辰
18日	丁未	乙亥	丙午	丙子	丁未	丁丑	戊申	己卯	己酉	庚辰	庚戌	辛巳
19日	戊申	丙子	丁未	丁丑	戊申	戊寅	己酉	庚辰	庚戌	辛巳	辛亥	壬午
20日	己酉	丁丑	戊申	戊寅	己酉	己卯	庚戌	辛巳	辛亥	壬午	壬子	癸未
21日	庚戌	戊寅	己酉	己卯	庚戌	庚辰	辛亥	壬午	壬子	癸未	癸丑	甲申
22日	辛亥	己卯	庚戌	庚辰	辛亥	辛巳	壬子	癸未	癸丑	甲申	甲寅	乙酉
23日	壬子	庚辰	辛亥	辛巳	壬子	壬午	癸丑	甲申	甲寅	乙酉	乙卯	丙戌
24日	癸丑	辛巳	壬子	壬午	癸丑	癸未	甲寅	乙酉	乙卯	丙戌	丙辰	丁亥
25日	甲寅	壬午	癸丑	癸未	甲寅	甲申	乙卯	丙戌	丙辰	丁亥	丁巳	戊子
26日	乙卯	癸未	甲寅	甲申	乙卯	乙酉	丙辰	丁亥	丁巳	戊子	戊午	己丑
27日	丙辰	甲申	乙卯	乙酉	丙辰	丙戌	丁巳	戊子	戊午	己丑	己未	庚寅
28日	丁巳	乙酉	丙辰	丙戌	丁巳	丁亥	戊午	己丑	己未	庚寅	庚申	辛卯
29日		丙戌	丁巳	丁亥	戊午	戊子	己未	庚寅	庚申	辛卯	辛酉	壬辰
30日		丁亥	戊午	戊子	己未	己丑	庚申	辛卯	辛酉	壬辰	壬戌	癸巳
31日		戊子		己丑		庚寅	辛酉		壬戌		癸亥	甲午

2024年〈令和6年〉◆甲辰

月	2月	3月	4月	5月	6月	7月	8月	9月	10月	11月	12月	1月
干支	丙寅	丁卯	戊辰	己巳	庚午	辛未	壬申	癸酉	甲戌	乙亥	丙子	丁丑
節入	4日	5日	4日	5日	5日	6日	7日	7日	8日	7日	7日	5日
時刻	17:27	11:23	16:02	9:10	13:10	23:20	9:09	12:11	4:00	7:20	0:17	11:33
1日	乙未	甲子	乙未	乙丑	丙申	丙寅	丁酉	戊辰	戊戌	己巳	己亥	庚午
2日	丙申	乙丑	丙申	丙寅	丁酉	丁卯	戊戌	己巳	己亥	庚午	庚子	辛未
3日	丁酉	丙寅	丁酉	丁卯	戊戌	戊辰	己亥	庚午	庚子	辛未	辛丑	壬申
4日	戊戌	丁卯	戊戌	戊辰	己亥	己巳	庚子	辛未	辛丑	壬申	壬寅	癸酉
5日	己亥	戊辰	己亥	己巳	庚子	庚午	辛丑	壬申	壬寅	癸酉	癸卯	甲戌
6日	庚子	己巳	庚子	庚午	辛丑	辛未	壬寅	癸酉	癸卯	甲戌	甲辰	乙亥
7日	辛丑	庚午	辛丑	辛未	壬寅	壬申	癸卯	甲戌	甲辰	乙亥	乙巳	丙子
8日	壬寅	辛未	壬寅	壬申	癸卯	癸酉	甲辰	乙亥	乙巳	丙子	丙午	丁丑
9日	癸卯	壬申	癸卯	癸酉	甲辰	甲戌	乙巳	丙子	丙午	丁丑	丁未	戊寅
10日	甲辰	癸酉	甲辰	甲戌	乙巳	乙亥	丙午	丁丑	丁未	戊寅	戊申	己卯
11日	乙巳	甲戌	乙巳	乙亥	丙午	丙子	丁未	戊寅	戊申	己卯	己酉	庚辰
12日	丙午	乙亥	丙午	丙子	丁未	丁丑	戊申	己卯	己酉	庚辰	庚戌	辛巳
13日	丁未	丙子	丁未	丁丑	戊申	戊寅	己酉	庚辰	庚戌	辛巳	辛亥	壬午
14日	戊申	丁丑	戊申	戊寅	己酉	己卯	庚戌	辛巳	辛亥	壬午	壬子	癸未
15日	己酉	戊寅	己酉	己卯	庚戌	庚辰	辛亥	壬午	壬子	癸未	癸丑	甲申
16日	庚戌	己卯	庚戌	庚辰	辛亥	辛巳	壬子	癸未	癸丑	甲申	甲寅	乙酉
17日	辛亥	庚辰	辛亥	辛巳	壬子	壬午	癸丑	甲申	甲寅	乙酉	乙卯	丙戌
18日	壬子	辛巳	壬子	壬午	癸丑	癸未	甲寅	乙酉	乙卯	丙戌	丙辰	丁亥
19日	癸丑	壬午	癸丑	癸未	甲寅	甲申	乙卯	丙戌	丙辰	丁亥	丁巳	戊子
20日	甲寅	癸未	甲寅	甲申	乙卯	乙酉	丙辰	丁亥	丁巳	戊子	戊午	己丑
21日	乙卯	甲申	乙卯	乙酉	丙辰	丙戌	丁巳	戊子	戊午	己丑	己未	庚寅
22日	丙辰	乙酉	丙辰	丙戌	丁巳	丁亥	戊午	己丑	己未	庚寅	庚申	辛卯
23日	丁巳	丙戌	丁巳	丁亥	戊午	戊子	己未	庚寅	庚申	辛卯	辛酉	壬辰
24日	戊午	丁亥	戊午	戊子	己未	己丑	庚申	辛卯	辛酉	壬辰	壬戌	癸巳
25日	己未	戊子	己未	己丑	庚申	庚寅	辛酉	壬辰	壬戌	癸巳	癸亥	甲午
26日	庚申	己丑	庚申	庚寅	辛酉	辛卯	壬戌	癸巳	癸亥	甲午	甲子	乙未
27日	辛酉	庚寅	辛酉	辛卯	壬戌	壬辰	癸亥	甲午	甲子	乙未	乙丑	丙申
28日	壬戌	辛卯	壬戌	壬辰	癸亥	癸巳	甲子	乙未	乙丑	丙申	丙寅	丁酉
29日	癸亥	壬辰	癸亥	癸巳	甲子	甲午	乙丑	丙申	丙寅	丁酉	丁卯	戊戌
30日		癸巳	甲子	甲午	乙丑	乙未	丙寅	丁酉	丁卯	戊戌	戊辰	己亥
31日		甲午		乙未		丙申	丁卯		戊辰		己巳	庚子

2025年〈令和7年〉◆乙巳

月	2月	3月	4月	5月	6月	7月	8月	9月	10月	11月	12月	1月
干支	戊寅	己卯	庚辰	辛巳	壬午	癸未	甲申	乙酉	丙戌	丁亥	戊子	己丑
節入	3日	5日	4日	5日	5日	7日	7日	7日	8日	7日	7日	5日
時刻	23:10	17:07	21:49	14:57	18:57	5:05	14:52	17:52	9:41	13:04	6:05	17:23
1日	辛丑	己巳	庚子	庚午	辛丑	辛未	壬寅	癸酉	癸卯	甲戌	甲辰	乙亥
2日	壬寅	庚午	辛丑	辛未	壬寅	壬申	癸卯	甲戌	甲辰	乙亥	乙巳	丙子
3日	癸卯	辛未	壬寅	壬申	癸卯	癸酉	甲辰	乙亥	乙巳	丙子	丙午	丁丑
4日	甲辰	壬申	癸卯	癸酉	甲辰	甲戌	乙巳	丙子	丙午	丁丑	丁未	戊寅
5日	乙巳	癸酉	甲辰	甲戌	乙巳	乙亥	丙午	丁丑	丁未	戊寅	戊申	己卯
6日	丙午	甲戌	乙巳	乙亥	丙午	丙子	丁未	戊寅	戊申	己卯	己酉	庚辰
7日	丁未	乙亥	丙午	丙子	丁未	丁丑	戊申	己卯	己酉	庚辰	庚戌	辛巳
8日	戊申	丙子	丁未	丁丑	戊申	戊寅	己酉	庚辰	庚戌	辛巳	辛亥	壬午
9日	己酉	丁丑	戊申	戊寅	己酉	己卯	庚戌	辛巳	辛亥	壬午	壬子	癸未
10日	庚戌	戊寅	己酉	己卯	庚戌	庚辰	辛亥	壬午	壬子	癸未	癸丑	甲申
11日	辛亥	己卯	庚戌	庚辰	辛亥	辛巳	壬子	癸未	癸丑	甲申	甲寅	乙酉
12日	壬子	庚辰	辛亥	辛巳	壬子	壬午	癸丑	甲申	甲寅	乙酉	乙卯	丙戌
13日	癸丑	辛巳	壬子	壬午	癸丑	癸未	甲寅	乙酉	乙卯	丙戌	丙辰	丁亥
14日	甲寅	壬午	癸丑	癸未	甲寅	甲申	乙卯	丙戌	丙辰	丁亥	丁巳	戊子
15日	乙卯	癸未	甲寅	甲申	乙卯	乙酉	丙辰	丁亥	丁巳	戊子	戊午	己丑
16日	丙辰	甲申	乙卯	乙酉	丙辰	丙戌	丁巳	戊子	戊午	己丑	己未	庚寅
17日	丁巳	乙酉	丙辰	丙戌	丁巳	丁亥	戊午	己丑	己未	庚寅	庚申	辛卯
18日	戊午	丙戌	丁巳	丁亥	戊午	戊子	己未	庚寅	庚申	辛卯	辛酉	壬辰
19日	己未	丁亥	戊午	戊子	己未	己丑	庚申	辛卯	辛酉	壬辰	壬戌	癸巳
20日	庚申	戊子	己未	己丑	庚申	庚寅	辛酉	壬辰	壬戌	癸巳	癸亥	甲午
21日	辛酉	己丑	庚申	庚寅	辛酉	辛卯	壬戌	癸巳	癸亥	甲午	甲子	乙未
22日	壬戌	庚寅	辛酉	辛卯	壬戌	壬辰	癸亥	甲午	甲子	乙未	乙丑	丙申
23日	癸亥	辛卯	壬戌	壬辰	癸亥	癸巳	甲子	乙未	乙丑	丙申	丙寅	丁酉
24日	甲子	壬辰	癸亥	癸巳	甲子	甲午	乙丑	丙申	丙寅	丁酉	丁卯	戊戌
25日	乙丑	癸巳	甲子	甲午	乙丑	乙未	丙寅	丁酉	丁卯	戊戌	戊辰	己亥
26日	丙寅	甲午	乙丑	乙未	丙寅	丙申	丁卯	戊戌	戊辰	己亥	己巳	庚子
27日	丁卯	乙未	丙寅	丙申	丁卯	丁酉	戊辰	己亥	己巳	庚子	庚午	辛丑
28日	戊辰	丙申	丁卯	丁酉	戊辰	戊戌	己巳	庚子	庚午	辛丑	辛未	壬寅
29日		丁酉	戊辰	戊戌	己巳	己亥	庚午	辛丑	辛未	壬寅	壬申	癸卯
30日		戊戌	己巳	己亥	庚午	庚子	辛未	壬寅	壬申	癸卯	癸酉	甲辰
31日		己亥		庚子		辛丑	壬申		癸酉		甲戌	乙巳

2026年〈令和8年〉◆丙午

月	2月	3月	4月	5月	6月	7月	8月	9月	10月	11月	12月	1月
干支	庚寅	辛卯	壬辰	癸巳	甲午	乙未	丙申	丁酉	戊戌	己亥	庚子	辛丑
節入	4日	5日	5日	5日	6日	7日	7日	7日	8日	7日	7日	5日
時刻	5:02	22:58	3:39	20:48	0:48	10:57	20:42	23:41	15:29	18:52	11:52	23:10
1日	丙午	甲戌	乙巳	乙亥	丙午	丙子	丁未	戊寅	戊申	己卯	己酉	庚辰
2日	丁未	乙亥	丙午	丙子	丁未	丁丑	戊申	己卯	己酉	庚辰	庚戌	辛巳
3日	戊申	丙子	丁未	丁丑	戊申	戊寅	己酉	庚辰	庚戌	辛巳	辛亥	壬午
4日	**己酉**	丁丑	戊申	戊寅	己酉	己卯	庚戌	辛巳	辛亥	壬午	壬子	癸未
5日	庚戌	**戊寅**	**己酉**	**己卯**	庚戌	庚辰	辛亥	壬午	壬子	癸未	癸丑	**甲申**
6日	辛亥	己卯	庚戌	庚辰	**辛亥**	辛巳	壬子	癸未	癸丑	甲申	甲寅	乙酉
7日	壬子	庚辰	辛亥	辛巳	壬子	**壬午**	**癸丑**	**甲申**	甲寅	**乙酉**	**乙卯**	丙戌
8日	癸丑	辛巳	壬子	壬午	癸丑	癸未	甲寅	乙酉	**乙卯**	丙戌	丙辰	丁亥
9日	甲寅	壬午	癸丑	癸未	甲寅	甲申	乙卯	丙戌	丙辰	丁亥	丁巳	戊子
10日	乙卯	癸未	甲寅	甲申	乙卯	乙酉	丙辰	丁亥	丁巳	戊子	戊午	己丑
11日	丙辰	甲申	乙卯	乙酉	丙辰	丙戌	丁巳	戊子	戊午	己丑	己未	庚寅
12日	丁巳	乙酉	丙辰	丙戌	丁巳	丁亥	戊午	己丑	己未	庚寅	庚申	辛卯
13日	戊午	丙戌	丁巳	丁亥	戊午	戊子	己未	庚寅	庚申	辛卯	辛酉	壬辰
14日	己未	丁亥	戊午	戊子	己未	己丑	庚申	辛卯	辛酉	壬辰	壬戌	癸巳
15日	庚申	戊子	己未	己丑	庚申	庚寅	辛酉	壬辰	壬戌	癸巳	癸亥	甲午
16日	辛酉	己丑	庚申	庚寅	辛酉	辛卯	壬戌	癸巳	癸亥	甲午	甲子	乙未
17日	壬戌	庚寅	辛酉	辛卯	壬戌	壬辰	癸亥	甲午	甲子	乙未	乙丑	丙申
18日	癸亥	辛卯	壬戌	壬辰	癸亥	癸巳	甲子	乙未	乙丑	丙申	丙寅	丁酉
19日	甲子	壬辰	癸亥	癸巳	甲子	甲午	乙丑	丙申	丙寅	丁酉	丁卯	戊戌
20日	乙丑	癸巳	甲子	甲午	乙丑	乙未	丙寅	丁酉	丁卯	戊戌	戊辰	己亥
21日	丙寅	甲午	乙丑	乙未	丙寅	丙申	丁卯	戊戌	戊辰	己亥	己巳	庚子
22日	丁卯	乙未	丙寅	丙申	丁卯	丁酉	戊辰	己亥	己巳	庚子	庚午	辛丑
23日	戊辰	丙申	丁卯	丁酉	戊辰	戊戌	己巳	庚子	庚午	辛丑	辛未	壬寅
24日	己巳	丁酉	戊辰	戊戌	己巳	己亥	庚午	辛丑	辛未	壬寅	壬申	癸卯
25日	庚午	戊戌	己巳	己亥	庚午	庚子	辛未	壬寅	壬申	癸卯	癸酉	甲辰
26日	辛未	己亥	庚午	庚子	辛未	辛丑	壬申	癸卯	癸酉	甲辰	甲戌	乙巳
27日	壬申	庚子	辛未	辛丑	壬申	壬寅	癸酉	甲辰	甲戌	乙巳	乙亥	丙午
28日	癸酉	辛丑	壬申	壬寅	癸酉	癸卯	甲戌	乙巳	乙亥	丙午	丙子	丁未
29日		壬寅	癸酉	癸卯	甲戌	甲辰	乙亥	丙午	丙子	丁未	丁丑	戊申
30日		癸卯	甲戌	甲辰	乙亥	乙巳	丙子	丁未	丁丑	戊申	戊寅	己酉
31日		甲辰		乙巳		丙午	丁丑		戊寅		己卯	庚戌

2027年〈令和9年〉◆丁未

月	2月	3月	4月	5月	6月	7月	8月	9月	10月	11月	12月	1月
干支	壬寅	癸卯	甲辰	乙巳	丙午	丁未	戊申	己酉	庚戌	辛亥	壬子	癸丑
節入	4日	6日	5日	6日	6日	7日	8日	8日	8日	8日	7日	6日
時刻	10:46	4:39	9:17	2:22	6:25	16:37	2:23	5:28	21:17	0:38	17:37	4:54
1日	辛亥	己卯	庚戌	庚辰	辛亥	辛巳	壬子	癸未	癸丑	甲申	甲寅	乙酉
2日	壬子	庚辰	辛亥	辛巳	壬子	壬午	癸丑	甲申	甲寅	乙酉	乙卯	丙戌
3日	癸丑	辛巳	壬子	壬午	癸丑	癸未	甲寅	乙酉	乙卯	丙戌	丙辰	丁亥
4日	**甲寅**	壬午	癸丑	癸未	甲寅	甲申	乙卯	丙戌	丙辰	丁亥	丁巳	戊子
5日	乙卯	癸未	**甲寅**	甲申	乙卯	乙酉	丙辰	丁亥	丁巳	戊子	戊午	己丑
6日	丙辰	**甲申**	乙卯	**乙酉**	**丙辰**	丙戌	丁巳	戊子	戊午	己丑	己未	**庚寅**
7日	丁巳	乙酉	丙辰	丙戌	丁巳	**丁亥**	戊午	己丑	己未	庚寅	**庚申**	辛卯
8日	戊午	丙戌	丁巳	丁亥	戊午	戊子	**己未**	**庚寅**	**庚申**	**辛卯**	辛酉	壬辰
9日	己未	丁亥	戊午	戊子	己未	己丑	庚申	辛卯	辛酉	壬辰	壬戌	癸巳
10日	庚申	戊子	己未	己丑	庚申	庚寅	辛酉	壬辰	壬戌	癸巳	癸亥	甲午
11日	辛酉	己丑	庚申	庚寅	辛酉	辛卯	壬戌	癸巳	癸亥	甲午	甲子	乙未
12日	壬戌	庚寅	辛酉	辛卯	壬戌	壬辰	癸亥	甲午	甲子	乙未	乙丑	丙申
13日	癸亥	辛卯	壬戌	壬辰	癸亥	癸巳	甲子	乙未	乙丑	丙申	丙寅	丁酉
14日	甲子	壬辰	癸亥	癸巳	甲子	甲午	乙丑	丙申	丙寅	丁酉	丁卯	戊戌
15日	乙丑	癸巳	甲子	甲午	乙丑	乙未	丙寅	丁酉	丁卯	戊戌	戊辰	己亥
16日	丙寅	甲午	乙丑	乙未	丙寅	丙申	丁卯	戊戌	戊辰	己亥	己巳	庚子
17日	丁卯	乙未	丙寅	丙申	丁卯	丁酉	戊辰	己亥	己巳	庚子	庚午	辛丑
18日	戊辰	丙申	丁卯	丁酉	戊辰	戊戌	己巳	庚子	庚午	辛丑	辛未	壬寅
19日	己巳	丁酉	戊辰	戊戌	己巳	己亥	庚午	辛丑	辛未	壬寅	壬申	癸卯
20日	庚午	戊戌	己巳	己亥	庚午	庚子	辛未	壬寅	壬申	癸卯	癸酉	甲辰
21日	辛未	己亥	庚午	庚子	辛未	辛丑	壬申	癸卯	癸酉	甲辰	甲戌	乙巳
22日	壬申	庚子	辛未	辛丑	壬申	壬寅	癸酉	甲辰	甲戌	乙巳	乙亥	丙午
23日	癸酉	辛丑	壬申	壬寅	癸酉	癸卯	甲戌	乙巳	乙亥	丙午	丙子	丁未
24日	甲戌	壬寅	癸酉	癸卯	甲戌	甲辰	乙亥	丙午	丙子	丁未	丁丑	戊申
25日	乙亥	癸卯	甲戌	甲辰	乙亥	乙巳	丙子	丁未	丁丑	戊申	戊寅	己酉
26日	丙子	甲辰	乙亥	乙巳	丙子	丙午	丁丑	戊申	戊寅	己酉	己卯	庚戌
27日	丁丑	乙巳	丙子	丙午	丁丑	丁未	戊寅	己酉	己卯	庚戌	庚辰	辛亥
28日	戊寅	丙午	丁丑	丁未	戊寅	戊申	己卯	庚戌	庚辰	辛亥	辛巳	壬子
29日		丁未	戊寅	戊申	己卯	己酉	庚辰	辛亥	辛巳	壬子	壬午	癸丑
30日		戊申	己卯	己酉	庚辰	庚戌	辛巳	壬子	壬午	癸丑	癸未	甲寅
31日		己酉		庚戌		辛亥	壬午		癸未		甲申	乙卯

2028年〈令和10年〉◆戊申

月	2月	3月	4月	5月	6月	7月	8月	9月	10月	11月	12月	1月
干支	甲寅	乙卯	丙辰	丁巳	戊午	己未	庚申	辛酉	壬戌	癸亥	甲子	乙丑
節入	4日	5日	4日	5日	5日	6日	7日	7日	8日	7日	6日	5日
時刻	16:31	10:24	15:03	8:10	12:13	22:30	8:21	11:24	3:08	6:27	23:24	10:42
1日	丙辰	乙酉	丙辰	丙戌	丁巳	丁亥	戊午	己丑	己未	庚寅	庚申	辛卯
2日	丁巳	丙戌	丁巳	丁亥	戊午	戊子	己未	庚寅	庚申	辛卯	辛酉	壬辰
3日	戊午	丁亥	戊午	戊子	己未	己丑	庚申	辛卯	辛酉	壬辰	壬戌	癸巳
4日	**己未**	戊子	**己未**	己丑	庚申	庚寅	辛酉	壬辰	壬戌	癸巳	癸亥	甲午
5日	庚申	**己丑**	庚申	**庚寅**	**辛酉**	辛卯	壬戌	癸巳	癸亥	甲午	甲子	**乙未**
6日	辛酉	庚寅	辛酉	辛卯	壬戌	**壬辰**	癸亥	甲午	甲子	乙未	**乙丑**	丙申
7日	壬戌	辛卯	壬戌	壬辰	癸亥	癸巳	**甲子**	**乙未**	乙丑	**丙申**	丙寅	丁酉
8日	癸亥	壬辰	癸亥	癸巳	甲子	甲午	乙丑	丙申	**丙寅**	丁酉	丁卯	戊戌
9日	甲子	癸巳	甲子	甲午	乙丑	乙未	丙寅	丁酉	丁卯	戊戌	戊辰	己亥
10日	乙丑	甲午	乙丑	乙未	丙寅	丙申	丁卯	戊戌	戊辰	己亥	己巳	庚子
11日	丙寅	乙未	丙寅	丙申	丁卯	丁酉	戊辰	己亥	己巳	庚子	庚午	辛丑
12日	丁卯	丙申	丁卯	丁酉	戊辰	戊戌	己巳	庚子	庚午	辛丑	辛未	壬寅
13日	戊辰	丁酉	戊辰	戊戌	己巳	己亥	庚午	辛丑	辛未	壬寅	壬申	癸卯
14日	己巳	戊戌	己巳	己亥	庚午	庚子	辛未	壬寅	壬申	癸卯	癸酉	甲辰
15日	庚午	己亥	庚午	庚子	辛未	辛丑	壬申	癸卯	癸酉	甲辰	甲戌	乙巳
16日	辛未	庚子	辛未	辛丑	壬申	壬寅	癸酉	甲辰	甲戌	乙巳	乙亥	丙午
17日	壬申	辛丑	壬申	壬寅	癸酉	癸卯	甲戌	乙巳	乙亥	丙午	丙子	丁未
18日	癸酉	壬寅	癸酉	癸卯	甲戌	甲辰	乙亥	丙午	丙子	丁未	丁丑	戊申
19日	甲戌	癸卯	甲戌	甲辰	乙亥	乙巳	丙子	丁未	丁丑	戊申	戊寅	己酉
20日	乙亥	甲辰	乙亥	乙巳	丙子	丙午	丁丑	戊申	戊寅	己酉	己卯	庚戌
21日	丙子	乙巳	丙子	丙午	丁丑	丁未	戊寅	己酉	己卯	庚戌	庚辰	辛亥
22日	丁丑	丙午	丁丑	丁未	戊寅	戊申	己卯	庚戌	庚辰	辛亥	辛巳	壬子
23日	戊寅	丁未	戊寅	戊申	己卯	己酉	庚辰	辛亥	辛巳	壬子	壬午	癸丑
24日	己卯	戊申	己卯	己酉	庚辰	庚戌	辛巳	壬子	壬午	癸丑	癸未	甲寅
25日	庚辰	己酉	庚辰	庚戌	辛巳	辛亥	壬午	癸丑	癸未	甲寅	甲申	乙卯
26日	辛巳	庚戌	辛巳	辛亥	壬午	壬子	癸未	甲寅	甲申	乙卯	乙酉	丙辰
27日	壬午	辛亥	壬午	壬子	癸未	癸丑	甲申	乙卯	乙酉	丙辰	丙戌	丁巳
28日	癸未	壬子	癸未	癸丑	甲申	甲寅	乙酉	丙辰	丙戌	丁巳	丁亥	戊午
29日	甲申	癸丑	甲申	甲寅	乙酉	乙卯	丙戌	丁巳	丁亥	戊午	戊子	己未
30日		甲寅	乙酉	乙卯	丙戌	丙辰	丁亥	戊午	戊子	己未	己丑	庚申
31日		乙卯		丙辰		丁巳	戊子		己丑		庚寅	辛酉

2029年〈令和11年〉◆己酉

月	2月	3月	4月	5月	6月	7月	8月	9月	10月	11月	12月	1月
干支	丙寅	丁卯	戊辰	己巳	庚午	辛未	壬申	癸酉	甲戌	乙亥	丙子	丁丑
節入	3日	5日	4日	5日	5日	7日	7日	7日	8日	7日	7日	5日
時刻	22:20	16:17	20:58	14:07	18:10	4:22	14:11	17:12	8:58	12:16	5:13	16:30
1日	壬戌	庚寅	辛酉	辛卯	壬戌	壬辰	癸亥	甲午	甲子	乙未	乙丑	丙申
2日	癸亥	辛卯	壬戌	壬辰	癸亥	癸巳	甲子	乙未	乙丑	丙申	丙寅	丁酉
3日	**甲子**	壬辰	癸亥	癸巳	甲子	甲午	乙丑	丙申	丙寅	丁酉	丁卯	戊戌
4日	乙丑	癸巳	**甲子**	甲午	乙丑	乙未	丙寅	丁酉	丁卯	戊戌	戊辰	己亥
5日	丙寅	**甲午**	乙丑	**乙未**	**丙寅**	丙申	丁卯	戊戌	戊辰	己亥	己巳	庚子
6日	丁卯	乙未	丙寅	丙申	丁卯	丁酉	戊辰	己亥	己巳	庚子	庚午	**庚子**
7日	戊辰	丙申	丁卯	丁酉	戊辰	**戊戌**	**己巳**	**庚子**	庚午	**辛丑**	**辛未**	壬寅
8日	己巳	丁酉	戊辰	戊戌	己巳	己亥	庚午	辛丑	**辛未**	壬寅	壬申	癸卯
9日	庚午	戊戌	己巳	己亥	庚午	庚子	辛未	壬寅	壬申	癸卯	癸酉	甲辰
10日	辛未	己亥	庚午	庚子	辛未	辛丑	壬申	癸卯	癸酉	甲辰	甲戌	乙巳
11日	壬申	庚子	辛未	辛丑	壬申	壬寅	癸酉	甲辰	甲戌	乙巳	乙亥	丙午
12日	癸酉	辛丑	壬申	壬寅	癸酉	癸卯	甲戌	乙巳	乙亥	丙午	丙子	丁未
13日	甲戌	壬寅	癸酉	癸卯	甲戌	甲辰	乙亥	丙午	丙子	丁未	丁丑	戊申
14日	乙亥	癸卯	甲戌	甲辰	乙亥	乙巳	丙子	丁未	丁丑	戊申	戊寅	己酉
15日	丙子	甲辰	乙亥	乙巳	丙子	丙午	丁丑	戊申	戊寅	己酉	己卯	庚戌
16日	丁丑	乙巳	丙子	丙午	丁丑	丁未	戊寅	己酉	己卯	庚戌	庚辰	辛亥
17日	戊寅	丙午	丁丑	丁未	戊寅	戊申	己卯	庚戌	庚辰	辛亥	辛巳	壬子
18日	己卯	丁未	戊寅	戊申	己卯	己酉	庚辰	辛亥	辛巳	壬子	壬午	癸丑
19日	庚辰	戊申	己卯	己酉	庚辰	庚戌	辛巳	壬子	壬午	癸丑	癸未	甲寅
20日	辛巳	己酉	庚辰	庚戌	辛巳	辛亥	壬午	癸丑	癸未	甲寅	甲申	乙卯
21日	壬午	庚戌	辛巳	辛亥	壬午	壬子	癸未	甲寅	甲申	乙卯	乙酉	丙辰
22日	癸未	辛亥	壬午	壬子	癸未	癸丑	甲申	乙卯	乙酉	丙辰	丙戌	丁巳
23日	甲申	壬子	癸未	癸丑	甲申	甲寅	乙酉	丙辰	丙戌	丁巳	丁亥	戊午
24日	乙酉	癸丑	甲申	甲寅	乙酉	乙卯	丙戌	丁巳	丁亥	戊午	戊子	己未
25日	丙戌	甲寅	乙酉	乙卯	丙戌	丙辰	丁亥	戊午	戊子	己未	己丑	庚申
26日	丁亥	乙卯	丙戌	丙辰	丁亥	丁巳	戊子	己未	己丑	庚申	庚寅	辛酉
27日	戊子	丙辰	丁亥	丁巳	戊子	戊午	己丑	庚申	庚寅	辛酉	辛卯	壬戌
28日	己丑	丁巳	戊子	戊午	己丑	己未	庚寅	辛酉	辛卯	壬戌	壬辰	癸亥
29日		戊午	己丑	己未	庚寅	庚申	辛卯	壬戌	壬辰	癸亥	癸巳	甲子
30日		己未	庚寅	庚申	辛卯	辛酉	壬辰	癸亥	癸巳	甲子	甲午	乙丑
31日		庚申		辛酉		壬戌	癸巳		甲午		乙未	丙寅

2030年〈令和12年〉◆庚戌

月	2月	3月	4月	5月	6月	7月	8月	9月	10月	11月	12月	1月
干支	戊寅	己卯	庚辰	辛巳	壬午	癸未	甲申	乙酉	丙戌	丁亥	戊子	己丑
節入	4日	5日	5日	5日	5日	7日	7日	7日	8日	7日	7日	5日
時刻	4:08	22:03	2:41	19:46	23:44	9:55	19:47	22:52	14:45	18:08	11:07	22:23
1日	丁卯	乙未	丙寅	丙申	丁卯	丁酉	戊辰	己亥	己巳	庚子	庚午	辛丑
2日	戊辰	丙申	丁卯	丁酉	戊辰	戊戌	己巳	庚子	庚午	辛丑	辛未	壬寅
3日	己巳	丁酉	戊辰	戊戌	己巳	己亥	庚午	辛丑	辛未	壬寅	壬申	癸卯
4日	**庚午**	戊戌	己巳	己亥	庚午	庚子	辛未	壬寅	壬申	癸卯	癸酉	甲辰
5日	辛未	**己亥**	**庚午**	**庚子**	**辛未**	辛丑	壬申	癸卯	癸酉	甲辰	甲戌	**乙巳**
6日	壬申	庚子	辛未	辛丑	壬申	壬寅	癸酉	甲辰	甲戌	乙巳	乙亥	丙午
7日	癸酉	辛丑	壬申	壬寅	癸酉	**癸卯**	**甲戌**	**乙巳**	乙亥	**丙午**	**丙子**	丁未
8日	甲戌	壬寅	癸酉	癸卯	甲戌	甲辰	乙亥	丙午	**丙子**	丁未	丁丑	戊申
9日	乙亥	癸卯	甲戌	甲辰	乙亥	乙巳	丙子	丁未	丁丑	戊申	戊寅	己酉
10日	丙子	甲辰	乙亥	乙巳	丙子	丙午	丁丑	戊申	戊寅	己酉	己卯	庚戌
11日	丁丑	乙巳	丙子	丙午	丁丑	丁未	戊寅	己酉	己卯	庚戌	庚辰	辛亥
12日	戊寅	丙午	丁丑	丁未	戊寅	戊申	己卯	庚戌	庚辰	辛亥	辛巳	壬子
13日	己卯	丁未	戊寅	戊申	己卯	己酉	庚辰	辛亥	辛巳	壬子	壬午	癸丑
14日	庚辰	戊申	己卯	己酉	庚辰	庚戌	辛巳	壬子	壬午	癸丑	癸未	甲寅
15日	辛巳	己酉	庚辰	庚戌	辛巳	辛亥	壬午	癸丑	癸未	甲寅	甲申	乙卯
16日	壬午	庚戌	辛巳	辛亥	壬午	壬子	癸未	甲寅	甲申	乙卯	乙酉	丙辰
17日	癸未	辛亥	壬午	壬子	癸未	癸丑	甲申	乙卯	乙酉	丙辰	丙戌	丁巳
18日	甲申	壬子	癸未	癸丑	甲申	甲寅	乙酉	丙辰	丙戌	丁巳	丁亥	戊午
19日	乙酉	癸丑	甲申	甲寅	乙酉	乙卯	丙戌	丁巳	丁亥	戊午	戊子	己未
20日	丙戌	甲寅	乙酉	乙卯	丙戌	丙辰	丁亥	戊午	戊子	己未	己丑	庚申
21日	丁亥	乙卯	丙戌	丙辰	丁亥	丁巳	戊子	己未	己丑	庚申	庚寅	辛酉
22日	戊子	丙辰	丁亥	丁巳	戊子	戊午	己丑	庚申	庚寅	辛酉	辛卯	壬戌
23日	己丑	丁巳	戊子	戊午	己丑	己未	庚寅	辛酉	辛卯	壬戌	壬辰	癸亥
24日	庚寅	戊午	己丑	己未	庚寅	庚申	辛卯	壬戌	壬辰	癸亥	癸巳	甲子
25日	辛卯	己未	庚寅	庚申	辛卯	辛酉	壬辰	癸亥	癸巳	甲子	甲午	乙丑
26日	壬辰	庚申	辛卯	辛酉	壬辰	壬戌	癸巳	甲子	甲午	乙丑	乙未	丙寅
27日	癸巳	辛酉	壬辰	壬戌	癸巳	癸亥	甲午	乙丑	乙未	丙寅	丙申	丁卯
28日	甲午	壬戌	癸巳	癸亥	甲午	甲子	乙未	丙寅	丙申	丁卯	丁酉	戊辰
29日		癸亥	甲午	甲子	乙未	乙丑	丙申	丁卯	丁酉	戊辰	戊戌	己巳
30日		甲子	乙未	乙丑	丙申	丙寅	丁酉	戊辰	戊戌	己巳	己亥	庚午
31日		乙丑		丙寅		丁卯	戊戌		己亥		庚子	辛未

2031年〈令和13年〉◆辛亥

月	2月	3月	4月	5月	6月	7月	8月	9月	10月	11月	12月	1月
干支	庚寅	辛卯	壬辰	癸巳	甲午	乙未	丙申	丁酉	戊戌	己亥	庚子	辛丑
節入	4日	6日	5日	6日	6日	7日	8日	8日	8日	8日	7日	6日
時刻	9:58	3:51	8:28	1:33	5:35	15:48	1:43	4:49	20:45	0:05	17:03	4:16
1日	壬申	庚子	辛未	辛丑	壬申	壬寅	癸酉	甲辰	甲戌	乙巳	乙亥	丙午
2日	癸酉	辛丑	壬申	壬寅	癸酉	癸卯	甲戌	乙巳	乙亥	丙午	丙子	丁未
3日	甲戌	壬寅	癸酉	癸卯	甲戌	甲辰	乙亥	丙午	丙子	丁未	丁丑	戊申
4日	**乙亥**	癸卯	甲戌	甲辰	乙亥	乙巳	丙子	丁未	丁丑	戊申	戊寅	己酉
5日	丙子	甲辰	**乙亥**	乙巳	丙子	丙午	丁丑	戊申	戊寅	己酉	己卯	庚戌
6日	丁丑	**乙巳**	丙子	**丙午**	**丁丑**	丁未	戊寅	己酉	己卯	庚戌	庚辰	**辛亥**
7日	戊寅	丙午	丁丑	丁未	戊寅	**戊申**	己卯	庚戌	庚辰	辛亥	**辛巳**	壬子
8日	己卯	丁未	戊寅	戊申	己卯	己酉	**庚辰**	**辛亥**	**辛巳**	**壬子**	壬午	癸丑
9日	庚辰	戊申	己卯	己酉	庚辰	庚戌	辛巳	壬子	壬午	癸丑	癸未	甲寅
10日	辛巳	己酉	庚辰	庚戌	辛巳	辛亥	壬午	癸丑	癸未	甲寅	甲申	乙卯
11日	壬午	庚戌	辛巳	辛亥	壬午	壬子	癸未	甲寅	甲申	乙卯	乙酉	丙辰
12日	癸未	辛亥	壬午	壬子	癸未	癸丑	甲申	乙卯	乙酉	丙辰	丙戌	丁巳
13日	甲申	壬子	癸未	癸丑	甲申	甲寅	乙酉	丙辰	丙戌	丁巳	丁亥	戊午
14日	乙酉	癸丑	甲申	甲寅	乙酉	乙卯	丙戌	丁巳	丁亥	戊午	戊子	己未
15日	丙戌	甲寅	乙酉	乙卯	丙戌	丙辰	丁亥	戊午	戊子	己未	己丑	庚申
16日	丁亥	乙卯	丙戌	丙辰	丁亥	丁巳	戊子	己未	己丑	庚申	庚寅	辛酉
17日	戊子	丙辰	丁亥	丁巳	戊子	戊午	己丑	庚申	庚寅	辛酉	辛卯	壬戌
18日	己丑	丁巳	戊子	戊午	己丑	己未	庚寅	辛酉	辛卯	壬戌	壬辰	癸亥
19日	庚寅	戊午	己丑	己未	庚寅	庚申	辛卯	壬戌	壬辰	癸亥	癸巳	甲子
20日	辛卯	己未	庚寅	庚申	辛卯	辛酉	壬辰	癸亥	癸巳	甲子	甲午	乙丑
21日	壬辰	庚申	辛卯	辛酉	壬辰	壬戌	癸巳	甲子	甲午	乙丑	乙未	丙寅
22日	癸巳	辛酉	壬辰	壬戌	癸巳	癸亥	甲午	乙丑	乙未	丙寅	丙申	丁卯
23日	甲午	壬戌	癸巳	癸亥	甲午	甲子	乙未	丙寅	丙申	丁卯	丁酉	戊辰
24日	乙未	癸亥	甲午	甲子	乙未	乙丑	丙申	丁卯	丁酉	戊辰	戊戌	己巳
25日	丙申	甲子	乙未	乙丑	丙申	丙寅	丁酉	戊辰	戊戌	己巳	己亥	庚午
26日	丁酉	乙丑	丙申	丙寅	丁酉	丁卯	戊戌	己巳	己亥	庚午	庚子	辛未
27日	戊戌	丙寅	丁酉	丁卯	戊戌	戊辰	己亥	庚午	庚子	辛未	辛丑	壬申
28日	己亥	丁卯	戊戌	戊辰	己亥	己巳	庚子	辛未	辛丑	壬申	壬寅	癸酉
29日		戊辰	己亥	己巳	庚子	庚午	辛丑	壬申	壬寅	癸酉	癸卯	甲戌
30日		己巳	庚子	庚午	辛丑	辛未	壬寅	癸酉	癸卯	甲戌	甲辰	乙亥
31日		庚午		辛未		壬申	癸卯		甲辰		乙巳	丙子

あとがき

最後まで読んでいただき、ありがとうございます。

原稿を書いていると、「あれも入れたい」「これも入れたい！」と、

つい欲張りになってしまいます。

こういう視点や読み解き方もあると、延々と語ってしまいます。

それだけ多くの鑑定法が四柱推命にはあるのです。

本書では「自分の宿命・運命を知る」ことに重きを置いていますが、

宿命・運命を知った上で、

「自分はどうありたいのか」「どういう自分になりたいのか」。

それが大切だと私は思います。

占いが先にあってはならないけれど、

知らないよりかは知っておいて受け入れたほうがいい宿命・運命もあるのです。

占いの大道「易経、風水、四柱推命」は難しいと敬遠されがちですが、

誰でも最初は初心者です。

拙著を通してそのイメージが緩和され、

次のステップに進んでいただけたら本望です。

2024年4月

愛新覚羅ゆうはん

愛新覚羅《あいしんかくら》ゆうはん

作家、デザイナー、開運ライフスタイルアドバイザー(占い・風水)。
中国黒龍江省ハルビン市生まれ。映画「ラスト・エンペラー」で知られる清朝の皇帝・愛新覚羅一族の流れをくむ。５歳のときに来日し、幼少期から備わっていた透視能力に加え、東洋・西洋あらゆる占術に精通し、占い師として20年で延べ25,000人以上を鑑定。おもに、占いの3つの大道といわれる風水や四柱推命、易経などをもちいて、「人と運」の関係性を独自に研究、発信しながら、中小企業向けの講演会や暦を活かしたセミナーを行う。古神道歴は20年以上で、神社アテンドのイベントは全国で満員が相次ぐ。また、2020年より陶器上絵づけ作家として国立新美術館で作品展示をするなど、多岐にわたって活動をしている。
著書に『いちばんやさしい風水入門』(ナツメ社)、『神さま・仏さまとのご縁のつなぎ方』(ブティック社)、『人生が変わる！ 住んでイイ家、ヤバい家』、『一番わかりやすい はじめてのイーチンタロット』(共に日本文芸社)などがある。著書累計部数は23万部を超える。

愛新覚羅ゆうはんの公式ホームページ
http://aishinkakura-yuhan.com/
愛新覚羅ゆうはんの開運オンラインショップ
http://yuhan.shop-pro.jp/

▼▼▼ 愛新覚羅ゆうはんの公式サイト・お得な情報はこちら ▼▼▼

https://aishinkakura-yuhan.com/

≪参考文献≫
『[改訂版]　日本で一番わかりやすい四柱推命の本』林 秀靜(著)、PHP研究所
『決定版 基礎からわかる 四柱推命学の完全独習：命式の求め方から運命の占い方まで』
三木照山(著)、日本文芸社
『怖いほど運が向いてくる! 四柱推命　[決定版]』水晶玉子(著)、青春出版社
『シンプル四柱推命 最強の人生をプランニングできる』真木あかり(著)、主婦の友社
『滴天髄』正版古書、中州古籍出版社
『図解 窮通宝鑑』余春台(著)、陝西師範大学出版社
『淵海子平』　徐子平(著)、陝西師範大学出版社

一番《いちばん》わかりやすい
はじめての四《し》柱《ちゅう》推《すい》命《めい》

2024 年 6 月 1 日 第1刷発行
2024 年 11 月20日 第3 刷発行

著者　愛新覚羅《あいしんかくら》ゆうはん
発行者　竹村 響
印刷所　株式会社文化カラー印刷
製本所　株式会社光邦
発行所　株式会社日本文芸社
〒100-0003　東京都千代田区一ツ橋 1-1-1　パレスサイドビル８Ｆ

Printed in Japan　112240521-112241112 Ⓝ 03 (310100)
ISBN978-4-537-22211-1

(編集担当：河合)

BOOK STAFF
イラスト　きじまももこ
デザイン　酒井由加里 (Q.design)
編集協力　坂尾昌昭 (株式会社 G.B.)、中尾祐子
校正　有限会社玄冬書林